Hans Christoph Buch
TANZENDE SCHATTEN oder Der Zombie bin ich

DIE ANDERE BIBLIOTHEK
Herausgegeben von Hans Magnus Enzensberger

Hans Christoph Buch

Tanzende Schatten
oder Der Zombie bin ich

ROMANESSAY

Mit zwei Photobogen von Russell Liebman

EICHBORN VERLAG
Frankfurt am Main 2004

ISBN 3-8218-4544-9
Copyright © Eichborn AG
Frankfurt am Main 2004

Inhaltsverzeichnis

SCHALOM 2004 – An Stelle eines Prologs **7**

Erstes Kapitel **13**

Zweites Kapitel **40**

HAITI ERZÄHLEN **62**
(1)

Drittes Kapitel **82**

Viertes Kapitel **111**

HAITI ERZÄHLEN **134**
(2)

Fünftes Kapitel **155**

Sechstes Kapitel **186**

HAITI ERZÄHLEN **207**
(3)

Siebtes Kapitel **234**

Achtes Kapitel **260**

HAITI ERZÄHLEN **289**
(4)

Nachwort **319**

In Memoriam JEANNE BUCH, 1908 bis 2003.

SCHALOM 2004
An Stelle eines Prologs

In Haiti habe ich Tod und Teufel miteinander tanzen sehen. Es war in Jacmel, einer Hafenstadt im Süden des Landes, berühmt für ihren karibischen Karneval, der in diesem Jahr aus unerfindlichen Gründen unter dem Motto SCHALOM 2004 stand, vielleicht weil der Präsident der Inselrepublik in Israel Theologie studiert hatte, bevor er vom Befreiungstheologen zum Politiker geworden war. Um der Opposition den Wind aus den Segeln zu nehmen, die seine Wiederwahl nicht anerkannte und ihn durch Streiks und Demonstrationen zum Rücktritt zwingen wollte, eröffnete der Staatschef seine Reden und Fernsehauftritte neuerdings mit dem Wort SCHALOM, das er wie ein buddhistisches Mantra in mehreren Sprachen herunterbetete: *Peace Paix Paz Pace Frieden Salam Mir* – so lange, bis seine Gegner, durch die fortwährenden Friedensbekundungen entwaffnet, Pfiffe und Buhrufe einstellten und seinen bewaffneten Anhängern das Feld überließen.

Am Vorabend des Karnevals hatte ich bei einem Rundgang durch die Stadt die in Hinterhöfen gelegenen Werkstätten besucht, in denen über Nähmaschinen gebeugte Mädchen Kostüme schneiderten und einheimische Künstler aus Pappmaché gefertigte Schwellköpfe bemalten, während Mitglieder eines Karnevalsorchesters sich tutend und blasend auf ihren Auftritt vorbereiteten. Eigentlich hatte ich Zigarren kaufen wollen bei einem alten Mann, der Zigarren in Handarbeit herstellte und behauptete, meinen Großvater gekannt zu haben, welcher vor Wut darüber, daß die Regierung seine Apotheke beschlagnahmt hatte, am Tag nach Pearl Harbor verstorben war. Monsieur Villatte behauptete steif und fest, während er mit geschickten Fingern das Deckblatt rollte, eine Zigarre im Schraubstock zusammenpreßte und ihr unteres Ende mit der Schere kappte, er habe keine Zigarren zu verkaufen, die auf Regalen zum Trocknen ausgelegten Exemplare seien von

Kunden vorbestellt, und er könne kaum noch Schritt halten mit der durch den Karneval gestiegenen Nachfrage. Zum Gedenken an meinen Großvater, der einer seiner besten Kunden gewesen war, schenkte er mir dann doch eine handgedrehte Zigarre, deren Deckblatt keine Fehlfarben aufwies und weder zu locker noch zu fest gewickelt war: Diesen Glimmstengel versuchte ich Stunden später, auf der Ehrentribüne sitzend, eine Thermoskanne mit Kaffee und eine Flasche Barbancourt-Rum griffbereit neben mir, zuerst mit Streichhölzern und dann mit dem Feuerzeug anzuzünden, aber das war leichter gesagt als getan: Die Zigarre war zu feucht oder zu frisch, sie ging nach zwei, drei Zügen wieder aus und ließ einen bitteren Nachgeschmack von Teer und Nikotin auf der Zunge zurück, den ich mit lauwarmem Rum die Kehle herunterspülte. Mit dem Vorsatz, es später noch einmal zu versuchen, legte ich die kalt gewordene Zigarre beiseite, denn inzwischen hatte sich der Karnevalszug formiert, und meine Aufmerksamkeit wurde von Wichtigerem in Anspruch genommen.

In der ersten Reihe trotteten die Dinosaurier, die vor Ankunft der ersten Menschen die Insel bevölkert hatten und zur Strafe für ihre Sünden durch die Explosion einer Supernova, andere sagen: durch einen auf Haiti gestürzten Meteor, restlos ausgerottet worden waren. Vielleicht war dies der Grund, warum sie mit ihren gezackten Schwänzen die Zuschauer peitschten und mit krallenbewehrten Pranken und weit aufgerissenen Mäulern nach ihnen schnappten. Denn obwohl die Dinosaurier sich von Pflanzen ernährten, war der Anführer der Saurierparade, Tyrannosaurus Rex, ein Fleischfresser und hatte es besonders auf kleine Kinder abgesehen, bei deren Anblick ihm das Wasser aus den Lefzen troff, worauf diese schreiend Reißaus nahmen und sich unter den Röcken ihrer Mütter versteckten, die das Ungeheuer mit Faustschlägen und Flüchen davon abhielten, ihre Kinder zu verschlingen. Nach den Sauriern kamen die indianischen Ureinwohner, ein mit Blättern und Federn ausstaffiertes, nacktes Volk, das niemandem angst machte und von den spanischen Konquistadoren, gegen deren Kanonen und Musketen sie mit ihren Blasrohren nichts hatten ausrichten können, gnadenlos massakriert worden war, ob zur Strafe für ihre Sündhaftigkeit oder ihre Sündenlosigkeit, sei dahingestellt. Die Konquistadoren selbst, die, auf Pferden und Eseln reitend, folgten, trugen mit Silberpapier beklebte Helme und Hellebarden, Schwerter und Schilde und erregten wie Sancho Pansa und Don Quijote mehr Mitleid als Furcht; nur der mit Stacheln gespickte Morgenstern, den ihr Anführer um sich schwang, löste Panik unter den am Straßenrand wartenden Zuschauern aus. Nach den spanischen Konquistadoren kamen die französischen Kolonialherren, die mit ihren Schönheitspflästerchen und gepuderten Perücken, Seidenstrümpfen und Schnallenschuhen wie Transvestiten aussahen, und es war schwer zu glauben, daß diese degenerierten Aristokraten Heere von Sklaven befehligt hatten, mit Ketten aneinandergefesselte Männer, Frauen und Kinder, die ihre Haut zum Zeichen ihrer afrikanischen Abstammung mit Schuhcreme schwarz gefärbt hatten, in Schach gehalten von grinsenden Aufsehern, die Peitschen auf ihre Nacken und Schultern niedersausen ließen. Aber wie nicht anders zu erwarten, endete die Sache gut, denn im nächsten Tableau hatten die Sklaven ihre Aufseher davongejagt und marschierten singend und tanzend, angeführt von den Helden des Freiheitskampfs – Toussaint Louverture Dessalines Christophe Pétion –, die Stiefel mit goldenen Sporen und Dreispitze mit blauroten Kokarden trugen, einer lichten Zukunft entgegen, verkörpert vom demokratisch gewählten Präsidenten auf Lebenszeit Jean-Bertrand Aristide, alias Titid, der die Zweihundertjahrfeier der Unabhängigkeit ankündigte mit dem Slogan: *SCHALOM 2004 Peace Paix Paz Pace Frieden Salam Mir!* Aber auch das war nicht das Ende, sondern erst der Anfang des Karnevalszuges, denn der auf Stelzen stehende Präsident der Republik wurde eskortiert von den Staatschefs Frankreichs und der USA, die sich als Freunde Haitis bezeichneten, gleichzeitig aber, unter den Augen der Polizei, Dollarscheine aus seinen Taschen zu stehlen versuchten, während die Feinde der internationalen Gemeinschaft, Osama Bin Laden und Saddam Hussein,

Kanonenkracher und Knallfrösche in die Menge warfen, die schreiend auseinanderstob, und die Polizei auf die Zuschauer einschlug nach dem Motto: Eine Tracht Prügel hat noch niemandem geschadet, und die Leute hier, egal ob ortsansässig oder angereist, hatten die Bestrafung verdient. Nach den Polizisten kamen die Teufel, und jetzt wurde der Karneval wirklich ernst.

»Es gibt zu viele Teufel im Land«, hatte meine Cousine Sandra erklärt, und wie immer hatte sie recht, denn der Vorbeimarsch der Teufel zog sich stundenlang hin, zuerst kamen die roten Teufel, dann schwarze gelbe grüne blaue Teufel, gefolgt von wie Zebras gestreiften und wie Leoparden gefleckten Teufeln: Teufel mit vorstehenden Unter- oder Oberkiefern, die wie Krokodile oder Alligatoren aussahen, Teufel mit Wildschweinhauern und Sichelzähnen, Teufel mit Wikingerhelmen oder Hirschgeweihen auf dem Kopf, Nashornteufel und Elefantenteufel, ein Teufel mit nur einem Horn, das aus einem kunstvoll gedrechselten Stuhlbein bestand, bei dem es sich auch um den Stoßzahn eines Narwals handeln konnte, ein Schlangenteufel, der eine Python oder Boa Constrictor um den Hals gewunden hatte, die ihm beim Gehen die Luft abschnürte und sein Gesicht violett anlaufen ließ, mit Äxten und Beilen fuchtelnde Waldteufel, Lassos und Messer werfende Cowboy- und Indianerteufel, aus der Hölle oder Vorhölle entsprungene, aus dem Fegefeuer oder Hades geflüchtete Hexenmeister und Zauberlehrlinge, Beelzebuben und Gottseibeiunse von Müllkippen und Friedhöfen, die mit Schaufeln und Eimern ohrenbetäubenden Lärm veranstalteten, mit Hundepeitschen und Reitgerten knallten und Ochsenziemer oder Totschläger auf die Köpfe der Zuschauer niedersausen ließen. Im Mittelpunkt des Zuges marschierten zwei halbnackte Gladiatoren, der eine mit Mehl geweißt, der andere mit Ruß geschwärzt, die statt eines Lendenschurzes auf Schnüre gereihte Menschenschädel um die Hüften gewunden hatten, keine Scherzartikel aus Plastik, sondern richtige Totenköpfe, die bei jedem Schritt geräuschvoll gegeneinanderrasselten, Knochensplitter und Zähne stoben durch die Luft, während die Männer im Zickzack über die Straße liefen, einander verfolgend durch die Menge, in der sich eine Gasse öffnete, bis der Schwarze dem Weißen oder der Weiße dem Schwarzen ein Messer in den Rücken stieß, kein Bowiemesser, sondern einen rostigen Wehrmachtsdolch, und die rötliche Flüssigkeit, die wie ein Geysir aus der Wunde schoß, war kein Tomatenketchup, sondern Menschenblut, das zu einer klebrigen Pfütze auf dem mit Konfetti gesprenkelten Asphalt zusammenfloß. Das letzte Bild, das mir vor Augen stand, während die Polizei den Tatort abriegelte, den Angreifer mit auf den Rücken gedrehten Armen abführte und den Verletzten auf einer Bahre abtransportierte, war die braune Haut, die unter dem vom Blut weggespülten Ruß und Mehl zum Vorschein kam. Opfer und Täter hatten dieselbe Hautfarbe, aber jede Hilfe kam zu spät, der Verletzte starb auf dem Weg ins Krankenhaus, und am nächsten Morgen, während alle sich fragten, wer wen ermordet habe, der Tod den Teufel oder der Teufel den Tod, las ich in der Zeitung *Le Nouvelliste,* es habe sich um ein Eifersuchtsdrama gehandelt, einer der Männer sei der Frau oder Geliebten des anderen zu nah gekommen, im Gedränge hätten die beiden zu eng getanzt, und der betrogene Liebhaber oder gehörnte Ehemann, ein arbeitsloser Polizist, der sich am Vorabend, weil seine Frau ihn verlassen wollte, sinnlos betrunken hatte, rammte seinem Opfer einen Wehrmachtsdolch in den Rücken, den er, wie er bei der Vernehmung zu Protokoll gab, im Karnevalstrubel von der Straße aufgelesen hatte: *Peace Paix Paz Pace Frieden Salam Mir – SCHALOM 2004!*

Erstes
Kapitel

»Haiti ist ein Schwamm
Vollgesogen mit Blut.
Wer preßt ihn aus,
Den unersättlichen Schwamm?«
Nicolas Guillén

1 B. beobachtete das Kommen und Gehen der Journalisten in der Hotelhalle. Sie wußten kaum etwas über
das Land, in dem sie sich aufhielten, und trugen ihre
Gehirne in rechteckigen Koffern mit sich herum. Ohne
diese Koffer, in denen sie alle verfügbaren Informationen gespeichert hatten, und ohne die Satellitentelefone,
mit denen sie zu jeder Tages- und Nachtzeit ihre Büros
anrufen konnten, um Bilder und Texte zu übermitteln,
Weisungen ihrer Vorgesetzten entgegenzunehmen oder
deren Fragen zu beantworten, waren sie hilflos und verloren wie Astronauten im All ohne die elektronische
Nabelschnur, die sie mit der Bodenstation in Houston
oder Cape Canaveral verband. Sie trugen T-Shirts mit
Aufdrucken nordamerikanischer Universitäten, Turn-
schuhe und Shorts, die sich über feiste Ärsche spannten
oder um behaarte Beine schlotterten, und schlürften Barbancourt-Rum aus Plastikbechern, in denen Eiswürfel
und Limonenscheiben schwammen. B. wußte nicht, ob
er sie bewundern oder verachten sollte; vielleicht beneidete
er sie auch, denn die meisten von ihnen waren nicht viel
älter als der siebzehn Jahre alte Rum, den sie tranken. Seit
eine Offiziersjunta die Macht ergriffen und den demokratisch gewählten Präsidenten außer Landes gejagt hatte,
war Quisqueya zum Abenteuerspielplatz geworden für
angehende Reporter, die gerade erst das College absolviert
hatten. Die Jugend der Welt gab sich in Port-à-Piment ein
Stelldichein, und obwohl B. mehrere Bücher über Quis-

queya geschrieben hatte, die in mehrere Sprachen übersetzt worden waren, war der von keiner Landeskenntnis
angekränkelte journalistische Nachwuchs technisch und
finanziell besser ausgestattet als er.

Auf dem Weg zur Bar schnappte er Gesprächsfetzen auf.
»How long have you been in this fucking country?«
»Only for two fucking days and three fucking nights.«
»Letztes Jahr war mehr los«, sagte ein fetter Mann im
Buschhemd, der wie einen erigierten Penis eine Davidoff-
Zigarre vor sich hertrug, die mehr gekostet hatte als der
Wochenlohn eines hiesigen Arbeiters, ganz zu schweigen
von den Arbeitslosen, aber das wußte der Mann im Buschhemd nicht, denn wie die meisten Journalisten nahm er
die Einheimischen erst wahr, wenn sie mit durchschos-
sener Brust, von streunenden Hunden angefressen, am
Straßenrand lagen: »Voriges Jahr sahen die Leichen besser
aus.« – »Nein, es ist ein und derselbe Blutstrom, der durch
die Straßen von Port-à-Piment fließt.« – »Das habe ich
schon mal irgendwo gelesen.« – »Kennen wir uns aus
Phnom Penh, oder sind wir uns in Sarajevo zuletzt begegnet?«

»Die angebliche Giftgasfabrik diente in Wahrheit der
Herstellung von Babymilch«, sagte der Pulitzer-Preis-
träger Walter Lagrange, in Journalistenkreisen *Dieb von
Bagdad* genannt, weil er einen französischen Photographen den irakischen Behörden denunziert hatte, um den
Golfkrieg Nummer eins für sich allein vermarkten zu
können. »Das Pentagon hat die Öffentlichkeit nach Strich
und Faden belogen, genau wie heute, wo Bill Clinton angeblich die Entsendung von Marinetruppen nach Quisqueya plant. Dabei weiß jedes Kind, daß eine Landungs-
operation nicht bei Vollmond möglich ist. Das Ganze
ist ein großer Bluff, der wie eine Seifenblase zerplatzen
wird. Ich wette zehn zu eins, daß nichts dahintersteckt!«
Und er signalisierte dem Barmann mit kreiselnder Handbewegung, daß die nächste Runde auf seine Rechnung
ging.

»Nein, die Runde geht auf mich«, rief Al Seitz, Kolumnist von *Time-Life*, während der Barmann die Gläser vollschenkte. »Erinnerst du dich? Es war Mitte der sechziger Jahre, nach der Selbstverbrennung eines buddhistischen Mönchs in Saigon. Damals schlossen wir eine Wette ab. Jeder von uns sollte denselben Satz in seinen Artikel einbauen: ›Der sterbende Tag ergoß sein Blut über den Horizont, als habe ihm jemand mit einem Samuraischwert die Kehle aufgeschlitzt.‹ Walter hielt sich nicht an die Abmachung – aber ich!«

B. hatte genug gesehen und gehört und trat auf die mit Satellitenschüsseln vollgestellte Terrasse hinaus, gefolgt von einem Kellner, der eine Schale mit Nüssen hinter ihm hertrug. Zu seinen Füßen lag die im Abendlicht verschwimmende Bucht von Port-à-Piment, hinter der in diesem Augenblick die Sonne unterging. »Die Dämmerung ist kurz in den Tropen, und übergangslos herrscht tiefe Dunkelheit. Im Präsidentenpalast gehen wie auf Kommando die Lichter an, und die Schwärze der Nacht deckt gnädig den Schmutz und das Elend zu.« Mit diesen Sätzen, die er in winziger Schrift auf einen Bierdeckel notierte, könnte er seine Reportage beginnen lassen.

»Quisqueya very good story«, sagte Sato, ein japanischer Photograph, der nur gebrochen Englisch sprach und die liebenswerte Angewohnheit hatte, alles zu numerieren: »President number one fight president number two – boom, boom, boom! – You want to meet number one beautiful girl?« fügte er unvermittelt hinzu: »She waiting for you downstairs. Very cheap clean girl!«

2 Am Abend zuvor war B. mit dem Linienflug der Air France, aus Pointe-à-Pître kommend, in Port-à-Piment gelandet. Die Maschine war bis zum letzten Platz ausgebucht: Außer humanitären Helfern und Journalisten waren nur Quisqueyaner aus der sogenannten Diaspora an Bord, mit noch mehr Übergepäck als sonst, um ihre unter dem Embargo leidenden Familien mit dem Lebensnotwendigsten zu versorgen. Während die Stewardeß Einreiseformulare verteilte, gab der Pilot über Lautsprecher bekannt, daß die Luftlinie wegen der Zuspitzung der Krise den Flugverkehr nach Quisqueya einstellen müsse; dies sei die letzte Landung in Port-à-Piment auf unbestimmte Zeit. Die Ausreisegebühr betrage 35 Dollar pro Person; er hoffe, der Flug habe den Passagieren gefallen, und würde sich freuen, sie bald wieder an Bord einer Maschine der Air France begrüßen zu dürfen. Die Boeing flog einen weiten Bogen über der Bucht von La Gonave und setzte über der Plaine du Cul-de-Sac zur Landung an. B. sah braune Berge und Täler, zerklüftet wie zusammengeknülltes Packpapier, niedrig ziehende Wolken, aus denen warmer Regen fiel, der, ohne eine Spur zu hinterlassen, auf dem ausgedörrten Boden verdampfte. Das mit Schaumkronen übertupfte Meer rutschte in die Vertikale wie Badewasser, das gurgelnd im Ausguß verschwindet, dann waren palmstrohgedeckte Hütten zu sehen und Häuser mit stockfleckigen Dächern, schwelende Müllhalden, auf denen menschliche Ameisen herumkrabbelten. Eine Bäuerin auf einem Esel trabte an einem mit Tarnfarben gestrichenen Flugzeug vorbei, das am Rand des Rollfelds vor sich hin rostete, und trieb mit Stockschlägen ihr Reittier zu größerer Eile an. Danach kam die Landebahn des Flughafens Maïs Gâté in Sicht mit dem gelben Abfertigungsgebäude, auf dessen Balustrade sich eine vielköpfige Menschenmenge drängte, schwarze, braune und weiße Gesichter hinter Mützenschirmen und Sonnenbrillen, wedelnd mit Strohhüten und Kopftüchern, unter einem Transparent mit dem Slogan: BIENVENUE À QUISQUEYA – DÉMOCRATIE OUI – EMBARGO NON!, das schlaff von der Balustrade herabhing. Benommen von der Hitze, die in Wellen vom Betonboden aufstieg, stolperte B. in die Empfangshalle und reihte sich in die Schlange vor dem Abfertigungsschalter ein. Eine Beamtin in beiger Uniform drückte einen Stempel in seinen Paß und dirigierte ihn zur Zollkontrolle, wo er sich, durchgeschwitzt bis aufs Hemd, zwischen gestikulierenden Gepäckträgern und Fremdenführern wiederfand, die ihm den Weg zum nächsten Hotel oder Bordell zeigen wollten.

Es war nicht sein erster Aufenthalt in diesem Land. Obwohl ihn außer einem Grabstein auf dem Cimetière Central, einer Messingtafel an einer Parkbank und einer Kiste mit Apothekerquittungen im Nationalarchiv kaum noch etwas mit dieser Insel verband, war Quisqueya ihm zur zweiten Heimat geworden. Jedesmal, wenn B. länger als ein paar Monate in Europa zugebracht hatte, überfiel ihn die Sehnsucht nach dem Duft einer Frangipani-Blüte und dem Aroma von frisch geröstetem Kaffee wie ein körperliches Verlangen nach schwarzer Haut. »Wieviel muß ich Ihnen bezahlen, damit Sie endlich aufhören, über Quisqueya zu schreiben?« hatte sein Verleger scherzhaft zu ihm gesagt, als B. wieder einmal einen seiner schwer verkäuflichen Romane ablieferte. Und obwohl er wie Dr. Richard Kimble auf der Flucht vor seinen Verfolgern mehrfach den Erdball umrundet hatte, holten die Probleme dieses in jeder Hinsicht elenden Landes ihn überall ein; immer dann, wenn er sich zu Hause an den Schreibtisch setzte, um den vor Jahren begonnenen Roman zu Ende zu schreiben, klingelte das Telefon, und der Redakteur am anderen Ende der Leitung teilte ihm aufgeregt mit, in Quisqueya sei ein Bürgerkrieg oder eine Revolution ausgebrochen, und als Kenner der dortigen Verhältnisse sei B. wie kein anderer berufen, über die Ereignisse zu berichten.

B. hielt Ausschau nach dem Chauffeur, dessen Name ihm entfallen war – hieß er Socrates oder Brutus? –, aber in der ihn umdrängenden Menschenmenge entdeckte er kein bekanntes Gesicht. Dann fiel ihm ein, daß seine Tante Erzulie ihren an Arthritis erkrankten Chauffeur vorzeitig in den Ruhestand geschickt und daß sich der Benzinpreis infolge des Embargos vervielfacht hatte. Ohne die beiden Gepäckträger zu beachten, die sich darum stritten, wer von ihnen seinen Koffer tragen dürfe, überquerte B. die Straße und betrat das Büro der Mietwagenagentur, deren Repräsentant, Monsieur Ledans, die Bibel zuschlug, in der er, lautlos die Lippen bewegend, gelesen hatte. Monsieur Ledans begrüßte ihn mit Handschlag, während ein Schuhputzjunge sich ungefragt an B.s Schuhen zu schaffen machte.

3 Obwohl es erst acht Uhr abends war, lag das Haus schon in tiefer Dunkelheit. Das rote Eisentor war verschlossen, aber der Riegel ließ sich mühelos in die Höhe schieben; die Kette war nur lose vorgelegt zum Zeichen, daß noch Besuch erwartet wurde. B. dachte daran, daß eine offene Tür in Quisqueya als sicherer Schutz vor Einbrechern galt, deren sportlicher Ehrgeiz durch Schlösser und Riegel angestachelt wurde, während man Vampire, die nachts ans Fenster klopften, um schlafenden Kindern das Blut aus den Adern zu saugen, durch die Auskunft: *Niemand zu Hause, zwecklos!* wieder vertrieb. »So dumm sind bei uns die Vampire«, hatte die Köchin Babekan kichernd gesagt, als sie ihn in die Geheimnisse des quisqueyanischen Aberglaubens einweihte, »so dumm sind bei uns die Vampire!« B. parkte den Wagen unter der die Einfahrt überwölbenden Schirmakazie. Beim Aussteigen streifte ein niedrig hängender Zweig sein Gesicht und überschüttete ihn mit einem Regen roter Blütenblätter, die sich im Kragen seines Hemdes verfingen. Kies knirschte unter seinen Schuhsohlen, während er durch ein Spalier von Frangipani-Bäumen, deren süßlicher Duft ihn wie eine Wolke von Parfüm umfing, auf das Haus zuschritt, in dem ein Hund zu bellen begann. Ein Dieselmotor rumpelte, und hinter der Balustrade im oberen Stock ging das Licht an. Jemand hatte das Notstromaggregat eingeschaltet. Eine Frau mit geblümtem Kopftuch öffnete die Tür und leuchtete ihm mit einer Taschenlampe ins Gesicht. »Du bist gewiß ein Weißer«, sagte sie, »daß du dieser stockfinsteren Nacht lieber ins Auge siehst als einer Negerin.« Es war die Köchin Babekan, unsterblich und allmächtig wie eine Voodoogottheit: Nichts geschah ohne ihr Wissen und ohne ihr Zutun in diesem Haus, dessen vergangene und gegenwärtige Bewohner sie auf die Welt oder unter die Erde gebracht hatte.

»Comment ou yé?« – »Merci, ça va.« – »Et Madanm ou?« – »Pas pi mal.« – »Et ti-moun yo?« – »Pas pi mal.« – »Qui est là?« kreischte eine Frauenstimme aus dem oberen Stock. »C'est Monsieur Christophe? Ich bin froh, daß du gut angekommen bist«, sagte Matante Erzulie, die ihm im Rollstuhl entgegenfuhr. »Die Regierung hat uns den Strom gestohlen, deshalb ist alles dunkel hier. In Quisqueya stiehlt man kolossal viel. Und es werden kolossal viele Leute umgebracht. Niemand besucht keinen mehr.« *Umbringen* und *kolossal* waren ihre Lieblingsvokabeln, ein fernes Echo aus der Weimarer Republik, als sie in Deutschland zur Schule gegangen war. »Je suis contente de te revoir.« Sie bot ihm ihre mit Leberflecken übersäten Wangen zum Kuß dar. – »Wer hat wen umgebracht?« – »Darum kümmern wir uns nicht. Jeder will Präsident werden, und es gibt viel zuviel Politik in diesem Land. Was willst du trinken – einen Rumcocktail oder ein Bier?« – »Lieber Rum, wenn du Eiswürfel hast.« – »Ich werde Babekan zu den Nachbarn schicken, damit sie Eis für dich holt. Mein Frigidaire ist kaputt, und seit zwei Wochen gibt man nichts mehr im Fernsehen. Ich weiß nicht, wann ich zum letzten Mal *All My Children* gesehen habe!«

Das Dieselaggregat setzte aus, und das Licht erlosch. Babekan suchte im Finstern nach Streichhölzern und zündete eine Kerosinlampe an. Sie nahm B. an der Hand und führte ihn die Treppe hinab. Der Schein der Lampe fiel in ein dunkles Zimmer, aus dem ihm der vertraute Geruch von Insektenspray und schimmelnden Holzdielen entgegenschlug. Sie stellte eine Karaffe mit Eiswasser auf den Nachttisch und schloß die Tür hinter sich. B. wusch

sich unter der Dusche, aus der, wie stets, nur ein dünnes
Rinnsal lauwarmes Wasser rann, und kroch naß unter die
Bettdecke. Im Halbschlaf hörte er das feine Sirren, mit
dem eine Anophelesmücke sein Ohr umkreiste. Er dachte
an den Bonner Wirtschaftsminister, der beim Besuch eines
Townships in Südafrika von einem Moskito gestochen
und im Koma auf die Intensivstation eingeliefert worden
war. Dann fiel ihm ein, daß Moskitos nicht stechen,
sondern Blut saugen, und daß Malaria-Erreger nur von
weiblichen Stechmücken übertragen werden, und er fragte
sich, ob Moskita die Femininform von Moskito sei. Mit
diesem Gedanken mußte er eingeschlafen sein.

Im Traum hörte B. eine Ziege meckern, die als Köder
für einen Löwen oder Leoparden auf einer Urwaldlichtung
festgebunden war. Dann begannen Hunde zu bellen und
Hähne zu krähen in einem Wettstreit, der sich zu schauer-
licher Kakophonie steigerte; ein Lastwagen rumpelte im
Leerlauf die Straße hinab, gefolgt von einem Taxi, das
mit quietschenden Bremsen hielt, um einen Landrover
oder Jeep vorbeizulassen, der sich laut hupend die Vorfahrt
erzwang – wahrscheinlich ein Polizei- oder Militärfahr-
zeug. Irgendwo fiel ein Schuß; die Detonation klang so
nah, als hätte jemand neben B.s Kopfkissen einen Revolver abgefeuert. Dann war die schneidende Stimme des
Reporters Jean Dominique zu hören, der die Morgen-
nachrichten von Radio Quisqueya verlas, unterbrochen
von Werbespots für Milchpulver und Kondome und von
unerträglich heiterer Meringue-Musik, die sich wie ein
Korkenzieher in seine Gehörgänge bohrte. Babekan stellte
eine Schale mit Milch und eine Zuckerdose auf den Nachttisch, und das Aroma frisch gerösteter Kaffeebohnen stieg
ihm in die Nase. Als B. die Augen aufschlug, sah er zwei
nackte Füße von den Ästen des vor dem Fenster wachsenden Mangobaums herabhängen. »Ich baumle mit de
Beene« – dieser Vers aus einem Chanson der zwanziger
Jahre ging ihm durch den Kopf, während er die Bettdecke
über die Ohren zog und sich auf die andere Seite wälzte,

um weiterzuschlafen, aber eine Kinderhand klopfte von draußen gegen die geschlossene Jalousie.

B. putzte sich die Zähne und trat in Pyjamahosen vor die Tür. An der Hinterpforte, durch die er, wenn alle schliefen, nächtlichen Besuch einzuschleusen pflegte, wartete der Sohn des Gärtners auf ihn. Adonis – vielleicht hieß er auch Délice – nahm ihn an der Hand und führte ihn zu dem Toten, der in einer Blutlache vor dem angelehnten Eisentor auf der Straße lag. Eine Gruppe von Passanten – Marktfrauen mit Körben voll Obst, Schüler in blauen Uniformen und ein Laienprediger mit einem Gesangbuch unter dem Arm – war stehengeblieben und betrachtete den Ermordeten aus respektvoller Distanz; obwohl der Leichnam noch nicht in Verwesung übergegangen war, hatten sie Taschentücher vor die Nasen gepreßt. Es war sieben Uhr früh, und der Tag versprach genauso heiß zu werden wie der vorige. À BAS TITID – VIVE L'ARMÉE! hatte jemand mit Holzkohle auf das rote Eisentor gekritzelt: Nieder mit dem demokratisch gewählten Präsidenten – es lebe die Armee! Der junge Mann schien noch nicht lange tot zu sein, denn noch hatte man ihm die Schuhe nicht gestohlen, braune Slipper, von denen einer, als die Mörder ihr Opfer aus dem fahrenden Auto warfen, von dem in Socken steckenden Fuß abgeglitten war. Er trug blaue Hosen und ein gelbes T-Shirt mit dem Aufdruck: ACTIVIT ÉNERGIE VITAMINE C. Anders als ein gnädiges Klischee es will, schien der Tote nicht zu schlafen. Seine aufgerissenen Augen hatten das Grauen fixiert, das ihm widerfuhr. Wahrscheinlich hatte ihn auf dem Heimweg von einer Diskothek eine Patrouille der Armee aufgegriffen und nach kurzer Befragung liquidiert – die Slumviertel an der Ausfallstraße zum Flughafen galten als Hochburgen des demokratisch gewählten Präsidenten, und wer nachts den Todesschwadronen über den Weg lief, hatte sein Leben verwirkt.

»Das ist ja furchtbar«, hörte B. sich murmeln, aber Adonis war nicht einverstanden: »Non, Monsieur«, sagte er mit lauter Stimme, so daß die Umstehenden es hören konnten: »C'est la démocratie!« Wahrscheinlich dachte Adonis dabei an die Abrechnung mit den Schergen des alten Regimes, die nach der Flucht des Diktators Big Chief Garçon auf offener Straße gelyncht worden waren. Aber das war sieben Jahre her, und jetzt standen andere Abrechnungen auf dem Programm.

Der Tote am frühen Morgen gehörte zur quisqueyanischen Folklore wie das goldgelbe Guavengelee auf dem Frühstückstisch und die aufgeschnittene Papaya, in der die schwarzen Kerne wie Kaviarkörner glänzten. Der Vergleich kam ihm nicht einmal zynisch vor, denn nachdem er sein anfängliches Entsetzen überwunden hatte – Kulturschock war das richtige Wort dafür –, hatte er sich angewöhnt, stets mit dem Schlimmsten zu rechnen, weil in Quisqueya alles, aber auch wirklich alles möglich war. Im Unterschied zu früher aber kamen die Ermordeten nicht mit der Morgenzeitung ins Haus, sondern wurden direkt vor der Tür abgelegt. B. schlug die noch druckfrische Zeitung auf, in der seine Cousine Minette alle Artikel, die ihrer Meinung nach für ihn von Interesse waren, mit Rotstift markiert hatte: Der Chef der provisorischen Regierung, General Cédras, dankte der Armee für ihre Opferbereitschaft und Disziplin, mit der sie sich der Vorkämpfer der Unabhängigkeit würdig erwiesen habe, und warnte das Ausland, allen voran die Vereinigten Staaten, vor jedweder Einmischung in die inneren Angelegenheiten von Quisqueya, die für den Aggressor mit einem blutigen Fiasko enden würde. Die ausgedehnten Waldbrände im Nordwesten der USA sollten dem Weißen Haus als Warnung dienen, denn die Nachfahren aufständischer Sklaven hätten übernatürliche Fähigkeiten und würden notfalls die Toten zum Kampf gegen die Invasoren mobilisieren: *Debout les morts!*

In den Lokalnachrichten war von einem Polizeifahrzeug die Rede, das bei der Verfolgung eines Diebs in eine Gruppe von Fußgängern gerast war; drei Schülerinnen

wurden schwer verletzt, und ein zwei Monate altes Baby
starb in den Armen seiner Mutter auf dem Weg ins Krankenhaus. Anstatt sich um die Verletzten zu kümmern,
setzten die Polizisten die Verfolgungsjagd fort, weil ihnen
die Festnahme eines Taschendiebs wichtiger war als das
Leben eines Säuglings. Die Beamten trugen Zivilkleidung,
schrieb *Le Matin,* und ihr Wagen war nicht als Polizeiauto
zu erkennen. Was anderswo einen politischen Skandal
entfacht und gerichtliche Untersuchungen nach sich gezogen hätte, war hierzulande nur ein *fait divers,* das in
einer Vierzeilenmeldung abgehandelt wurde.

Daneben stand eine Wettermeldung: Das metereologi-
sche Büro des Landwirtschaftsministeriums gab bekannt,
daß die diesjährige Hurrikan-Saison am 1. Juni begonnen
hatte und am 30. November enden würde. Die Bevölkerung wurde aufgefordert, zerbrochene Fenster und
schadhafte Dächer instand zu setzen, Baumaterialien
und Grundnahrungsmittel einzulagern, dazu Trinkwasser
und Batterien; daß die meisten Bewohner der Hauptstadt
weder ein Dach über dem Kopf noch genug Geld besaßen,
um Vorräte anzulegen, hatte der Verfasser des Artikels
nicht bedacht. Er rief alle Quisqueyaner dazu auf, die
Sturmwarnungen der US-Küstenwache ernst zu nehmen,
insbesondere was die Entstehung von Tiefdruckgebieten
im Golf von Mexiko betraf, und gab die Namen der Or-
kane, die hierzulande Zyklone hießen, für das laufende
Jahr bekannt: Allison, Berry, Chantal, David, Eric, Felix,
Gabriela, Humberto, Iris, Jerry, Karen, Lorenzo, Michelle,
Noëlle, Olga, Pablo, Rebecca, Sebastian, Tanja, Victor und
Wendy.

»Was waren das doch für Zeiten«, dachte B., während
er ins Schwimmbecken stieg und, auf dem Rücken im
Wasser treibend, den blauen Himmel nach Vorboten eines
Sturms absuchte, »was waren das doch für Zeiten, als
die Diktatoren noch Männernamen und die Hurrikane
ausschließlich Frauennamen trugen!« Anders als heute
hatte es damals noch keine internationale Gemeinschaft

gegeben, deren Abgesandte den Mördern über die Schulter schauten, statt ihnen in den Arm zu fallen und sie an der Ausführung ihrer Taten zu hindern. In solchen Augenblicken schien es ihm, als seien die finsteren Zeiten die besseren gewesen, als niemand von Menschenrechten schwafelte und man die Gerechtigkeit Gott überließ. Aber auch das war falsch, denn nichts war deprimierender als ein Unrecht, von dem nichts an die Außenwelt drang.

Als B., durch das kühlende Bad erfrischt, auf die Straße trat, war der Ermordete verschwunden: Nur ein dunkler Fleck auf dem Asphalt wies darauf hin, daß es sich bei dem vor der Haustür abgelegten Toten nicht um eine Halluzination gehandelt hatte.

4 B. fuhr mit dem Mietwagen in die Stadt, das heißt, er ließ das Auto, um Benzin zu sparen, im Leerlauf den steilen Hang hinabrollen, wie es die einheimischen Chauffeure taten. Um diese Zeit waren nur wenige Autofahrer unterwegs; die Lastwagen aus dem Landesinneren hatten die Märkte mit Lebensmitteln beliefert, und die Eltern der Oberschicht hatten ihre Kinder in die Privatschulen gebracht; erst gegen Mittag setzte der Rückreiseverkehr wieder ein. Kurz vor der Einmündung der Avenue Martin Luther King in die Rue Panaméricaine schaltete er, um zu bremsen, den Motor ein. Über dieser strategisch wichtigen Kreuzung hing die einzige Ampel der Stadt, die wieder einmal nicht funktionierte – vermutlich ein Stromausfall. Auf der Fahrbahn lag ein Toter, über den jemand ein Bett- oder Tischtuch gebreitet hatte; nur zwei Füße schauten unter dem Laken hervor, von denen einer mit einem braunen Slipper, der andere nur mit einer weißen Socke bekleidet war. Der Asphalt war mit Glassplittern übersät, die unter den Reifen knirschten, während er den Toten, wie es in Unfallwarnungen heißt, weiträumig umfuhr. B. hielt vergeblich Ausschau nach dem fehlenden Schuh, und als er in den Rückspiegel blickte, hatte sich ein olivgrüner Lastwagen zwischen ihn und den Ermordeten gestellt; Militärpolizisten sprangen von der Ladefläche und riegelten mit Viererketten die Straße ab.

B.s Hemd war naßgeschwitzt, als er vor der amerikanischen Botschaft aus dem Auto stieg. Nein, es war nicht die Botschaft – es war das Pressezentrum der US-Mission; in einer kaum noch vorstellbaren Vergangenheit hatte sich hier ein Büro der Lufthansa befunden, die mit dem Exodus ausländischer Investoren Quisqueya verlassen hatte. B. zeigte dem Wachmann seinen Presseausweis und trug Namen und Anschrift in eine Liste ein. Nachdem er einen Vordruck unterzeichnet hatte, dem zufolge die Regierung der USA keine Garantie für seine physische Sicherheit oder die Überführung seines Leichnams übernahm, drückte man ihm einen in Plastikfolie eingeschweißten Ausweis in die Hand, und er betrat einen halbdunklen Raum, der ihm, nach den tropischen Temperaturen draußen, wie eine Tiefkühltruhe erschien. Die Beleuchtung war ausgefallen, aber die Klimaanlage blies eiskalten Wind durch den Saal, der wie der Vorbote eines Orkans die Notizbücher der Journalisten umblätterte. Die Pressekonferenz hatte schon begonnen, und B. nahm auf einem freien Stuhl in der letzten Reihe Platz.

Ein Beamter der Einwanderungsbehörde verlas eine Liste mit den Namen quisqueyanischer Boat People, die von der Küstenwache auf hoher See aufgegriffen und mit Zustimmung der örtlichen Behörden, die ihnen Straffreiheit zusicherten, nach Quisqueya repatriiert worden waren; diejenigen, die glaubhaft machen konnten, daß ihr Asylantrag politisch begründet war, wurden in der Militärbasis Guantánamo interniert und warteten dort den Ausgang des Asylverfahrens ab.

Danach trat die amerikanische Botschafterin ans Mikrophon: Penelope Swing, im Volksmund »beladener Esel« genannt, weil sie in einer Rede zu ihrem Amtsantritt ein kreolisches Sprichwort zum besten gegeben hatte: *Bourik*

chagé pas kampé – einen beladenen Esel soll man nicht
anhalten. Obwohl ihr Ausspruch sich auf den steckengebliebenen Demokratisierungsprozeß bezog, wurde die
Botschafterin den Spitznamen nicht mehr los und hieß
fortan in der quisqueyanischen Presse nur noch *Bourik
Chagé*. Durch den Gebrauch der Volkssprache hatte sie
sich lächerlich gemacht – von einer Diplomatin erwartete
man, daß sie perfekt Französisch sprach.

»Ich habe heute früh mit General Cédras telefoniert,
dessen Junta das State Department, wie Sie wissen, nicht
als rechtmäßige Regierung anerkennt«, sagte die Botschafterin und vollführte eine Art Steptanz, um sich
von dem um ihre Hosenbeine gewickelten Mikrophonkabel zu befreien – in diesem Augenblick sah sie eher wie
ein auf Glatteis geratener Esel aus. »Der Chef des Militär-
rats hat mir versichert, daß seine Regierung alles tut, um
die auf Governor's Island gegebenen Zusagen einzuhalten
und die in der UN-Resolution 940 enthaltenen Forderungen zu erfüllen. General Cédras war mir gegenüber
stets kooperativ, und ich habe keinen Anlaß, an seinem
ehrlichen Willen zur Lösung des Konflikts zu zweifeln.
Strittig ist nur noch der Zeitplan für die Rückkehr zur
Demokratie. Gibt es Fragen hierzu?«

Ein Reporter der Tageszeitung *Le Matin* wollte wissen,
wann die Air France den regelmäßigen Flugverkehr nach
Port-à-Piment wieder aufnehmen werde und ob die Information zutreffend sei, daß bezahlte Tickets nicht zurück-
erstattet würden.

»Das Geschäftsgebaren der Air France fällt nicht unter
die Jurisdiktion der Vereinigten Staaten. Vielleicht kann
die französische Botschaft Ihnen weiterhelfen. Gibt es
keine substantielleren Fragen?«

»Was hat für die Regierung der USA größere Priorität«,
fragte Maggie O'Brian vom *Guardian*, eine Kriegsreporterin, die durch ihren Bericht über das serbische Todes-
lager Omarska berühmt geworden war. Sie hatte fast alle
Krisengebiete der Welt besucht, aber dies war ihr erster

H.C. Buch, Tanzende Schatten

Aufenthalt in Quisqueya, und die Insel war, wie sie B. bei der Zwischenlandung in Guadeloupe anvertraute, für sie ein unbeschriebenes Blatt: »Was hat für die Regierung der USA größere Priorität: den Exodus der Boat People zu stoppen oder demokratische Verhältnisse zu schaffen und die Menschenrechtsverletzungen der Militärjunta zu beenden?«

»Das sind zwei, genaugenommen sogar drei Seiten ein und derselben Medaille«, sagte die Botschafterin. »Womit ich nicht gesagt haben will, daß zwischen beiden Punkten ein Junktim existiert. Dort hinten sehe ich noch eine Wortmeldung, nein, nicht Sie, der Herr in der letzten Reihe, bitte schön!«

»Heute morgen lag ein Toter vor meiner Tür«, hörte B. sich sagen, »und auf der Fahrt in die Stadt sah ich den Ermordeten an der Ecke Rue Panaméricaine/Avenue Martin Luther King auf der Straße liegen. Jemand hatte ein Tuch über ihn gebreitet. Ich bin mir nicht sicher, ob es sich um ein und dieselbe Person handelte. Aber es sah so aus.«

»Ihr Name bitte? Für welche Zeitung arbeiten Sie?«

»Eine Schweizer Wochenzeitung hat mich nach Quisqueya geschickt, und ich bin ein Namensvetter des Königs Christophe.«

»Meine Zeit ist begrenzt«, sagte die Botschafterin, nachdem sich das Gelächter gelegt hatte – Christophe war ein ehemaliger Sklave, der sich zum König von Quisqueya gekrönt und im Norden der Insel eine uneinnehmbare Festung errichtet hatte. »Von politisch motivierten Morden innerhalb der letzten 24 Stunden ist mir nichts bekannt, aber wir verfolgen die Entwicklung sehr genau und gehen jedem ernstzunehmenden Hinweis nach. Die nächste Pressekonferenz findet morgen statt: Gleiche Zeit, gleicher Ort!«

Die Botschafterin streifte das Mikrophonkabel ab, das sich um ihre Knie gewickelt hatte, und hüpfte wie ein von seiner Last befreiter Esel davon.

5 Jemand hatte dem Toten die Augen zugedrückt. Er lag im Hof des Hôpital Général auf dem Rücken, die Arme über der Brust gefaltet, und seine im Todeskampf verkrampften Gesichtszüge wirkten entspannt, als schlafe er. Nur das geronnene Blut in den Nasenlöchern paßte nicht in das idyllische Bild, genausowenig wie das von Pulver geschwärzte Einschußloch in der Schläfe, das jetzt deutlich zu sehen war. Obwohl der Tod erst vor wenigen Stunden eingetreten sein konnte, war der Verwesungsgestank unerträglich; B. schlug sich den Hemdkragen vors Gesicht, um den bittersüßen Geruch nicht einatmen und nicht genauer hinsehen zu müssen, während Maggie O'Brian mit einer Polaroidkamera Bilder machte, bis ein Sanitäter mit Gummischürze ihr signalisierte, daß Photographieren verboten sei. Der Mann hob einen braunen Schuh vom Boden auf und verschwand in einem niedrigen Anbau, der wie eine Waschküche oder Toilette aussah. Erst jetzt begriff B., daß es sich um die Morgue handelte, aus deren offener Tür der Verwesungsgestank drang. Vermutlich war der Strom ausgefallen, und das Kühlsystem funktionierte nicht. Maggie bestand darauf, einen Blick ins Innere zu werfen, wo zwei Leichenwäscher mit Mullbinden vor der Nase sich an einer jungen Frau zu schaffen machten, die, wie es schien, während der Geburt ihres Kindes verstorben war. Das Neugeborene lag, in Plastikfolie gewickelt, zwischen den gespreizten Beinen der Mutter, deren Schamhaar einer der Männer mit Seifenschaum einrieb, während der andere einen einzelnen Schuh anprobierte.

»Kennen Sie den Besitzer dieses Schuhs?«

»Das wollte ich Sie auch gerade fragen!«

Der Leichenwäscher nahm die Mullbinde vom Gesicht.

»Habe ich Ihnen nicht gesagt, daß Photographieren verboten ist?«

Ohne um Erlaubnis zu bitten, hatte Maggie O'Brian die Szene photographiert. Sie gab dem Mann einen Fünf-Dollar-Schein, den er unter seiner Gummischürze verschwinden ließ. Fünf Dollar waren viel zuviel: Ein zu hohes Bestechungsgeld erregte Verdacht und weckte das Verlangen nach mehr.

»Ich weiß nicht, wie der Verstorbene hieß«, sagte der Leichenwäscher, »aber sofern Sie dies wünschen, erzähle ich Ihnen mehr über ihn. Und wenn Sie verwandt mit ihm sind, können Sie den Toten gleich mitnehmen. Sie müssen mir nur den Empfang bestätigen und die Gebühr für die Ausfolgung der Leiche bezahlen, auf der Stelle, in bar. Quisqueya ist nämlich ein Rechtsstaat, genau wie die Vereinigten Staaten von Amerika!«

Die Ausfahrt aus dem Hospital wurde von Ärzten und Krankenschwestern blockiert, die die Auszahlung ihrer seit Monaten überfälligen Löhne und Gehälter forderten. Maggie wollte die Streikenden interviewen, aber beim Anblick der Militärpolizisten, die mit gezückten Schlagstöcken aus einem Jeep sprangen, gab B. Gas und fädelte sich hinter einem gelben Schulbus in den laufenden Verkehr ein. Das Grand Hôtel Oloffson, in dem Maggie O'Brian wohnte, lag am oberen Ende der Avenue Christophe; in den zwanziger Jahren hatte das Hotel den Besatzungstruppen als Militärhospital gedient, in dem US-Marines unter Aufsicht quisqueyanischer Krankenschwestern ihre Malaria kurierten; und seit Graham Greene im Oloffson logiert hatte, gaben sich Künstler und Schriftsteller, Reporter und Journalisten hier ein Stelldichein.

»Ich brauche den Namen des Ermordeten, sein Alter und seinen Beruf«, sagte Maggie O'Brian, während B. den Wagen im Schrittempo an Scharen blaugekleideter Schüler vorbeisteuerte, die mit Büchern und Heften unter dem Arm auf ein Gemeinschaftstaxi oder einen Bus warteten. »Und ich muß wissen, wer oder was ihn getötet hat, die Armee oder Anhänger des demokratisch gewählten Präsidenten. Die Photos habe ich als Gedächtnisstütze gemacht, aber sie sind nichts geworden, wie du siehst!« Sie reichte ihm einen Stapel Polaroidbilder, auf denen außer einem braunen Schuh nichts Genaues zu sehen war. Nur das in der Morgue aufgenommene Photo war gestochen scharf; sogar das beschriftete Etikett war zu erkennen, das der Leichenwäscher am Fuß des toten Babys befestigt hatte.

6 »Dein Vater, nein, dein Großvater trank jeden Mittag einen doppelten Rumcocktail«, sagte Matante Erzulie, die B. im Rollstuhl entgegenkam. »Oder möchtest du lieber ein Bier?«

»Ein Glas Wasser genügt.«

»Wie war's in der Stadt?«

»Das übliche Verkehrschaos«, sagte B. und kam sich dabei wie ein Lügner vor. Er hatte es schon lange aufgegeben, ihr von seiner Arbeit zu erzählen. Matante Erzulie interessierte sich nicht für Politik. Quisqueyas ständig wechselnde Präsidenten waren in ihren Augen nur Schmeißfliegen, die auf einer überreifen Mango herumkrochen, um den gärenden Saft zu trinken und im faulenden Fruchtfleisch ihre Eier abzulegen. Schlimmer als die täglichen Morde waren für sie die nächtlichen Stromausfälle und die Tatsache, daß man das Trinkwasser aus ihrem Reservoir gestohlen hatte. »Revolutionen kommen und gehen wie die Hurrikane«, hatte sie ihm vor Jahren erzählt. »Ich mache Fenster und Türen zu, lasse die Jalousien herunter und warte, bis der Zyklon vorüber ist. Einmal war ich mit meiner Freundin Ilse im Auto unterwegs, als uns aus der Stadtmitte eine Revolution entgegenkam. Der Chauffeur bog rechts ab und parkte in einer stillen Seitenstraße, bis die Revolution an uns vorbeigezogen war.«

Die Köchin Babekan hatte B.s Lieblingsmenü zubereitet: Avocadosalat mit Vinaigrette, Riz Djondjon, schwarzen Reis mit Morcheln, und Poulet à la créole. Zum Nachtisch gab es Pudding aus frischer Kokosmilch, von dem Matante Erzulie zwei Portionen aß. »Wir Quisqueyaner sind versessen auf Süßigkeiten«, sagte sie, »nein, nicht versessen: verfressen. Dieses Wort habe ich in Darmstadt auf dem Gymnasium gelernt – ich weiß nicht, ob man es heute noch benutzt. In letzter Zeit läßt mich mein Gedächtnis im Stich, und ich frage mich, ob ich erst 89 oder schon 90 bin. Kein Wunder bei dieser Hitze!« Sie läutete die Tischglocke, um sich im Rollstuhl ins Schlafzimmer schieben zu lassen.

Nirgendwo sonst, dachte B., waren die Nachmittage so endlos lang und so unerträglich heiß wie in Port-à-Piment. Das Wort Siesta hatte hier einen besonderen Klang. Das Dolcefarniente war die Quintessenz des quisqueyanischen *Way of Life,* aber dieser Verlockung durfte er nicht nachgeben und die begrenzte Zeit, die ihm zur Verfügung stand, verplempern oder verschlafen.

Er schlug die Zeitung *Le Nouvelliste* auf, die Babekan ihm zusammen mit dem Kaffee auf einem Silbertablett serviert hatte, und vertiefte sich in einen Artikel über die desolate Lage der Volkswirtschaft, der *Die chronische Lethargie unserer Nationalökonomie* betitelt war. 80 Prozent aller Quisqueyaner lebten von Gelegenheitsjobs, und nur 20 Prozent der Bevölkerung ging einer geregelten Arbeit nach. Zwei Drittel aller Haushalte bezogen Einkünfte unterhalb des gesetzlich garantierten Mindestlohns, der 1991 auf zwei US-Dollar festgesetzt, seitdem aber infolge des Wirtschaftsembargos auf die Hälfte gesunken war. B. nahm sich vor, die Zahlen in sein Notizbuch zu kopieren, dann fielen ihm die Augen zu.

Im Traum spazierte er zusammen mit Maggie O'Brian über den Cimetière Central. B. wollte ihr die letzte Ruhestätte seiner Großeltern zeigen, aber die Grabmäler waren geplündert, die Särge mit Stemmeisen aufgebrochen, Sargdeckel, Kranzschleifen, Schädel und Schenkelknochen lagen auf den Wegen verstreut, und im Durcheinander verlor er die Orientierung. Der Friedhof sah aus wie am Tag des Jüngsten Gerichts, an dem die Leichen aus ihren Gräbern steigen, doch der hinkende Totengräber, der ihn als Fremdenführer begleitete, belehrte B.

eines Besseren: Es handle sich um eine Auseinandersetzung zwischen Mitgliedern rivalisierender Gangsterbanden, sagte er, die sich um die Kontrolle des Friedhofs stritten – das Ausplündern der Gräber sei ein lukratives Geschäft. Um der Gegenseite zuvorzukommen, hatten sie die Grabmäler verwüstet nach dem Motto: Um Schlimmeres zu verhindern, müssen wir das Schlimmste tun. Und er führte B. zu einer geheimen Kultstätte, an der sich die Totengräber um Mitternacht versammelten, um dem Voodoogott Baron Samedi zu huldigen: ein mannshohes Steinkreuz, vor dem eine mit Wachs beträufelte Rumflasche und ein Schädel mit gekreuzten Knochen lagen; der Boden war mit Abdrücken nackter Füße übersät. Der Totengräber erzählte, während der letzten Voodoo-Zeremonie sei Panik ausgebrochen. Unter dem Gewicht singender und tanzender Menschen sei das Dach der Grabkapelle eingestürzt und habe zahlreiche Zuschauer unter den Trümmern begraben.

Ein knatterndes Geräusch riß ihn aus dem Schlaf. Babekan hatte einen Ventilator neben sein Bett gestellt, dessen Luftstrom die Blätter der Zeitung in raschelnde Bewegung versetzte. B. gab sich zwei Ohrfeigen, um sicher zu sein, daß er aus dem Totenreich ins Leben zurückgekehrt war.

7 »Von Natur aus sind wir Quisqueyaner nicht gewalttätiger als andere Völker«, sagte Achille Maillard, der bekannteste Historiker des Landes, der ihm unter einem Poster des demokratisch gewählten Präsidenten mit der Aufschrift *La pè nan tèt, la pè nan vant* gegenübersaß. »Aber wir haben ein Identitätsproblem. Das beginnt schon bei der Namengebung. Kolumbus nannte die auf keiner Seekarte verzeichnete Küste, vor der seine Karavellen am Nikolaustag 1492 ankerten, Hispaniola, obwohl die Insel keinerlei Ähnlichkeit mit Spanien besitzt. Die französischen Kolonialherren nannten sie Saint Domingue, und erst nach der Unabhängigkeit gaben die befreiten Sklaven ihr den alten, indianischen Namen zurück: Quisqueya oder Ayti, die Felseninsel. Die von Europäern verschleppten Afrikaner sprengten ihre Ketten und zogen sich in die unzugänglichen Berge des Landesinnern zurück. Die Wörter folgten ihnen – sie flohen aus dem Gefängnis der französischen Grammatik und führten fortan ein Eigenleben, das jeden Anhänger der cartesianischen Logik zur Verzweiflung bringt. Artikel und Substantiv bilden eine Einheit, und überall dort, wo im Französischen ein Nasal steht, fehlt er im Kreolischen, während er sich immer dort einschleicht, wo er nicht hingehört: *zanmi* heißt Freund, *madanm* Frau. Und *la pè nan vant* bedeutet, je nachdem, wie man das Wort *pè* betont, Frieden oder Furcht im Bauch.«

Maillard machte eine Pause und fischte einen Nachtfalter, der sich zwischen zwei Eiswürfeln verfangen hatte, aus seinem Whiskyglas. Es war sechs Uhr abends, und ein Donnerschlag gab das Signal zum Beginn der Regenzeit. B. rückte seinen Stuhl zur Seite, um den fein zerstäubten Wassertropfen zu entgehen, die durch ein Loch in der Decke ins Wohnzimmer sprühten. Loch ist das falsche Wort – es war eine kreisrunde Öffnung, durch die ein im Innenhof wachsender Avocadobaum die freie Luft erreichte. Der Sturm wühlte im fetten Laub, schwere Früchte fielen klatschend aufs Dach, und der tropische Regen trommelte ein Schlagzeugsolo dazu, das sich zu immer größerer Intensität steigerte und plötzlich abbrach.

»Viele Quisqueyaner haben Sprachstörungen«, sagte Achille Maillard in die sich ausbreitende Stille hinein. »Entweder sie stottern und geben unartikulierte Töne von sich, oder sie halten größenwahnsinnige Reden, die nichts zu tun haben mit dem Thema, um das es gerade geht. So wie ich in diesem Augenblick.« Er schenkte sich Whisky ein.

»Und was hat das alles mit Gewalt zu tun?«

»Sehr viel. Letzte Woche hat ein Student, der sich im Unterricht nie zu Wort meldete, mir beim Verlassen des

Klassenzimmers einen geladenen Revolver an die Schläfe gedrückt. Ich weiß nicht, was er mir damit signalisieren wollte, aber ich weiß, daß der an die Schläfe gedrückte Revolver, genau wie die Toten auf den Straßen von Port-à-Piment, eine kodierte Mitteilung enthält, deren Sinn entschlüsselt werden muß. Das Ganze ist ein Kommunikationsproblem.«

»Hatten Sie keine Angst?«

»*La pè nan tèt, la pè nan vant*«, sagte Achille Maillard und deutete auf das Plakat des demokratisch gewählten Präsidenten, den die Militärs aus dem Amt gejagt hatten. »Ich weiß jetzt«, setzte er übergangslos hinzu, »was Marx gemeint hat mit dem Satz, die Proletarier hätten kein Vaterland.«

»Heißt das, Sie sind für eine ausländische Intervention?«

»Das sagen Sie – ich habe nichts dergleichen gesagt!«

8 Der Präsidentenpalast war hell angestrahlt, und die umliegenden Stadtviertel lagen in tiefer Dunkelheit. Der Lichtkegel des Autoscheinwerfers glitt über Hunde mit eingekniffenen Schwänzen, schlafende Bettler und Prostituierte, die, in Hauseingänge geduckt, das Ende des Regens abwarteten, und kam zum Stillstand an einer weißgetünchten Mauer, auf die jemand mit Kreide *Nieder mit dem Volk – es lebe die Armee!* gekritzelt hatte. Ein Wachmann leuchtete B. mit seiner Stablampe ins Gesicht und ließ ihn unkontrolliert passieren, während er einen mit Einheimischen besetzten Wagen stoppte und nach Waffen durchsuchte. Ein Hoteldiener in Gummistiefeln dirigierte B. zum Parkplatz und geleitete ihn mit aufgespanntem Regenschirm zu einer Freitreppe, die von martialisch wirkenden Aufpassern mit Pumpguns bewacht wurde.

Das Grand Hôtel Oloffson sah aus wie eine viktorianische Villa aus einem Horrorfilm – ein aus Fertigbauteilen zusammengesetztes Gingerbread-House, das statt in New Orleans in Port-à-Piment gelandet oder vielmehr gestrandet war. Das schmiedeeiserne Gitter der Galerie war mit Lichterketten behängt, und das mit Türmchen und Erkern verzierte obere Stockwerk verlor sich in der Schwärze der Nacht; nur im Graham-Greene-Room und in der John-Lennon-Suite schimmerte Kerzenschein.

Graham Greene und John Lennon waren an diesem Abend verhindert, aber alle anderen Prominenten waren da: Walter Lagrange trank Whisky mit Wilbur Gray, dem örtlichen Residenten der CIA, von der man munkelte, sie habe den Putsch gegen den demokratisch gewählten Präsidenten orchestriert; der kanadische Botschafter Guy Moulin, der den gestürzten Staatschef in seinem gepanzerten Dienstwagen zum Flughafen begleitet hatte, unterhielt sich angeregt mit dem Argentinier Dante Salieri, Chef der internationalen Beobachterkommission; und Penelope Swing plauderte mit dem Erzbischof von Port-à-Piment, Monsignore Ligondé, der den nach Rom zurückbeorderten Nuntius vertrat. Seit er bei seinem Besuch Quisqueyas zu sozialen Reformen aufgerufen hatte, nahm der Papst persönlich Anteil am Schicksal des Landes, das, einer Vision der portugiesischen Nonne Fatima zufolge, vom Satan beherrscht wurde.

»Graham Greene hat mich als Teufel porträtiert, obwohl ich doch nur ein gefallener Engel bin«, sagte Petit Pierre, der am Arm von Maggie O'Brian die Treppe herunterkam. Der Pressesprecher der Junta, der wechselnden Regierungen in wechselnden Funktionen gedient hatte, trug wie stets einen blütenweißen Anzug und wirbelte wie ein Tambourmajor einen silbernen Spazierstock zwischen seinen mit Diamantringen geschmückten Fingern. »*The Comedians* ist eine theologische Studie über die Metaphysik des Bösen, und aus Gründen, die ich nicht verstehe, hat Graham Greene den Roman in Quisqueya angesiedelt. Dabei haben wir weder Geld noch Mühe gescheut, um ihm unser schönes Land näherzubringen. Graham bot mir die Hauptrolle bei der Verfilmung seines Romans an, aber Gott sei Dank habe ich nein gesagt, sonst wäre ich jetzt ein toter Mann!«

Petit Pierre zeigte auf den Fernsehmonitor über der Bar, wo wie jeden Abend *The Comedians* lief, mit Elizabeth Taylor und Richard Burton in den Hauptrollen. Auf dem Bildschirm war zu sehen, wie Concasseur, der Chef der Geheimpolizei, den Sarg mit der Leiche des ermordeten Oppositionspolitikers beschlagnahmen und trotz der Proteste der Witwe in ein Polizeiauto laden ließ. Quisqueyas Diktator Big Boss Papa war so erbost gewesen über den Roman von Graham Greene, daß er Petit Pierre mit dem Schreiben eines Gegenbuchs beauftragt hatte und alle Filme mit Elizabeth Taylor und Richard Burton verbieten ließ; die diplomatischen Beziehungen zum westafrikanischen Benin, wo der Film gedreht worden war, wurden abgebrochen, und der von dort zurückberufene Botschafter verschwand spurlos in Fort Dimanche.

»Willkommen in Quisqueya«, rief Petit Pierre. »Am liebsten würde ich Champagner für alle spendieren, aber wegen der angespannten Lage sind die Devisen knapp, und Sie müssen mit Barbancourt-Rum vorliebnehmen. An Stelle von Lobster Thermidor gibt es nur Langusten, das ungerechte Embargo trifft uns alle hart. Trotzdem wünsche ich guten Appetit!«

Es blitzte und donnerte, und es wurde stockfinster im Hotel. Der Barmann zündete eine Kerze an, die Kellner schwärmten mit Petroleumlampen aus, und die an Stromausfälle gewöhnten Gäste nahmen Aufstellung vor dem kalten Buffet. »Ich habe eine Reportage über den Cimetière Central geschrieben«, sagte Maggie O'Brian, die vor B. in der Schlange stand. »Der Zustand des Friedhofs spottet jeder Beschreibung. Verwahrlosung ist viel zu schwach – Verkommenheit ist das richtige Wort dafür. Den Toten in der Morgue habe ich weggelassen, weil ich nicht weiß, wer ihn umgebracht hat. Petit Pierre behauptet, Anhänger des demokratisch gewählten Präsidenten steckten hinter dem Mord.«

Ein Dieselaggregat sprang an, und die Notbeleuchtung schaltete sich ein. Die von bunten Glühbirnen erhellte Balustrade erinnerte B. an den Nürnberger Christkindl-markt – nur die tropischen Temperaturen paßten nicht dazu. Die Gäste ließen sich nicht lange bitten und luden die Teller voll, als hätten sie seit Tagen nichts mehr ge-gessen; der Hinweis auf das Embargo und die an Kriegs-zeiten erinnernde Verdunklung hatten ihren Appetit ge-weckt. Die Kellner räumten die halbleeren Teller ab und verstauten die Essensreste in Plastiktüten, um sie mit nach Hause zu nehmen. Dann trat der Hotelmanager ans Mikrophon. Robert Moss war der Sohn eines amerika-nischen Ethnologen und einer quisqueyanischen Ballett-tänzerin. In New York hatte er in einer Punk-Band gespielt, bevor er die Leitung des damals schon legendä-ren Hotels übernahm. Jeden Donnerstagabend gab sein Voodoo-Rock-Orchester ein Konzert im Oloffson.

»One two three«, sagte er und klopfte mit dem Knöchel gegen das Mikrophon. »Dies ist unser vorläufig letzter Auftritt in Port-à-Piment. Morgen fliegen wir zum Jazz-fest nach New Orleans, *si bon dié vlé*, so Gott will, wie man auf kreolisch sagt. Mit Gott ist die Botschafterin der USA gemeint, die meiner Band kein Visum erteilen will, weil Voodoo-Rock-Musik unter das gegen Quisqueya verhängte Embargo fällt. Der folgende Song heißt *Boat People Blues* und ist unseren amerikanischen Freunden gewidmet, allen voran Ihrer Exzellenz *Bourik Chagé*, die heute abend persönlich unter uns weilt!«

Robert Moss schlang sich ein purpurrotes Tuch um den Kopf, das ihn wie einen Korsaren aussehen ließ, stimmte seine Gitarre und gab mit wippenden Fußspitzen das Tempo vor, in das zuerst die Voodootrommeln und dann die übrigen Instrumente eins nach dem anderen einfielen.

»When I woke up this morning, there were dead bodies lying in the street«, sang, nein schrie er ins Mikrophon. »The government was gone and there was blood running under my feet. Ten thousand people took their leaky boats out to the sea, and they sailed across the ocean heading off to Miami …«

Die Musik war unwiderstehlich, der Rhythmus fuhr den Gästen in die Beine, und die Cocktailparty wurde zum Bacchanal. Maggie O'Brian schwang den argentinischen Diplomaten im Kreis herum, der CIA-Mann tanzte mit dem Erzbischof, und Penelope Swing wirbelte wie ein Mustang, nein, wie ein wilder Esel über die Tanzfläche, schlug mit den Hufen aus und wackelte mit den Hüften, während Walter Lagrange vergeblich mitzuhalten versuchte und dabei sein Toupet verlor. Nur Petit Pierre stand abseits, den Spazierstock unter den Arm geklemmt, und beobachtete das Geschehen mit einem Anflug von Ekel im Gesicht wie Circe, nachdem sie die Gefährten des Odysseus in Schweine verwandelt hat.

»Warum hast du deine Tante Erzulie nicht mitgebracht?« sagte er. »Sie war die beste Tänzerin von Port-à-Piment, und wenn sie über die Straße ging, verrenkten sich die Männer den Hals nach ihr. Trotz ihres deutschen Passes wurde sie 1936 zur Schönheitskönigin gewählt. Später heiratete sie einen französischen Baron, dessen Name mir entfallen ist. Leider war sein Adelstitel gefälscht. – Darf ich dir meine Freundin, die Botschafterin der USA, vorstellen?«

»Also Sie sind König Christophe«, sagte Penelope Swing und sank schwer atmend auf einen Stuhl. »Warum haben Sie nicht mitgetanzt? Oder mögen Sie keinen Blues?«

»Im Gegenteil – ich habe den Text des Liedes transkribiert.«

»Lassen Sie hören!«

B. räusperte sich und las: »Als ich aufstand heute morgen, sah ich überall Gewalt und Tod, / die Regierung war gestürzt und die Straßen voller Blut. / Zehntausend Menschen stachen auf lecken Booten in See, / sie fuhren raus aufs Meer und nahmen Kurs auf Miami. / Internationale Beobachter gingen in Quisqueya an Land, / doch der Boden war zu heiß, und sie sind wieder durchgebrannt. / Kein Staat nimmt uns auf, denn wir suchen ja nur Jobs, / deshalb treiben wir im Meer und gehen einer nach dem andern hops …«

»Das ist großartig. Robert Moss ist ein Genie, und sein Song trifft den Nagel auf den Kopf. Als US-Bürger kann er jederzeit in die Vereinigten Staaten einreisen, aber die Mitglieder seines Orchesters brauchen eine Arbeitserlaubnis, weil sie Quisqueyaner sind. Das ist das Problem.«

»Darf ich Ihnen eine Frage stellen?«

»Nur zu!«

»Sind Sie für oder gegen eine militärische Intervention?«

»Ich bin weder dafür noch dagegen«, rief Petit Pierre dazwischen. »Ganz im Gegenteil!«

»Wie bitte?«

»Das hat Big Chief Garçon gesagt, als sein Vater Big Boss Papa ihn zum Staatschef auf Lebenszeit ernannte: *Je ne suis ni pour ni contre, mais bien au contraire!*«

Petit Pierre brach in wieherndes Gelächter aus.

Zweites
Kapitel

»Das Bedürfnis nach einem stets ausgedehnteren
Absatz für ihre Produkte jagt die Bourgeoisie
über die ganze Erdkugel.«
Marx / Engels, Kommunistisches Manifest

1 In meinem vorigen Leben war ich Sklavenhändler.
Mein Name – oder vielmehr der Name der von mir
geleiteten Firma – war Romberg, Bapst & Co., und wie
andere erfolgreiche Unternehmer hatte ich mich im
Schweiße meines Angesichts emporgearbeitet, ohne mir
Ruhe zu gönnen und ohne je Ferien zu machen, bis ich
eine marktbeherrschende Stellung besaß – Selbstausbeu-
tung ist das zutreffende Wort dafür.

Meine Geschichte beginnt im Jahr 1783, als ich die Firma
Romberg & Co., die damals noch nicht meinen Namen
im Titel führte, ins Handelsregister von Bordeaux ein-
tragen ließ, aber ihr Ursprung reicht zurück ins Jahr 1717,
als die Hafenstadt Bordeaux vom Regenten des Königs –
Ludwig XV. war damals noch ein Kind – das exklusive
Privileg erhielt, Handel mit Frankreichs überseeischen
Kolonien zu treiben. Oder ins Jahr 1740, als sich Baron
Jean-Jacques de Bethmann, der mit bürgerlichem Namen
Johann Jakob Bethmann hieß, bevor Maria Theresia ihn
in den Adelsstand erhob, als Konsul Ihrer Kaiserlich-
Königlichen Majestät in Bordeaux niederließ, wo er vom
Weinpanscher, der Rotwein aus der Gironde nach Ham-
burg verschiffte, zum reichsten Reeder der Stadt aufstieg.
Seine Geschäftsbeziehungen als Schiffseigner und Bankier
erlaubten es ihm, das Verbot zu umgehen, das Ausländer
vom französischen Kolonialhandel ausschloß, und er eta-
blierte sich an der Quelle, in Martinique, von wo er Zucker,
Kaffee und Indigo nach Europa exportierte; auf der Rückfahrt nahmen seine Schiffe Schießpulver, Branntwein und

Textilien an Bord, um sie an der Westküste Afrikas gegen Neger einzutauschen, die auf den Sklavenmärkten der Neuen Welt reißenden Absatz fanden, weil sich nur so der Nachschub von Zucker, Kaffee und Indigo sicherstellen ließ: Dreieckshandel heißt der Fachausdruck dafür, und kein anderes Geschäft brachte den Investoren schnellere Renditen und größeren Profit. Das Beispiel Bethmanns und seiner Landsleute Kunckel, Streckeisen, Weltner und wie sie alle hießen, muß meinen Prinzipal Friedrich Romberg dazu inspiriert haben, es ihnen nachzutun. Auch er wurde in Wien in den Adelsstand erhoben, nachdem er sich der Kaiserin durch zinsgünstige Kredite unentbehrlich gemacht hatte, und durfte sich fortan Baron de Romberg nennen. Er kaufte ein leerstehendes Schloß in Machelen bei Brüssel, das später ins Stadtgebiet eingemeindet wurde, und ließ sich ein Familienwappen malen, auf dem zwei Seejungfrauen abgebildet sind, die Fahnen, Steuerräder und Kanonenkugeln in Händen halten; zwischen ihren geschuppten Schwänzen läuft ein Dreimastschiff mit stolz geschwellten Segeln ins offene Meer hinaus.

Friedrich Romberg stammte aus Hemer in Westfalen, und wie alle Großunternehmer hatte er klein angefangen, mit Ochsenkarren und Lastkähnen, die Bierfässer und Mehlsäcke zwischen Rhein und Ruhr hin und her transportierten. Später kamen Salzheringe hinzu, und das Erzbistum Köln erteilte ihm das Privileg, seinen Handel auf Holland auszudehnen, weil nur hier, bei den reformierten Ketzern, die begehrte Fastenspeise in ausreichender Quantität und Qualität zu beziehen war. Von Rotterdam war es nur ein Katzensprung nach Ostende; Romberg stieg auf Segelschiffe um und dehnte sein Geschäft auf flandrisches Tuch und Brüsseler Spitzen aus. Den Durchbruch brachte der Siebenjährige Krieg, aus dem Holland sich heraushielt; Romberg ließ seine Schiffe in Amsterdam registrieren und lieferte den Kriegsparteien unter neutraler Flagge all das, was sie am dringendsten benötigten und entsprechend hoch bezahlten: Kanonenkugeln und

Schießpulver nach Preußen, Schiffstaue und Masten nach England, Zucker und Kaffee nach Rußland und Textilien nach Frankreich, getreu dem Motto, daß ein nichtbrauchendes Haben und ein nichthabendes Brauchen die beste Basis bilden für ein lukratives Geschäft. Nach Kriegsende bekam Romberg seine von England gekaperten Schiffe zurück und wurde für den Verlust der Ladung doppelt entschädigt – aus der Staatskasse und von seiner privaten Versicherung. Der Kriegsgewinnler und Blockadebrecher erhielt das Recht, im gesamten Reichsgebiet, das damals von Belgien bis Sizilien reichte, unbehindert von Zöllnern und Steuereintreibern Geschäfte zu machen. Auch der französische König zeigte sich für geleistete Dienste erkenntlich und dehnte das Handelsprivileg auf sein Territorium aus. In Ergänzung zu seiner Handelsflotte schaffte Romberg Postkutschen an, die Thurn & Taxis Konkurrenz machten und in Rekordzeit die Alpen überquerten, um Briefe und Passagiere von Ostende nach Rom und Südfrüchte von Neapel nach Sankt Petersburg zu expedieren. Inzwischen war der Firmengründer von Brüssel nach Paris übergesiedelt, wo sein jüngerer Bruder am Quai des Orfèvres ein Juweliergeschäft betrieb, und schickte seinen ältesten Sohn unter meiner Obhut nach Bordeaux, damit er dort das Kaufmannsgewerbe erlerne.

Im Gegensatz zu seinem Vater, der jeden Pfennig auf die hohe Kante gelegt hatte und nur Landsleuten gegenüber freigebig gewesen war – in Not geratenen Deutschen gab er zinslosen Kredit, und seiner von einer Feuersbrunst verheerten Heimatstadt schenkte er eine Papierfabrik –, war der Sohn ein Tunichtgut, der nichts von Geschäften verstand und das von seinem Vater gehortete Geld mit Wein, Weib und Gesang verpraßte, obwohl er weder erotisches noch musikalisches Talent besaß: Nur Trinken konnte er ohne fremde Hilfe. Hinzu kam seine krankhafte Spielleidenschaft, die nicht bloß die Gesundheit des jungen Mannes untergrub, sondern ihn auch finanziell ruinierte. Um zu retten, was noch zu retten war, ernannte der Vater mich zum Vormund seines mißratenen Sohns, dem nichts anderes übrigblieb, als gute Miene zum bösen Spiel zu machen, denn zur Finanzierung seines Lasters brauchte er Geld von einem Konto, für das nur ich zeichnungsberechtigt war. Niemand weinte ihm eine Träne nach, als Henry Romberg am 1. November 1784 an Leberversagen starb. Dem Vernehmen nach hat nicht übermäßiger Alkoholgenuß, sondern Gift sein Ableben beschleunigt, aber das Gerücht, *ich* hätte bei seinem frühen Tod die Hand im Spiel gehabt, weise ich empört zurück, ebenso wie die Unterstellung, ich hätte sein Testament zu meinen Gunsten gefälscht. Diese abwegige Annahme wird schon dadurch widerlegt, daß Baron Romberg mir nach dem Verlust seines Sohnes das Vertrauen nicht entzog – im Gegenteil. Er bat mich, für dessen christliches Begräbnis zu sorgen, und ernannte mich zum Generalbevollmächtigten seiner Firma, deren Mehrheitsanteile er auf meinen Namen übertrug und die fortan Romberg, Bapst & Co. hieß. Es traf sich gut, daß auch der alte Herr bald darauf das Zeitliche segnete, und ausgestattet mit königlichen Privilegien, weitgespannten Geschäftsbeziehungen, kühnem Unternehmungsgeist und dem nötigen Kapital krempelte ich die Ärmel hoch und ging an die Arbeit, um mir und anderen zu beweisen, daß dem Tüchtigen die Welt offensteht.

2 Ich war der richtige Mann zur richtigen Zeit am richtigen Ort. Gegenüber von meinem Kontor in der Rue des Grandes Carmelites lag der Quai des Chartrons, beherrscht von der damals noch nicht geschleiften Festung La Trompette, und dahinter lag das Meer, über das mit Zucker- und Kaffeesäcken beladene Schiffe in den Hafen von Bordeaux einliefen: Ich brauchte bloß zuzugreifen und mir ein Stück von der Torte abzuschneiden, um an dem einträglichen Geschäft teilzuhaben, das Jahr für Jahr sattere Profite versprach.

Wie jeder ehrliche Kaufmann machte ich Inventur nach dem Prinzip der doppelten Buchführung, die ich als Lehrling und später als Handelsgehilfe des Barons Romberg von der Pike auf gelernt hatte. Der alte Herr hatte mir ein halbes Dutzend Schiffe hinterlassen, die seit seinem Tod ungenutzt im Hafen von Bordeaux dümpelten und dringend kalfatert und mit neuer Takelage versehen werden mußten: die *Dorothée*, 125 Tonnen, die *Bon Henry*, 150 Tonnen, die *Breton*, 200 Tonnen, die *Reine de Juda*, 280 Tonnen, die *Espérance*, 340 Tonnen, und die *Mars*, 480 Tonnen. Außerdem vermachte er mir Anteile an einer Textilfabrik in Flandern sowie ein Weindepot am Ufer der Garonne, das sein westfälischer Landsmann Weltner ihm für einen Apfel und ein Ei überlassen hatte. Auf dem dazugehörigen Gelände ließ er Himbeersträucher pflanzen, deren Früchte er, in Branntwein eingelegt, in die Kolonien exportierte, um die Luxusbedürfnisse der weißen Oberschicht zu befriedigen, die versessen war auf alles, was prickelnd, gut und teuer war. Geld spielte keine Rolle, denn die Rechnung wurde mit Lieferungen von Zucker und Kaffee, Baumwolle und Indigo beglichen, so daß die Plantagenbesitzer stets verschuldet waren bei ihren Kreditgebern in Bordeaux, die Dumpingpreise für Kolonialwaren bezahlten, während sie den Pflanzern Gegenstände des täglichen Bedarfs zu überhöhten Preisen verkauften. Rotwein und Oliven, Weizenmehl und Pökelfleisch – selbst Faßdauben – brachten den Exporteuren ein Vielfaches dessen ein, was die Herstellung im Mutterland kostete – ganz zu schweigen von Luxusgütern wie Champagner, Cognac und Likör.

Auf diesem Wege hatte Romberg senior ein nicht unbeträchtliches Vermögen angehäuft, nur am einträglichsten aller Geschäfte, dem Handel mit schwarzem Elfenbein, hatte er sich nie beteiligt, weil sein protestantisches Gewissen – er gehörte zu einer pietistischen Sekte aus dem Sauerland – ihm den An- und Verkauf von Menschenfleisch verbot. Ich dagegen verstand die Zeichen der Zeit, die den religiösen Aberglauben auf den Müllhaufen der Geschichte beförderte, und warf alle Vorurteile über Bord. Anstatt mich wie meine Vorfahren als Fuhrunternehmer zu betätigen, Fässer über Kaimauern zu rollen und Kisten auf Lastkähne zu hieven, ließ ich meine Schiffe kalfatern, teeren und desinfizieren, wie das Gesetz des Königs es befahl, denn die Ware, die ich befördern wollte, war leichter verderblich als Stockfisch oder Speck, und stieg in großem Stil in den transatlantischen Dreieckshandel ein.

Anders als Baron Romberg vereinigte ich alles in einer Hand; sein Bruder, der Pariser Juwelier, gewährte mir einen zinslosen Kredit, mit dem ich Anteile an einer Londoner Versicherung erwarb, um finanzielle Einbußen besser verkraften zu können und gegen Schiffbruch, Verlust der Ladung und andere Unglücksfälle gewappnet zu sein.

3 Auf der Suche nach einem geeigneten Terrain fiel mein Blick auf die im Westteil von Hispaniola gelegene Kolonie Saint Domingue, die von allen französischen Überseeterritorien die höchsten Profite abwarf. Der Norden der Insel kam nicht mehr in Betracht; das dortige Tiefland war durch Zuckerrohranbau erschöpft, und die Berghänge im Süden waren zwar für die Anpflanzung von Kaffee geeignet, aber es gab keinen Hafen, von dem aus sich die Ernte nach Europa verschiffen ließ. Im Westen der Kolonie dagegen lag eine fruchtbare Ebene, die vom Artonitefluß periodisch überflutet wurde wie das Schwemmland des Nils; der Wechsel von Dürre und Hochwasser machte den Anbau von Zuckerrohr unmöglich, aber der Lößboden war ideal für Baumwolle und Indigo, die sich in Frankreich zu gefärbten oder bedruckten Stoffen verarbeiten und gewinnbringend in die Kolonien reimportieren ließen. An der Mündung des Flusses lag ein sicherer Hafen, Saint Marc, dessen Hinterland damals noch kaum erschlossen war. Die Umstellung auf die kostenintensive Baumwoll- und Indigokultur erforderte

bedeutende Investitionen, mit deren Hilfe ich die ortsansässigen Pflanzer, verschuldete Bürger und verarmte
Adlige, die mehr als einmal ihren Besitz hatten absaufen
und davonschwimmen sehen, in finanzielle Abhängigkeit
bringen konnte. Als Sicherheit für großzügig gewährte
Kredite bürgten sie mit ihren Häusern und Ländereien,
die bei Zahlungsunfähigkeit mitsamt dem Inventar an
Vieh und Sklaven in mein Eigentum übergingen. Als
Gegenleistung verpflichtete ich mich, die Baumwoll- und
Indigoernte sicher nach Bordeaux zu transportieren,
ordnungsgemäß zu verzollen und gewinnbringend zu
verkaufen sowie für ausreichenden Nachschub an Negersklaven und Kleidung, Wein und Lebensmitteln zu sorgen.
Darüber hinaus bot ich meinen Schuldnern an, ihr Vermögen zu verwalten und mich um die standesgemäße
Unterbringung ihrer ehelichen und unehelichen Kinder
zu kümmern, die sie zur Weiterbildung nach Europa
schickten, denn die Eigenliebe der Kolonialherren ließ es
nicht zu, die mit ihren Konkubinen gezeugten, milch-
kaffebraunen Nachkommen im Stand der Sklaverei zu
belassen.

Zur Verwirklichung dieser ehrgeizigen Pläne benötigte
ich einen Repräsentanten vor Ort, der gleichzeitig als
Buchhalter und Geschäftspartner, Advokat und Notar,
Agent und Spion fungieren sollte. Aber bevor ich auf die
Gebrüder Reynaud zu sprechen komme, muß ich von
meiner eigenen Herkunft erzählen, damit der Leser – falls
diese Aufzeichnungen jemals einen Leser finden – das von
mir Geleistete ebenso wie meine Mißerfolge richtig ein-
schätzen kann. Mein Vater war ein sächsischer Offizier
in preußischen Diensten; nach der Schlacht von Kuners-
dorf, in der eine russische Kartätschenkugel sein Knie zer-
schmetterte, siedelte er ins Sauerland über und heiratete
die Tochter eines Forstaufsehers. Meine Mutter starb bei
der Geburt ihres dritten Kindes, nachdem mein Vater
sechs Monate zuvor seiner Kriegsverletzung erlegen war,
und ich kam ins Waisenhaus meiner Heimatstadt Hemer,

das Friedrich Romberg aus Brüssel mit jährlichen Zuwendungen unterstützte.

Aufgrund meiner guten Zeugnisse wurde der Baron auf mich aufmerksam, und ich trat als Kommis in sein Kontor ein, wo ich mich vom Lehrling zum Buchhalter hocharbeitete, und weiter zur rechten Hand des Prinzipals, der mir die Leitung seiner Filiale in Gent übertrug. Um diesen ungewöhnlichen Vertrauensbeweis zu erklären, muß ich auf die doppelte Buchführung zurückkommen, von der eingangs die Rede war. Dieses aus den Handelsstädten Oberitaliens stammende Prinzip beruht auf der Nichtübereinstimmung von Soll und Haben, Debit und Kredit, sowie auf dem Widerspruch zwischen privater und öffentlicher Haushaltsführung, also zwischen tatsächlichen Transaktionen und dem, was sich als Substrat im Geschäftsbuch niederschlägt. Um es kurz zu machen: Beim Übertragen der Bilanzen vom Brouillon in die offizielle Buchführung fertigte ich Abschriften an, aus denen Beweise für Bilanzfälschungen, Steuerhinterziehungen und Schmiergeldzahlungen hervorgingen, die meinen Prinzipal in den Schuldturm oder in die Bastille hätten bringen können, obwohl oder weil derartige Delikte in den honorigsten Firmen gang und gäbe sind. Kein Wunder, daß der Baron sich erkenntlich zeigte und meine Verschwiegenheit mit klingender Münze bezahlte – das Prinzip des Gebens und Nehmens, Lebens und Lebenlassens war ihm ja nicht unbekannt.

Aber mein Chef hatte noch einen anderen Grund, mir dankbar zu sein. Obwohl er jeden Sonntag in die Kirche ging und einen Teil seines Vermögens mildtätigen Stiftungen zukommen ließ – die Armen- und Waisenhäuser der Stadt wurden regelmäßig von ihm bedacht –, hatte seine gutbürgerliche Existenz eine Nachtseite, die er sorgfältig vor aller Augen verbarg. Nach dem frühen Tod seiner Gattin, die bei der Geburt einer Tochter am Kindbettfieber verstarb, hatte er mit seiner Aufwarte- und Zugehfrau, Madame Reynaud, zwei uneheliche Söhne gezeugt, um deren Pflege und Ausbildung ich mich in seinem Auftrag kümmerte. Zu diesem Zweck stellte er mir einen Geldbetrag zur Verfügung, über dessen sachgemäße Verwendung ich keine Rechenschaft ablegen mußte, weil der alte Herr mir mehr vertraute als seinem eigenen Sohn. Und es versteht sich von selbst, daß er sich meine Diskretion etwas kosten ließ: Weder Geschäftspartner noch persönliche Freunde wußten von der unstandesgemäßen Liaison des Barons mit seiner Wäscherin.

So nimmt es nicht wunder, daß meine Wahl auf die Gebrüder Reynaud fiel, als ich nach geeigneten Partnern Ausschau hielt, die meine Geschäftsinteressen in Übersee bestmöglich vertreten. Jean-Valentin und Jean-Baptiste Reynaud hatten das Prinzip der Profitmaximierung mit der Muttermilch aufgesogen und unter meiner Anleitung praktiziert, bis es ihnen zur zweiten Natur geworden war. Noch dazu waren sie Zwillinge, so daß einer den anderen überwachen und mich über dessen Aktivitäten auf dem laufenden halten konnte – die doppelte Buchführung kam auch hier zur Anwendung, denn selbst unter Brüdern gilt der Satz, daß Vertrauen gut, Kontrolle aber besser ist. Dies um so mehr in einer Kolonie, deren hellhäutige Oberschicht damals noch nicht durch Inzucht verblödet, sondern für ihre Heimtücke berüchtigt war. Meinen Repräsentanten schärfte ich ein, geschäftliche Transaktionen stets in Gegenwart eines in Saint Domingue approbierten Notars vorzunehmen und Schuldverschreibungen nicht nur von beiden Ehegatten, sondern auch von deren legitimen und illegitimen Kindern, Halbbrüdern und Halbschwestern unterschreiben zu lassen, um gegen den plötzlichen Tod ihrer Schuldner abgesichert zu sein. Deren durch Piratenüberfälle erklärtes Verschwinden war meist auf Zahlungsunfähigkeit zurückzuführen, denn es genügte, ein nach Boston, Kingston oder Havanna auslaufendes Schiff zu besteigen, um sich dem Geltungsbereich des französischen Gesetzes zu entziehen. So war es einer meiner schönsten Erfolge, als meine Schützlinge

Jean-Baptiste und Jean-Valentin Reynaud am 23. April 1787 in Saint Marc die früh verwitweten, gutbetuchten Schwestern Marchand zum Traualtar führten; auf diese Weise heirateten sie gleichzeitig in die einflußreichen Familien Bretton-Dechapelles und Lachicotte-Desdunes ein und gelangten so in den Besitz von 400 Hektar Land, das ich mit Zuckerrohr, Baumwolle und Indigo bepflanzen ließ sowie mit Süßkartoffeln, Hirse und Mais zur Ernährung von hundert Negersklaven und doppelt soviel Vieh. Zum Debet des Inventars, den die Brüder mir postwendend übermittelten, gehörten 150000 Pfund Schulden bei einem Gläubiger in Marseille, der Wiederaufbau der von einer Feuersbrunst zerstörten Zuckermühle und die Instandsetzung der Sklavenquartiere, deren Palmstrohdächer ein Hurrikan weggefegt hatte, das Ausschachten von Bewässerungsgräben sowie das Anpflanzen von Kaktushecken, um Sklaven, Pferde und Esel daran zu hindern, sich von ihrem Arbeitsplatz zu entfernen und in der Wildnis zu vagabundieren: *Marronage* hieß der Fachausdruck dafür.

Kaum hatte ich die Schulden getilgt und die notwendigen Reparaturen veranlaßt, starb nicht etwa die ältere Witwe Marchand, auf deren Ableben ich gehofft hatte, sondern deren junger Ehemann. Bevor er die letzte Ölung empfing, vermachte der am Gelbfieber erkrankte Jean-Valentin mir sein Silberbesteck, seine goldene Uhr, eine Tabakdose und einen Siegelring mit der testamentarischen Verfügung, zwei kleinen Knaben, die er nicht mit seiner Ehefrau, sondern mit einer Mulattin namens Lisette gezeugt hatte, eine jährliche Pension auszuzahlen und sie in Frankreich zur Schule zu schicken.

Hatte ich bis dahin stets ausgeglichene Bilanzen erzielt, die mich zu den schönsten Hoffnungen berechtigten, so wendete sich das Blatt in dem Augenblick, als meine Investitionen Früchte trugen, und eine nicht abreißende Pechsträhne begann. Gott und die Welt, die von Menschen gemachte Geschichte und selbst die Natur verschworen sich gegen mich, und eine Hiobsbotschaft jagte die andere. Extreme Dürre wechselte ab mit katastrophalen Überschwemmungen, und mein Ziehsohn Jean-Baptiste, dem ich so viele Beweise meiner Gunst gegeben hatte, stellte immer unverschämtere Forderungen, als vertrete er nicht meine Interessen, sondern die der Schwestern, in deren Familie er eingeheiratet hatte – Klientelismus ist der Fachausdruck dafür. Als er sich weigerte, die aufgelaufenen Schulden zu begleichen und mir die Ernte auszuliefern, mit dem Argument, der Regen habe die Baumwollballen durchnäßt und ihm fehle wasserdichtes Verpackungsmaterial, kamen mir Zweifel am natürlichen Tod seines Zwillingsbruders. Diese wiederum nährten meinen schon früher gehegten Verdacht, mein Partner könnte zum Gegner übergelaufen sein, um seinen Geldgeber an der Nase herumzuführen – schließlich hatte er das Prinzip der doppelten Buchführung bei mir gelernt. Ich beschloß, nach Saint Domingue zu reisen, um an Ort und Stelle nach dem Rechten zu sehen, aber das war leichter gesagt als getan.

4 In der Zwischenzeit nämlich waren nicht nur in den Kolonien, sondern auch im Mutterland dunkle Wolken am Horizont aufgezogen. Das Wort Revolution war damals nur wenigen Eingeweihten bekannt und bezeichnete die gesetzmäßige Umwälzung des Sternenhimmels und nicht deren Gegenteil – eine gewalttätige Eruption von Chaos und Gesetzlosigkeit. Man schrieb den Sommer 1789, und um gegen die allgemeine Teuerung vorzugehen und das Defizit in der Staatskasse zu beheben, an dem schon mehrere Finanzminister gescheitert waren, hatte der König die Generalstände einberufen, die seit Anfang Mai in Versailles berieten, ohne zu einem Ergebnis zu kommen. Auch in Bordeaux, wo die Post aus Paris erst mit mehrtägiger Verspätung eintraf, regte sich der Geist der Rebellion, und die öffentliche Unzufriedenheit stand kurz vor dem Siedepunkt, als Mitte Juli am

Himmel über der Stadt ein mit Heißluft gefüllter Ballon erschien, aus dessen schwankender Gondel Flugblätter mit den neuesten Nachrichten herabtrudelten, die an Hauswände angeschlagen, auf öffentlichen Plätzen verlesen und von Mund zu Mund weitergegeben wurden. Als der König vor den Toren von Versailles Truppen aufmarschieren ließ, las ich kopfschüttelnd, hatten die im Ballhaus versammelten Abgeordneten feierlich geschworen, nur der Gewalt der Bajonette zu weichen und erst auseinanderzugehen, wenn eine demokratische Verfassung angenommen worden sei. Und nach der vom König verfügten Entlassung des Ministers Necker, dem Sympathien für die Forderungen des Dritten Standes nachgesagt wurden, hatte sich das Volk von Paris auf den Straßen zusammengerottet und die Zwingburg der Despotie, die Bastille, gestürmt.

Durch doppelte Buchführung gewitzt, vermutete ich eine geheime Botschaft hinter diesen Worten, deren Sinn ich nicht verstand, und wandte mich ratsuchend an den Deputierten der Gironde, Jacques Brissot, der den Ballhausschwur aus nächster Nähe verfolgt und mich in der Handelskammer von Bordeaux als Anwalt vertreten hatte.

»Ich habe Ihren Herrn Vater gekannt«, sagte Brissot. »Er war ein Mann von Prinzipien, ein ehrbarer Bürger und ein guter Mensch.« – »Baron Romberg war nicht mein leiblicher Vater«, antwortete ich wahrheitsgemäß, »aber er war wie ein Vater zu mir.« – »Um so besser. Ein Adelstitel ist heuzutage keine Empfehlung mehr. Wenn Sie nichts anderes vorhaben«, sagte Brissot und hakte seinen Arm unter, »kommen Sie mit in den Jakobinerklub. Ein Advokat aus Arras hält dort einen Vortrag über die Greuel der Sklaverei. Sein Name ist Maximilien Robespierre, er ist Abgeordneter des Dritten Standes der Provinz Artois und verkörpert mehr als jeder andere den Genius der neuen Zeit.«

Ich hatte keine Ahnung, was es mit diesem Genius auf sich hatte, aber wie die Mehrzahl meiner Mitbürger war ich unzufrieden mit der Regierung, die der freien Entfaltung des Individuums bürokratische Fesseln anlegte, indem sie ständig die Steuern erhöhte: Freiheit war für mich gleichbedeutend mit Freihandel und ungehemmtem Profit, und unter den Greueln der Sklaverei stellte ich mir die Tyrannei der königlichen Steuereintreiber vor. Aber es sollte anders kommen.

Der Jakobinerklub tagte in einem zum Versammlungslokal umfunktionierten Café, wo an diesem Tag statt Schokolade und Kaffee, an denen der Schweiß aus Afrika verschleppter Sklaven klebte, nur heißes Wasser und kalte Milch ausgeschenkt wurden; vielleicht war es auch kaltes Wasser und heiße Milch – das weiß ich nicht mehr genau.

»Fragt den Händler mit Menschenfleisch, was Eigentum ist«, rief der Advokat aus Arras mit sich überschlagender Stimme: »Er wird auf den langen Sarg zeigen, den er Schiff nennt, in dem er unschuldige Kinder, Frauen und Männer festgeschmiedet hat und bei lebendigem Leib verfaulen läßt, und wird sagen: Diese Menschen sind mein Eigentum, denn ich habe soundsoviel für sie bezahlt!« Pfiffe und Buhrufe, rhythmisches Füßestampfen und Händeklatschen, das sich zu stürmischem Beifall steigerte, während der Redner mit erhobenen Armen dem Applaus Einhalt gebot. »Die moralische Welt ist widerspruchsvoller und rätselhafter als die physische Welt«, fuhr er, ruhiger werdend, fort. »Die Natur lehrt uns, daß der Mensch zur Freiheit geboren ist, aber die Erfahrung von Jahrhunderten zeigt uns den Menschen als Sklaven; seine Rechte sind eingeschreint in sein Herz, aber seine Erniedrigung eingeschrieben ist ins Buch der Geschichte.«

Robespierre räusperte sich, trank einen Schluck Wasser und spann den Faden seiner Gedanken fort. »Es geht nicht darum, den Sklaven die Freiheit zu schenken, denn sie besaßen diese Freiheit schon, lange bevor unsere Philosophen die Gleichheit aller Menschen postulierten. Ihr werdet die Kolonien verlieren, droht man uns, wenn ihr nicht weiter den Sklaven die Freiheit vorenthaltet. Und warum werden wir die Kolonien verlieren? Weil ein Teil ihrer Bewohner, diejenigen, die sich Weiße nennen, eine Sonderstellung beanspruchen, damit sie uns eines Tages sagen können: Ihr redet dauernd von der Erklärung der Menschenrechte und glaubt selbst so wenig daran, daß ihr die Sklaverei zum Verfassungsartikel erhoben habt!«

Der Redner ballte die Faust, ließ funkensprühende Blicke über die geduckten Köpfe der Versammlung schweifen, und wie bei einem reinigenden Gewitter folgte auf den Blitz der Donnerschlag. »Sollen die Kolonien doch untergehen, wenn ihre Erhaltung uns Frankreichs Glück, seinen Ruhm, seine Ehre kostet! Ich wiederhole: Sollen die Kolonien doch untergehen, wenn die Kolonialherren uns durch Drohungen dazu zwingen wollen, ihnen die Freiheit und Gleichheit zu opfern! Sollen die Kolonien doch untergehen, wenn die Sklaverei, diese Pestbeule im Antlitz der Menschheit, nicht endlich abgeschafft wird!«

Ich fühlte mich, als hätte man mir einen Holzhammer auf den Kopf geschlagen, und wankte betäubt nach draußen, während hinter meinem Rücken Wogen von Beifall aufbrandeten; die einen frohlockten, andere murrten oder zischten vor Empörung, und seine Anhänger scharten sich um Robespierre, hoben ihn auf die Schultern und trugen ihn unter frenetischem Jubel aus dem Saal.

»Ist Ihnen nicht wohl?« fragte Brissot beim Anblick meines Gesichts, aus dem jede Farbe gewichen war. »Hier, nehmen Sie eine Prise!« Er zog eine Tabaksdose aus der Tasche und klappte den Deckel auf. »Sie kennen die doppelte Buchführung«, fuhr er fort, nachdem ich, durch Niesen erfrischt, meine Lebensgeister wiedergefunden hatte. »Und Sie wissen, nichts wird so heiß gegessen, wie es gekocht wird. Folgen Sie meinem Beispiel! Unterstützen Sie die Freunde der Schwarzen – so heißt die hiesige Sektion des Jakobinerklubs –, und machen Sie eifrig Propaganda für die Abschaffung der Sklaverei! Auf diese Weise schlagen wir zwei Fliegen mit einer Klappe: Wir treiben die Preise für Kolonialwaren in die Höhe und rufen England auf den Plan, dem nichts ungelegener kommt als Aufstände und Unruhen in den Kolonien. Zusammen mit seinen Alliierten auf dem Kontinent wird London dafür sorgen, daß der Pariser Revolutionsspuk bald ein Ende hat. Aber seien Sie vorsichtig und trauen Sie niemandem über den Weg – nicht einmal mir!«

5 Ich beherzigte den Rat des Deputierten der Gironde, besuchte fleißig die Treffen des Jakobinerklubs und klatschte jedesmal lautstark Beifall, wenn die Habgier der Kolonialherren angeprangert und die Abschaffung der Sklaverei gefordert wurde. Gleichzeitig unterstützte ich durch diskrete Geldzuwendungen die als Provinzialversammlung getarnte Kolonialpartei, deren Mitglieder der Nationalgarde beitraten, um in den Besitz von Waffen zu gelangen und zusammen mit den Royalisten auf ein verabredetes Zeichen hin loszuschlagen. Doppelte Buchführung auch hier. Aber die Geschäfte liefen schlecht. Ein Sklavenaufstand in Saint Domingue, wo nach den Mulatten nun auch die Schwarzen die Gleichberechtigung verlangten, brachte den Kolonialhandel zum Erliegen, und einmal mehr bewahrheitete sich der Satz, daß zwischen Reform und Revolution nur ein gradueller Unterschied besteht – wenn der Schleusenwärter den Dienst quittiert, ist die Überschwemmung nicht mehr aufzuhalten.

Zusammen mit den Kolonialherren gingen auch deren Gläubiger bankrott, die Kaufleute von Bordeaux machten ebenso Konkurs wie die Banken in Paris und Bordeaux, die an Stelle von Goldmünzen Assignaten genanntes Papiergeld ausgaben, so daß ich außer wertlosen Schuldverschreibungen nichts mehr besaß. Ich war arm wie eine Kirchenmaus: Ein Glück für mich, denn inzwischen war der Advokat aus Arras vom Deputierten zum Diktator aufgestiegen. Auf die Konstituante folgte die Legislative, auf die Nationalversammlung der Konvent, dessen Wohlfahrtsausschuß in Gestalt des unbestechlichen Robespierre nicht nur über Wohl und Wehe, sondern über Leben und Tod jedes einzelnen Bürgers entschied. Nach der Hinrichtung des Königs kamen Adlige und Geistliche an die Reihe, die der Kollaboration mit dem äußeren Feind bezichtigt wurden, dann die als königstreu diffamierten Bauern der Vendée, und danach merzte die Revolution ihre eigenen Kinder aus, zuerst die Girondisten mitsamt ihrem Wortführer Brissot, dann die der Linksabweichung verdächtigen Gefolgsleute von Hébert. Anfang April 1794, als der Erfinder des Terrors, Danton, das Schafott bestieg, um dem Volk von Paris seinen Kopf vor die Füße zu werfen, wurde ich in Bordeaux vor das Revolutions-tribunal zitiert. Ich verzichtete auf den vom Gericht bestellten Advokaten, der nur die Interessen der Anklage vertrat, und verteidigte mich selbst. Aber anstatt den Verlauf des Verhörs nachzuerzählen, zitiere ich lieber den Wortlaut des im *Moniteur de la Gironde* abgedruckten Protokolls:

»Im Namen der Einen und Unteilbaren Französischen Republik hat das in Bordeaux tagende Tribunal des Wohl-fahrtsausschusses unter Leitung des Bürgers Lacombe und im Beisein der Bürger Morel, Barreau und Margerie das folgende Urteil gefällt: Zum Verhör erschien heute der Bürger Georges-Christophe Bapst, gebürtig aus West-falen, wohnhaft in Bordeaux, Beruf Kaufmann, 39 Jahre alt. Nach Verlesung des einstimmig gefaßten Beschlusses der Volksvertretung, dem zufolge alle wegen Verschwö-rung Verhafteten einem Richter vorzuführen und gemäß den gesetzlichen Bestimmungen zu verurteilen sind, sowie des Dekrets des Nationalkonvents, das jeden, der Frieden oder Waffenstillstand mit den Royalisten vorschlägt, für gesetzlos erklärt, verzichtete der Angeklagte auf den ihm zustehenden Rechtsbeistand und gab an, er wolle sich selbst verteidigen. Auf den Vorwurf, eingeweiht gewesen zu sein in die konterrevolutionären Pläne der sogenann-ten Provinzialversammlung, entgegnete der Angeklagte, die perfiden Schriften von Gensonné und Konsorten hätten ihn wie viele Bürger von Bordeaux in die Irre geführt, aber er habe die Provinzialversammlung zu keinem Zeitpunkt unterstützt, sondern im Gegenteil nie aufgehört, die Freiheit zu lieben, und bei mehr als einer Gelegenheit seine Treue zum Nationalkonvent zum Ausdruck gebracht. Als Offizier der Reserve habe er die Truppen der Nationalgarde dazu angehalten, nur Befehlen der rechtmäßigen Obrigkeit, nicht aber der Provinzialversammlung Folge zu leisten, und seit Beginn der Revolution habe er bei jeder Gelegenheit seinen Patriotismus unter Beweis gestellt. Seine republikanische Gesinnung sei allen Mitbürgern hinreichend bekannt, aber er bilde sich nicht das geringste darauf ein, sondern bitte darum, nur nach seinen Taten beurteilt zu werden, die stets mit den Beschlüssen des Wohlfahrtsausschusses in Einklang gestanden hätten, wie im Saal anwesende Zeugen zweifelsfrei bestätigen könnten.«

Das Gericht zog sich zur Beratung zurück. Dann verlas der Vorsitzende den folgenden Urteilsspruch:

»In Anbetracht der Tatsache, daß der Angeklagte ehrliches Bemühen an den Tag legt, die Irrtümer zu korrigieren, zu denen das tadelnswerte Verhalten seiner Mitbürger ihn verführt hat; in Anbetracht seiner Wohltätigkeit für die Armen und Entrechteten, von ortsansässigen Sansculotten glaubwürdig bezeugt; sowie in Anbetracht der Tatsache, daß der Angeklagte wegen seiner öffentlichen und privaten Tugend zu den unbescholtenen Bürgern gehört, wird angeordnet, ihn unverzüglich aus dem Gefängnis zu entlassen, und das vorliegende Urteil auf Straßen und Plätzen der Stadt anzuschlagen.

Bordeaux, am 13. Germinal, im Jahr II der Einen und Unteilbaren französischen Republik

Lacombe, Gerichtsvorsitzender; *Morel, Margerie, Barreau*, Beisitzer.«

Was das Protokoll verschweigt, ist der Umstand, daß der Bürger Barreau Aktionär der Firma Romberg, Bapst

& Co. war und deshalb kein Interesse daran hatte, mich aufs Schafott zu schicken; die Chancen auf Verzinsung seines investierten Kapitals hätten sich dadurch auf Null reduziert. Ausschlaggebend für meinen Freispruch aber waren Aussagen von Mitgliedern des Jakobinerklubs, die einhellig bezeugten, ich sei ein braver Bürger, Patriot und Sansculotte, der für die Aufhebung der Sklaverei gekämpft und sich freiwillig zur Nationalgarde gemeldet habe, wegen seiner geschwächten Gesundheit aber für den Kriegsdienst in der Vendée nicht tauglich gewesen sei. Dann trat Madame Reynaud in den Zeugenstand: Die alte Wäscherin versicherte glaubhaft, daß ich stets ein Herz fürs Volk gehabt und trotz meiner beschränkten Mittel Arme und Waise großmütig unterstützt hätte. Doch auch das genügte noch nicht, denn der Wohlfahrtsausschuß hatte die Losung ausgegeben, entlastenden Aussagen nicht zu trauen, weil sich hinter der Maske des Volksfreunds häufig ein Feind der Revolution verbarg. Was das Gericht zu Tränen rührte, war der Auftritt der Enkelkinder von Madame Reynaud, zwei illegitime oder, wie man damals sagte, natürliche Söhne aus den Kolonien, die unter Eid schworen, die in meinem Garten vergrabenen Bajonette hätte ich aus Angst vor Royalisten dort versteckt, um die Republik bis zum letzten Blutstropfen zu verteidigen.

»Hört auf die Stimme der Natur«, rief der Beisitzer, Bürger Barreau, während der Gerichtsvorsitzende sich gerührt die Nase schneuzte, »die aus zwei unschuldigen Kindern spricht, welche aufgrund ihrer Herkunft und Hautfarbe doppelt benachteiligt sind. Ich appelliere an die Mitglieder des Tribunals, sich nicht durch weitere Nachfragen zu entehren, denn die Vorurteile der Rasse und des Standes gehören der Vergangenheit an. Heute sind alle Franzosen gleich und frei!«

Der Gerichtsdiener läutete die Glocke, der Vorsitzende ließ den Holzhammer niedersausen, die Zuhörer erhoben sich von ihren Plätzen und sangen, nein grölten die Marseillaise, und ich verließ das Revolutionstribunal als freier Mann, fest entschlossen, Frankreich so bald wie möglich den Rücken zu kehren.

6 Ausschlaggebend für den Entschluß, mich nach Afrika einzuschiffen, war eine unheimliche Begegnung der Vierten Art, die mir schlagartig klarmachte, an welch seidenem Faden mein Leben in jenen Jahren hing. Ich war nach Paris gereist, um der Hinrichtung des unbestechlichen Robespierre beizuwohnen, der vergeblich versucht hatte, sich durch einen Pistolenschuß der gerechten Strafe zu entziehen, bevor man ihn auf einem strohbedeckten Karren im Triumph durch die Stadt fuhr und, mehr tot als lebendig, aufs Schafott schleppte. Die Hysterie war mit Händen zu greifen, und die auf dem Platz der Republik wartende Menge war dermaßen aufgeputscht, daß ich es vorzog, das Geschehen aus sicherer Distanz zu beobachten. Madame Reynaud hatte mich begleitet, um im Marineministerium über den Verbleib ihres Sohnes nachzuforschen, von dem sie seit Beginn des Sklavenaufstands nichts mehr gehört hatte. Unter Berufung auf den Volkswillen hatte sie es geschafft, uns Logenplätze zu reservieren in einem Hôtel Particulier, dessen Besitzer die Schaulust in klingende Münze verwandelte, von einer Waschfrau aus der Provinz aber kein Geld zu nehmen wagte. Wir standen auf einem hoch gelegenen Balkon, eingekeilt von Bürgern und Bürgerinnen mit dreifarbigen Kokarden am Hut; Väter und Mütter hielten kleine Kinder in die Höhe, damit sie besser sehen konnten, und der Hausherr bot zu Wucherpreisen Kaffee und Champagner feil, als ich über dem dunkel wogenden Menschenmeer wie einen Meteor das Fallbeil aufblitzen sah, dessen Seilzug der Henker mit raschem Griff betätigte. Die Zuschauer hielten den Atem an, bis Maître Samson ihnen den vom Rumpf getrennten Kopf präsentierte und die aufgestaute Erregung sich in einem Aufschrei entlud, der wie ein kollektiver Orgasmus den Volkskörper schüttelte. Ich fühlte Brechreiz in mir hochsteigen, und von Platzangst getrieben, bahnte ich mir durch die jubelnde Menge einen Weg zur Straße, wo Madame Reynaud mich mit dem Ruf: »Sie sehen bleich aus, Monsieur, Ihre Blässe macht Sie verdächtig, ein Aristokrat zu sein«, in eine Droschke zog.

»Das Ungeheuer hat 35 Jahre gelebt, war fünf Fuß, zwei Daumen groß, hatte verkniffene Züge und galligen Teint.« Mit diesen Worten pries ein Verkäufer der Zeitung *Père Duchesne*, die Robespierre noch kurz zuvor als Messias verherrlicht hatte, seine Ware an. »Seine vorherrschenden Charakterzüge waren Neid und Haß. Nichts konnte seinen Durst auf Menschenblut löschen. Trümmer und Tote säumten seinen Weg.«

Aber das war nur ein Vorspiel, denn kaum hatte ich mich von dem Schwächeanfall erholt, kehrte ich, einem inneren Zwang folgend, zum Tatort zurück. Ich weiß nicht mehr, ob ich die folgende Szene geträumt habe, während Madame Reynaud mir heiße Suppe einflößte und kalten Schweiß von der Stirn tupfte, oder ob sie sich wirklich so zugetragen hat. Der Platz der Republik war menschenleer, die Zuschauer hatten sich verlaufen, nur zwei Straßenköter schnüffelten an der Holzkiste mit dem abgeschlagenen Kopf, der auf einem Haufen Sägemehl zwischen den Beinen des Unbestechlichen lag, während der Henker mit einer Bürste die Schneide des Beils von Haaren und Knochensplittern säuberte. »Ich kenne Sie, Bürger«, sagte Maître Samson und musterte mich von Kopf bis Fuß wie ein Schneider, der Maß nimmt. »Ich kenne Sie, das heißt, ich habe Sie von weitem erblickt, denn obwohl oder weil ich kurzsichtig bin, sehe ich entfernte Dinge ganz genau. Sie stürzten Hals über Kopf davon, bleich und schlotternd vor Angst wie jemand, der etwas auf dem Kerbholz hat, ein Royalist, Girondist, Hébertist und wie die verdächtigen Elemente sonst noch heißen. – Übrigens habe ich mich nie für Politik interessiert«, fuhr er fort, während er seine Hände in einen Eimer tauchte und das rot verfärbte Wasser in den Rinnstein schüttete, wo die Hunde es gierig aufleckten. »Ich tue nur meine Arbeit, das heißt, ich erledige jede mir übertragene Aufgabe, so gut ich kann. Es ist ein Job wie jeder andere« – das Wort gab es damals noch nicht, aber Samson benutzte es trotzdem. »Schon mein Vater hat Menschen geköpft, damals noch mit dem Schwert, und dem Attentäter Damiens die Arme aus den Gelenkpfannen gelöst und siedendes Blei in die Wunden gegossen, um ihn besser vierteilen zu können. Danach lebte Damiens immer noch, ein blutiger Stumpf mit schlohweißem Haar, dem ein Priester die letzte Ölung erteilte. Damals standen Königsmörder vor Gericht, und heute schleppt man Könige aufs Schafott. Zwar wurde die Tötungsmethode humanisiert, doch im Vergleich zum Rädern und Vierteilen ist die Guillotine eine matte Kopie, auch wenn die Prozedur im wesentlichen die gleiche geblieben ist. Nur die Reden der zum Tode Verurteilten sind schöner geworden – solch bewegende Worte hat mein Vater, Gott habe ihn selig, bei der Ausübung seines Henkeramts nie gehört.«

Maître Samson zog einen zerknüllten Zettel aus der Tasche, strich ihn glatt, klemmte sich einen Kneifer auf die Nase und las vor: »Frankreichs Erde ist zu leicht, um den Baum der Freiheit zu tragen, doch in unseren Adern fließt genug frisches Blut, um den Boden der Republik zu befruchten. Das französische Volk ist so unerfahren, daß es das Schwert nicht führen kann, ohne sich zu verletzen, und es wird zur Monarchie zurückkehren wie ein Kind zu seinen Spielsachen. Wir haben uns in der Zeit geirrt, als wir für die Freiheit geboren wurden und starben; wir dachten, wir seien im alten Rom, aber wir waren in Paris! Die Revolution ist ein tödliches Fieber, das die Gesunden dahinrafft und die Kranken am Leben läßt.«

Der Henker nahm den Kneifer von der Nase und steckte den zusammengefalteten Zettel in die Brusttasche. »Wissen Sie, wer das gesagt hat? Es sind die letzten Worte

H. C. Buch, Tanzende Schatten

Ihres Freundes Brissot.« – »Ich bin ihm nie begegnet. Wie kommen Sie darauf, daß ich mit Brissot befreundet war?« Meister Samson antwortete nicht. Er hielt zwei Zimmermannsnägel zwischen den Lippen und hämmerte mit wuchtigen Schlägen den Deckel der Kiste zu. Dann pfiff er seinem Pferd und spannte den Karren an, der, von kläffenden Hunden verfolgt, über das Pflaster rumpelte, um die sterblichen Überreste des unsterblichen Robespierre in einer Grube mit ungelöschtem Kalk zu versenken.

HAITI ERZÄHLEN
(1)

»Wieviel müssen wir Ihnen bezahlen, Herr Buch,
damit Sie endlich aufhören, über Tahiti zu schreiben?
Oder handelt es sich um Hawaii?«
Siegfried Unseld

1 *Haiti erzählen* ist etwas anderes, als Haiti zu erklären, von Haiti zu reden oder über Haiti zu schreiben. Haiti gibt es nicht. Es handelt sich um eine geographische Fiktion, der Christoph Kolumbus erlag, als er am Nikolaustag 1492 eine auf keiner Seekarte verzeichnete Insel, die er für die Küste Ostasiens hielt, Hispaniola nannte. Eine doppelte Fiktion, denn die vor ihm liegende Insel hatte mit Spanien genausowenig gemein wie mit Indien, China oder Japan. Trotzdem wird die Karibik bis heute als Westindien bezeichnet – der Aufklärer Abbé Raynal nannte seine zehnbändige Geschichte des Kolonialismus *Histoire des deux Indes (Geschichte beider Indien)* –, und Haiti wird immer wieder mit Tahiti verwechselt, manchmal sogar mit Hawaii. »Es una maravilla«, schrieb Kolumbus, dessen Identität genauso unklar war wie die des von ihm entdeckten Archipels – war er nun Spanier oder Italiener, war er Jude oder Christ? –, am 6. Dezember in sein Bordbuch und setzte damit ein folgenreiches Mißverständnis in Gang, denn die Gegend um Môle St. Nicolas ist alles andere als paradiesisch und war schon damals wüstenhaft: keine Folge von kolonialem Raubbau, sondern Wirkung des Passats, der die Böden auslaugt und sich auf den Osthängen der Berge abregnet – Mexikos Wüsten setzen sich in der Karibik fort. *¡Es una maravilla!* Hatte Christoph Kolumbus gelogen? Wollte er Reklame machen, um Eindruck zu schinden bei Königin Isabella, oder glaubte er wirklich, er habe das irdische Paradies entdeckt, wo die Flüsse Gold führen und niemand sich danach bückt: »Der Hirt sieht diesen Schatz, er rollt zu seinen Füßen, / O Beispiel für die Welt!

H. C. Buch, Tanzende Schatten

Er siehts und läßt ihn fließen«, dichtete Albrecht von Haller 250 Jahre später. Oder war Hispaniola der Eingang zur Unterwelt, eine Hölle auf Erden, bewohnt von Kopffüßern, die Menschenfleisch fraßen und widernatürliche Unzucht trieben, was schwer zu vermeiden ist, wenn man sein Gesicht auf dem Bauch trägt. Bekanntlich ist Shakespeares Caliban daran schuld, daß die Karibenindianer, Wassernomaden aus dem Orinokodelta, die das Fleisch besiegter Feinde verzehrten, verballhornt wurden zu Kannibalen.

Noch heute erscheint Haiti in Fernsehfilmen, Reiseberichten und Zeitungsartikeln als Hölle und Paradies zugleich, nicht abwechselnd, sondern in einem Atemzug: Perle der Antillen und/oder Horrorkabinett des Voodoodoktors Duvalier. Und die Mehrheit der Haitianer glaubt fest daran, daß die geheimgehaltene Prophezeiung der portugiesischen Nonne Fatima von einer Insel im Atlantik, wo Satan regiert, sich auf *ihr* Land bezieht. Selbst am Aussterben der Dinosaurier soll Haiti schuld gewesen sein, weil hier am Ende des Erdmittelalters ein Meteor niederging, der fast alles Leben auf dem Planeten auslöschte – außer ein paar haarigen Beuteltieren, die keine Eier mehr legten, sondern lebende Junge gebaren.

¡Es una maravilla! Ein fernes Echo dieses Ausrufs hallt nach in der Poetik des *real maravilloso*, des wunderbar Wirklichen, die Alejo Carpentier im Vorwort zu seiner Novelle *Ein Reich von dieser Welt* (1949) entwickelt hat, auf deutsch vage umschrieben mit dem Begriff *magischer Realismus*, der einem kulturellen Mißverständnis Vorschub leistete: So als seien in den Tropen die anderswo geltenden Naturgesetze außer Kraft. »Überall begegnete mir das *wunderbar Wirkliche.* Aber ich dachte auch, daß diese Gegenwärtigkeit und Gültigkeit des *wunderbar Wirklichen* nicht Privileg Haitis sei, sondern Erbgut ganz Amerikas.« Carpentiers in einer venezolanischen Zeitung erstmals erschienener Text war die Frucht einer Haiti-Reise, die der Autor 1943 unternommen hatte und auf der er meiner damals noch jungen und hübschen Tante Jeanne begegnet war. »*À propos de ce petit cubain*«, sagt

Jeanne, die damals bei Alejo Carpentier Klavierunterricht nahm: »Was diesen kleinen Kubaner betrifft, von dem du immer sprichst: Er war kein Schriftsteller, wie du behauptest, sondern ein gewöhnlicher Klavierlehrer, der mir beibringen wollte, wie man *Für Elise* spielt. Aber das hatte ich schon in Darmstadt bei Frau Best gelernt.« Im kreolisierten Französisch *(français créolisé)* bezeichnet das Adjektiv *klein* weniger die Körpergröße als die soziale Stellung: Ein *petit blanc* ist ein armer Weißer, und ein *gros nègre* ist kein dicker oder großer Schwarzer, sondern ein reicher Mann, weil *nèg* gleichbedeutend ist mit Mensch.

Daß Alejo Carpentier in Haiti an der Gültigkeit der Naturgesetze zweifelte, wird verständlicher, wenn man hört, daß ein von einem Voodoogott besessenes, zwölfjähriges Mädchen achtzehn Stunden lang in schwindelerregender Höhe auf der Spitze des Fernsehturms *tanzte*, auf einer Plattform von nur 60 Zentimetern Durchmesser. Ein haitianischer Autor hat ein Theaterstück darüber geschrieben, und es gibt Photos, die den Vorfall belegen. Oder wenn man liest, daß ein Leichenwagen auf einer belebten Kreuzung in Port-au-Prince mit einem entgegenkommenden Auto zusammenstieß: Der Chauffeur war tot, aber die Leiche lebte, weil es sich um einen Zombie handelte, den der Unfallschock aus seiner todesähnlichen Lethargie geweckt hatte. Hinterher wurde der Zombie von einem Reporterteam der BBC interviewt. »Ayez pitié, Monsieur« – haben Sie Mitleid, mein Herr, sagte ein Rind zu seinem Schlachter auf dem Weg zum Abattoir. »Ich bin kein Rind, sondern ein Präsidentschaftskandidat, der durch Voodoozauber in eine Kuh verwandelt worden ist!« Und zum Beweis nannte das Hornvieh eine feine Adresse in Pétionville, dem Nobelvorort von Port-au-Prince, und entblößte einen Goldzahn in seinem Gebiß. Anwohner rotteten sich zusammen, um die Tötung des Tiers zu verhindern, und abends gab der neue Präsidentschaftskandidat im Fernsehen eine Erklärung ab und nannte den Namen des Hexers, der ihm diesen Streich gespielt hatte; das Haus des Bocors – so heißt ein Voodoopriester, der schwarze Magie betreibt –

wurde von wütenden Anwohnern dem Erdboden gleichgemacht: *Raché maniok* (Maniok ernten) oder *déchouquer*
(mit der Wurzel ausreißen) sind die kreolischen Worte für
diese Art von Racheakt.

Haitis Geschichte ist eine nicht abreißende Kette solcher
und ähnlicher *faits divers,* für deren Wahrheit sich der Erzähler jedesmal hoch und heilig verbürgt: Zwar waren er
oder sie nicht selbst dabei, aber sie kennen jemanden, der
alles aus der Nähe mit angesehen hat, und so weiter. In Haiti
gibt es wenig überprüfbare Informationen und um so mehr
Gerüchte, auf kreolisch *teledjol* genannt. Das Fesselnde an
diesen Geschichten ist nicht ihr Wahrheitsgehalt, sondern ihre
narrative Struktur: Sie sagen ebensoviel über das kollektive
Unbewußte der Haitianer aus wie über ihr erzählerisches
Talent. Selbst das sperrigste Kulturgut wird problemlos kreo-
lisiert: Vor dem Ersten Weltkrieg nannten die Einwohner der
Hauptstadt ihre Kinder nach Passagierdampfern der Hapag-
Lloyd, die in Port-au-Prince anlegten: Bremen, Hamburg
und Lübeck waren beliebte Vornamen, aber auch Bismarck
und Beethoven; später kamen Himmler und Goebbels hinzu.
Himmler Rebus heißt ein ehemaliger Offizier, der sich vom
Mitläufer des Militärregimes zum Oppositionspolitiker ge-
mausert hat, und Goebbels Cadet ist ein haitianischer Fuß-
ballstar. Ein alter Herr namens Hitvelt erzählte mir, seine
Eltern hätten ihn auf diesen Phantasienamen getauft, weil zum
Zeitpunkt seiner Geburt nicht klar gewesen sei, ob Hitler
oder Roosevelt den Krieg gewinnen würde; um zu den Siegern
der Geschichte zu gehören, kombinierten sie beide Namen
zu einem Amalgam. Eltern kinderreicher Familien, die un-
erwünschten Nachwuchs bekommen, nennen ihr zuletzt
geborenes Kind *Ça suffit* oder *C'est trop* (geschrieben *Sasifi*
und *Setro* – jetzt reicht's oder das ist zuviel), und Waisen-
kinder werden nach dem Ort benannt, an dem man sie
aufgefunden hat: *Fatras* oder *Latrine* – Müll bzw. Latrine:
Ersteres ist ein Jungen-, letzteres ein Mädchenname. Von den
Ursachen des Kinderreichtums und dem daraus erwachsenden
Elend soll an anderer Stelle die Rede sein.

Haitis phantastische Geographie zeigt sich schon beim Blick auf die Landkarte, deren Ortsnamen den Delirien an Gelbfieber erkrankter Kolonialherren oder betrunkener Korsaren entsprungen sein könnten: Von der Kuhinsel *(Île à Vache)* im Süden bis zur Schildkröteninsel *(Île de la Tortue)* im Norden, vom Dreckloch *(Saltrou)* bis zur Stinkenden Quelle *(Source Puante)* und von der Zombiesteppe *(Savane Zombi)* bis zum Massakerfluß *(Rio Masacre)*, nicht zu vergessen *Limonade* und *Marmelade*, deren Einwohner von Henri Christophe, einem ehemaligen Schiffskoch, der sich zum König von Haiti krönen ließ, in den Adelsstand erhoben wurden: Herzog von Limonade, Graf von Marmelade. *Fond des blancs* (Senke der Weißen) heißt eine Ortschaft im Südwesten Haitis, in der die Nachkommen polnischer Grenadiere wohnen, die mit der von Napoleon entsandten Invasionsarmee hierherkamen, um die aufständischen Sklaven zu bekämpfen. Als sie hörten, daß diese die *Marseillaise* sangen, schlossen sie sich den Rebellen an und trieben die Franzosen auf ihre Schiffe zurück. Bei seinem Besuch im März 1983 fuhr der polnische Papst mit dem Papamobil nach *Fond des blancs* und war überrascht, dort hellhäutige und blauäugige Menschen mit slawischen Namen zu treffen. Der Nachbarort heißt *Fond des nègres* und ist von Schwarzen bewohnt. Und in *Bombardopolis*, benannt nach dem Bankier Bombarde, der das Unternehmen finanzierte, ließ der Marineminister Choiseul unter Ludwig XV. deutschsprachige Elsässer ansiedeln. Der Ort mit dem bombastischen Namen ist heute ein Trümmerfeld; keiner der Auswanderer hat das bevölkerungspolitische Experiment im staubtrockenen Nordwesten, dem Sertão Haitis, überlebt.

2 Der Stadtplan von Port-au-Prince ist nicht weniger phantastisch als Haitis Landkarte: Auf etwa 400 Straßen kommen noch einmal soviele Sträßchen *(ruelle)* und Sackgassen *(impasse)*, aber auch als *avenues* oder *boulevards* bezeichnete Durchgangsstraßen sind häufig unpassierbar und

werden von Erdrutschen oder Überschwemmungen, um-
gestürzten Ochsenkarren und ineinander verkeilten Autowracks blockiert – ganz zu schweigen von Lastwagen, an
denen Trauben von Menschen kleben, und Marktfrauen, die
ihre Waren auf der Fahrbahn ausbreiten. Jeder Quadratmeter
Boden wird wirtschaftlich genutzt: Zum Trocknen ausgeleg-
ter Reis oder aufgehängte Wäsche, illegale Verkaufsstände,
die Bürgersteige und Straßenzüge überwuchern, sind ebenso
ein Problem wie ohne Baugenehmigung errichtete Siedlungen
in Flußbetten oder auf Steilhängen, die der tropische Sturzregen mitsamt ihren Bewohnern zu Tal spült. Und wehe dem
ortsunkundigen Besucher, der im Verkehrsgewühl von Port-
au-Prince einen Passanten nach dem Weg fragt. Viele Haitianer können rechts und links nicht unterscheiden: Rechts
abbiegen heißt *monter,* links abbiegen *descendre,* und niemand gibt zu, den Weg nicht zu kennen, weil dies als Ge-
sichtsverlust gilt. Auch Stadtpläne helfen nicht weiter, denn
je nach Alter kennen die Befragten Straßen und Plätze nur
unter den Namen, die sie vor zwanzig oder dreißig Jahren
hatten; Umbenennungen setzen sich zögerlich oder gar nicht
durch.

Vielleicht sind hierzulande wirklich die Naturgesetze außer
Kraft, wie der Titel eines in Haiti vieldiskutierten Essaybandes
suggeriert: *À l'angle des rues parallèles* – »Am Kreuzungs-
punkt der Parallelstraßen« von Georges Anglade. Der Dichter René Depestre, der nach jahrelangem Exil auf Kuba heute
in Südfrankreich lebt, nennt seine ungeschriebenen Memoiren
Das dritte Ufer des Flusses: Eine Hommage an seine Geburtsstadt Jacmel, deren Bewohner behaupten, der gleichnamige
Fluß habe nicht zwei, sondern drei Ufer. Auf meine Frage,
ob er der älteste Einwohner der Stadt sei, antwortete mir ein
über hundertjähriger Greis, der jeden Nachmittag im einzigen Café von Jacmel gegen sich selbst Domino spielt: »Non,
Monsieur. Es gibt eine Menge Leute, die älter sind als ich,
aber sie sind alle tot!«

In Haiti ist die kürzeste Verbindung zwischen zwei Punkten keine Gerade, sondern eine Zickzacklinie oder Spirale

im Sinne des Philosophen Hans Blumenberg, der darin ein *Kriterium kultivierter Zustände* sieht: »Das Wesen des Umwegs ist, sich an das einmal gewählte Ziel zu halten, sich aber zu leisten, auf dessen Verfolgung mehr Zeit zu verwenden oder gar zu verschwenden, als von bloßer Zweckmäßigkeit bestimmt würde« (Hans Blumenberg: *Zu den Sachen und zurück*). Die Fähigkeit, alles unnötig zu komplizieren, zeigt der Umgang der Haitianer mit ihrem Geld. Die Landeswährung Gourde (=Flaschenkürbis) wird im Volksmund als Dollar bezeichnet. Unter Papa und Baby Doc war der Wechselkurs stabil: fünf haitianische Gourdes entsprachen einem amerikanischen Dollar. Heute muß man 40 bis 50 Gourdes für einen Dollar hinblättern, aber die Marktfrauen, Straßenhändler und Geldwechsler rechnen noch immer fünf zu eins, so daß man Sätze zu hören bekommt, deren Sinn sich Ausländern nur schwer erschließt: ein Dollar kostet fünf Dollar, oder: der Umtauschkurs liegt bei 480 Prozent. Hinzu kommt die Schwierigkeit, immer dicker werdende Geldbündel durchzuzählen und Banknoten zu identifizieren, die auf dem Weg durch viele Hände schwarz geworden sind – buchstäblich und nicht nur im übertragenen Sinn. Geld stinkt nicht, oder vielmehr doch – diese Redensart ist wörtlich zu nehmen in Haiti, wo Reichtum dem Volksglauben nach aus einem Bündnis mit dem Teufel stammt – Mephisto und Faust lassen grüßen. Aus haitianischer Sicht ist das Wirtschaftsleben eine Art Roulette, bei dem der gewinnt, der auf die im Traum oder in Trance von Voodoogöttern offenbarten Zahlen setzt – oder derjenige, der sich am rücksichtslosesten zu bereichern versteht. Die öffentliche Empörung hält sich in Grenzen, wenn, wie dies unter Baby Doc geschah, der Direktor der Staatlichen Lotterie das große Los zieht und sich mit dem Hauptgewinn nach Miami absetzt, oder wenn das Kulturministerium die Gagen für ein Rockfestival unterschlägt, zu dem Haitis bekannteste Band *The Fugees* eigens aus New York eingeflogen wurde – Voodoo-Ökonomie heißt der Fachausdruck dafür. Aber ich habe mich vom Ausgangspunkt meiner Überlegungen entfernt. Dies ist kein Reiseführer für Abenteuerurlauber oder Bildungstouristen, denen es Spaß macht, sich in den Slums oder im Schlamm der Dritten Welt zu suhlen, sondern der Versuch, ein Staatswesen auf den Begriff zu bringen, das von seinen Bürgern als nicht beherrschbares, chaotisches Gebilde *(quantité chaotique ingouvernable)* bezeichnet wird. Insofern ist der vorliegende Essay auch ein Beitrag zur Chaosforschung.

3 Ist Haiti ein maßstabgerecht verkleinertes Modell für den Rest der Welt, und wiederholt es deren politische Torheiten und historische Illusionen als Karikatur, Parodie oder bluttriefendes Grand Guignol? Die Französische Revolution wird zum Sklavenaufstand, dessen Anführer Dessalines sich, dem Vorbild Napoleons folgend, zum Kaiser krönt, bevor er einem von seinen Offizieren organisierten Attentat zum Opfer fällt. Haitis Sansculotten waren nicht nur unbehost, sondern barfuß, und einer von ihnen, der aus Grenada stammende Henri Christophe, ließ sich, parallel zur Restauration der Monarchie in Europa, zum König krönen und errichtete eine uneinnehmbare Festung im Norden Haitis, die Zitadelle *La Ferrière,* bei deren Bau sich 20 000 Zwangsarbeiter zu Tode schufteten – und das nur zehn Jahre nach Abschaffung der Sklaverei! Durch einen Schlaganfall gelähmt, schoß Christophe sich im Oktober 1820 eine goldene Kugel in den Mund, die heute zusammen mit einer Haarlocke des Königs im Historischen Museum ausgestellt ist. 1847 wurde ein Kommandeur der Palastwache und Analphabet namens Faustin Soulouque als Verlegenheitskandidat zum Präsidenten gewählt. Dem Vorbild Napoleons III. folgend, krönte auch er sich zum Kaiser; Soulouques Inthronisierung verschlang Haitis gesamtes Staatsbudget; allein seine mit Diamanten besetzte Krone kostete 100 000 Dollar – nach heutigem Kurs über eine Million. Soulouque dezimierte die hellhäutige Oberschicht, deren Söhne und Töchter er als Geiseln gefangennehmen und bei Bedarf exekutieren ließ, und führte mehrere Kriege gegen die benachbarte Dominikanische Republik, die wie das Hornberger Schießen endeten, trotzdem aber als Siege gefeiert wurden. Christophes Beispiel nacheifernd, schuf er eine einheimische Aristokratie, bestehend aus Prinzen, Herzögen und einer Unzahl von Grafen, Baronen und so fort. In einer einzigen Woche vergab Soulouque 400 Adelstitel, und um die Angehörigen seines Hofstaats von der adligen Plebs zu unterscheiden, erlaubte er ihnen, das Präfix *von* (französisch *de*) nicht nur ihrem Nachnamen, sondern auch dem Vornamen anzufügen. Kein Wunder, daß das Kaiserreich Haiti Honoré Daumier zu seinen gegen Napoleon III. gerichteten Karikaturen inspirierte, und daß Soulouque für Alfred Jarrys Stück *Ubu Roi* Pate gestanden haben soll. Auch die Voodoo-Diktatur von Dr. François Duvalier, der auf Befragen Christus, Mohammed, Atatürk, Mao Tse-tung, Gandhi, Hitler, Stalin und De Gaulle als Vorbilder anführte (in dieser Reihenfolge), hatte ihre Wurzeln in der alten Welt, Papa Docs Terrorherrschaft gilt nicht zu Unrecht als tropische Variante des Faschismus.

»Diese noch nicht einmal historisch zu rechtfertigenden dynastischen Wahnvorstellungen bildeten die Fassade für eine überkommene Feudalstruktur, in welcher das Elend eines landlosen Bauerntums und der Luxus einer ganz dünnen Oberschicht furchtbarere Kontraste geschaffen hatten als irgendwo sonst«, schrieb Hannah Arendt mit Blick auf das Ungarn der Vorkriegszeit. Obwohl sie in einem ganz anderen Kontext stand – es ging um den Eichmann-Prozeß in Jerusalem –, hat die folgende Feststellung auch für Haiti Gültigkeit: »Die allgemeine, von einem empörenden Luxus verbrämte Rückständigkeit des Landes verlieh dem gesellschaftlichen und geistigen Leben Budapests einen eigentümlich illusionistischen Ton, als hätte man hier sich so lange und so gründlich von Selbsttäuschungen genährt, daß man Widersprüche zwischen Wort und Wirklichkeit nicht mehr wahrzunehmen vermochte.«

Oder ist Haiti mit nichts vergleichbar außer mit sich selbst und, nach dem geflügelten Wort des preußischen Geschichtsschreibers Leopold von Ranke, »unmittelbar zu Gott«? Eine *creatio ex nihilo,* die andere historischen Formationen negiert und wie der Satz »Ich bin ich« weder beweisbar noch widerlegbar ist – die Endlosschleife einer angeblich unverwechselbaren Identität?

4 Haiti ist überall und nirgendwo: Beide Feststellungen sind nicht kompatibel miteinander, und die Wahrheit liegt auch nicht einfach in der Mitte, sondern in der Einsicht, daß eine Sache und ihr Gegenteil sich nicht ausschließen – früher nannte man das Dialektik. Das Vermittelnde zwischen den einander negierenden Extremen ist der aus der Romantik stammende und heute zu Unrecht in Vergessenheit geratene Gedanke, daß die Throne der Mächtigen auf Poesie gebaut sind.

»Es lebe die Freiheit, es lebe die Gleichheit, es lebe die Liebe!« lautete der Kampfruf der *Bürger des 4. April* – an diesem Tag des Jahres 1792 erkannte die französische Nationalversammlung die Bürgerrechte der von Kolonialherren mit Sklavinnen gezeugten, unehelichen Kinder an. Knapp zwei Jahre danach, am 4. Februar 1794, spielte sich im Nationalkonvent die folgende, rührselige Szene ab:

»Lacroix, *Abgeordneter:* Die Versammlung hat mit Ungeduld diesen Augenblick erwartet. Sie ist stolz darauf, Menschen jener Hautfarbe in ihrer Mitte zu sehen, die seit Jahrhunderten unterdrückt und erniedrigt worden ist. Ich bitte den Präsidenten, sie im Namen des Konvents brüderlich willkommen zu heißen.

(Die Deputierten von Saint Domingue, ein Weißer, ein Schwarzer und ein Mulatte, betreten die Tribüne und werden vom Präsidenten umarmt und auf beide Wangen geküßt. Die Abgeordneten erheben sich von ihren Plätzen und klatschen Beifall.)

Cambon, *Abgeordneter, zeigt auf die Zuschauerränge:* Eine farbige Bürgerin, die regelmäßig den Sitzungen des Koverts beiwohnt, hat soeben, als sie hörte, daß wir ihrem Volk die Freiheit schenken, vor Freude die Besinnung verloren. Ich bitte, diesen Vorfall im Protokoll zu vermerken und die Frau, als Anerkennung für ihre staatsbürgerliche Haltung, auf der Ehrentribüne Platz nehmen zu lassen!

(Die Frau wird unter dem Beifall der Abgeordneten zur Tribüne geführt und nimmt, während sie ihre Tränen abtrocknet, links neben dem Präsidenten Platz.)

LACROIX: Ich verlange, daß der Marineminister den Kolonien sofort die glückliche Nachricht ihrer Befreiung übermittelt...«

Hierher gehört auch der martialische Kriegsruf, mit dem General Dessalines, der Anführer der Sklavenrebellion, am 1. Januar 1804 die von seinem Sekretär aufgesetzte Unabhängigkeitserklärung zerriß – Dessalines war Analphabet – und die Republik Haiti aus der Taufe hob: »Wir haben unsere Unabhängigkeit schon erklärt – mit einem Bajonett als Schreibfeder, der Haut eines Weißen als Pergament, seinem Blut als Tinte und seinem Schädel als Tintenfaß!«

Haitis politischer Diskurs ist mit Leichen interpunktiert, aber er ist poetisch kühner und rhetorisch schwungvoller als anderswo, und vom Schlachtruf der schwarzen Grenadiere *Ça qui mouri zaffai à yo* (Wer stirbt, ist selber schuld!) führt ein direkter Weg zu der nach dem Vorkämpfer der Unabhängigkeit benannten Nationalhymne *La Dessalinienne*, deren Refrain *Pour la patrie, pour le drapeau / mourir est beau, mourir est beau* nicht nur symbolisch zu verstehen ist: Haitis Herrscher haben nie gezögert, Menschenleben zu opfern, um in die Geschichte einzugehen, und als Dank für eine gelungene Formulierung war und ist das haitianische Volk bereit, seinen Unterdrückern alles andere nachzusehen, solange deren Verbrechen Stil haben.

Ein Beispiel hierfür ist der folgende Text, den Haitis bedeutendster Dichter des 20. Jahrhunderts, Jacques Roumain, Anfang der dreißiger Jahre, kurz vor seiner Konversion zum Marxismus, verfaßte:

»Grausamkeit ist eine positive Qualität, da große Werke nur von skrupellosen Geistern geschaffen werden. Wer politisch dauerhafte Gebäude errichten will, muß unschuldiges

Blut vergießen, das dem Zement erst die nötige Haltbarkeit verleiht. König Christophe war der Schöpfer einer jungen Nation; Ideen waren ihm wichtiger als Menschenleben, und nach dieser Devise hat er regiert. Daß die Freiheit der Bürger auf der Strecke blieb, hat ihn ebensowenig geschert wie die Erklärung der Menschenrechte, als er seine Feinde über die Klinge springen ließ. Das einzige, was man ihm vorwerfen kann, ist, daß er nicht genug Unschuldige in den Tod geschickt hat ...«

Jacques Roumain war ein Opfer seiner Nietzsche-Lektüre, als er, dreiundzwanzigjährig, diese Zeilen schrieb. Daß es sich nicht um eine pubertäre Jugendsünde handelte, zeigt der triumphale Zynismus, mit dem der Mitbegründer der Kommunistischen Partei, inzwischen Botschafter Haitis in Mexiko, Stalins Siege im Zweiten Weltkrieg kommentierte:

»Der in jedem Haitianer schlummernde General wird in mir wach. Gut, daß die Bestie Trotzki in einem Familienstreit umgebracht worden ist. Wäre er noch am Leben, müßte man ihn als exquisiten Kadaver ausstellen. Das Lügengebäude seines Verrats ist in sich zusammengebrochen, und jeder, der nicht mit Blindheit geschlagen ist, erkennt Stalins Genie neidlos an.« *(16. Februar 1943)*

»Du irrst dich«, sagte meine Tante Jeanne, als ich ihr diese Briefpassage vorlas: »Jacques Roumain war kein Kommunist. Er kam aus einer guten Familie und trug stets ein frisch gebügeltes Seidenhemd. Ich weiß, wovon ich spreche, denn ich habe im Sandkasten mit ihm gespielt!«

Der schlagendste Beleg für die Ästhetisierung der Politik, von der hier die Rede ist, war ein Vortrag von André Breton im Dezember 1945, der in Port-au-Prince eine Revolution auslöste – die einzige surrealistische Revolution, die diesen Namen wirklich verdient, wie Breton später erklärte. Ein Jahr zuvor hatte Aimé Césaire Haiti besucht, dessen Intellektuelle sich unter dem Druck der US-Okkupation auf ihre afrikanischen Wurzeln besannen: Mit seinem poetischen Manifest *Cahier d'un retour au pays natal* rannte der Dichter der Négritude bei haitianischen Intellektuellen offene Türen ein. Damit war der Boden bereitet für den Auftritt von André Breton, dessen Vortrag über die surrealistische Revolution in Haiti wie eine Bombe einschlug, und dies nicht nur im übertragenen Sinn. Die High-Society der Hauptstadt, einschließlich des Staatschefs Elie Lescot, versammelte sich am 20. Dezember 1945 im Cinéma Rex, schräg gegenüber vom Präsidentenpalast, um dem Wortführer der Surrealisten zu applaudieren, von dem man allerhand Wunderdinge erzählte. Das Grußwort des Ethnologen Pierre Mabille, Kulturattaché aus dem von deutscher Besatzung befreiten Frankreich, legte die Lunte an die Zündschnur, die im Kinosaal glomm: »Ich möchte Sie hinweisen auf die Kompromißlosigkeit im Leben von André Breton. Seine entschiedene Ablehnung jeder Art von Opportunismus ist unter Literaten eine Seltenheit. Junge Menschen aus aller Welt werden von Bretons Magnetismus angezogen, weil sie sein Unbehagen teilen angesichts der von außen aufoktroyierten Bedingungen ihrer Existenz.« Damit war der Grundton angeschlagen, der in Haiti auf einen breiten Resonanzboden traf, denn der vom Wohlwollen Washingtons abhängige Präsident Lescot war extrem unpopulär, und das Ende des Zweiten Weltkriegs hatte Hoffnungen auf tiefgreifende Veränderungen geweckt. Die Minister und ranghohen Militärs trauten ihren Augen und Ohren nicht, als Breton, statt über die Rolle der Latinität oder ein ähnlich unverfängliches Thema zu sprechen, unter Berufung auf Rimbaud zur *Entregelung und Entriegelung der Sinne* aufrief, ohne zu bedenken, daß man in Haiti seine Parolen vom Kampf gegen Doppelmoral und Heuchelei wörtlich nehmen würde. Das Publikum trampelte mit den Füßen, johlte und pfiff, der Kinosaal wurde zum Tribunal, und der Staatschef mußte unter Polizeischutz zum Ausgang geleitet werden. Am nächsten Tag verbot die Regierung die dem Surrealismus gewidmete Sondernummer der Literaturzeitschrift *La Ruche* (Bienenwabe), André Breton wurde zur *Persona non grata* erklärt, und der Herausgeber der Zeitschrift, der junge Dichter René Depestre, wurde ins Gefängnis gesteckt. Daraufhin traten Schüler und Studenten in den

Streik, die Arbeiter der Zuckerindustrie und der staatlichen Zementfabrik schlossen sich ihnen an, die Botschafter Frankreichs und der USA forderten Depestres Freilassung, und im Januar 1946 legte ein Generalstreik Haiti lahm. Nach seiner Entlassung aus dem Gefängnis wurde René Depestre im Triumphzug durch die Straßen getragen, und ohne sein Zutun fand der junge Dichter sich an der Spitze einer Massenbewegung wieder, die Präsident Lescot zum Rücktritt zwang. Sein Nachfolger Estimé wies Depestre als Aufwiegler und Unruhestifter nach Frankreich aus, wo die Mandarine von Paris ihn mit offenen Armen empfingen. Unter dem Einfluß von Aimé Césaire sagte René Depestre sich später vom Surrealismus los und trat in die Kommunistische Partei ein, die ihn als Neger vom Dienst auf internationalen Friedenskongressen herumreichte, wo er Chruschtschow, Mao Tsetung und Ho Tschi Minh begegnete, bevor er vor dem Regime seines Jugendfreundes Papa Doc nach Kuba floh – aber das gehört in ein anderes Kapitel von Haitis permanenter Revolution.

5 Nicht alle Nationalhelden Haitis waren und sind so blutrünstig wie Jean-Jacques Dessalines, Faustin Soulouque oder »Papa Doc« Duvalier. Auch der Marathonläufer, der bei der Olympiade in Montreal 1976 stundenlang allein weiterlief, nachdem das gesamte Feld ihn überrundet hatte, wird in Haiti als Held verehrt, ebenso wie der Parlamentsabgeordnete, der die Frage eines Reporters mit dem Satz beantwortete: »Ich bin weder dafür, noch dagegen – ganz im Gegenteil!« Sein Name ist mir entfallen, aber es ging um eine der vielen Lebensfragen der Nation, die nur mit Ja oder Nein zu beantworten sind, wie Aufhebung des Embargos, Landung fremder Truppen, Rückkehr zur Demokratie: *Je ne suis ni pour ni contre – bien au contraire!* Die Entschiedenheit, mit der der Abgeordnete die ihm gestellte Frage beantwortete und gleichzeitig nicht beantwortete, erregte allgemeine Bewunderung, weil die in der rhetorischen Figur enthaltene doppelte Negation der Quadratur des Kreises entspricht, die Haitis Geschichte, Wirtschaft und Politik zugrunde liegt: ein chaotisches Gemeinwesen, das trotz Abwesenheit des Staates funktioniert oder vielmehr nicht funktioniert. Beides läuft auf das gleiche hinaus, denn hierzulande gibt es keinerlei Evolution, dafür aber eine nicht enden wollende Revolution – extreme Beschleunigung und Stillstand zugleich. Haitis beliebtester Exportartikel sind seine Briefmarken, die bunter und schöner sind als die der Schweiz, wo sie gedruckt werden – je kleiner das Land, desto größer die Briefmarken! Ansonsten wird, außer Boat People, nichts mehr exportiert und kaum noch etwas produziert. Nicht bloß Autos, Kühlschränke und Computer, auch Devisenträger wie Zucker, Kaffee und Baumwolle werden aus dem Ausland importiert, und der in der Artibonite-Ebene angebaute Reis hat keine Chance gegen aus den USA importierten Billigreis, der zu Dumpingpreisen den haitianischen Markt überschwemmt. Das Pendant zum wirtschaftlichen Chaos ist die soziale Misere: Es gibt keine Mittelklasse, nur Millionen Hungerleider auf der einen und ein paar hundert Millionäre auf der anderen Seite, die früher aus Europa kamen, heute aber überwiegend libanesischer Herkunft sind – zehn Prozent der Bevölkerung kontrollieren achtzig Prozent des Nationaleinkommens. Nicht zu vergessen das linguistische Chaos: Auf Hispaniola werden drei europäische Sprachen gesprochen – Französisch, Englisch und Spanisch, aber keine davon richtig. Die Weigerung, logisch zu argumentieren, wird durch rhetorisches Pathos und emotionalen Überschwang gleichzeitig kaschiert und kompensiert. Der Ausdruck *Tanz auf dem Vulkan* ist wörtlich zu nehmen, denn Haiti liegt in einer geologisch und meteorologisch instabilen Zone, wo das warme Wasser des Golfstroms auf das kalte des Nordatlantiks und die karibische Platte auf den amerikanischen Festlandsockel trifft. Die Folgen sind periodische Erdbeben und Vulkanausbrüche sowie Hurrikane, die neuerdings Männernamen tragen, begleitet von tropischem Sturzregen, der die fruchtbare Erde ins Meer schwemmt, oder katastrophaler Trockenheit.

H. C. Buch, Tanzende Schatten

Schwer zu verstehen und noch schwerer zu erklären, wie Menschen unter solch extremen Umständen leben und überleben – ganz abgesehen von der Frage, warum die Bewohner von *Cité Soleil* und *La Saline,* der schlimmsten Slums von Port-au-Prince, nicht deprimiert, sondern fröhlich sind. Das Ganze wird vollends unverständlich, wenn man bedenkt, daß die Mängelliste ständig aktualisiert und fortgeschrieben werden müßte, weil der ohnehin letale Zustand des Patienten sich seit der letzten Arztvisite nicht gebessert, sondern verschlimmert hat. Haiti gleicht einer nach unten offenen Richterskala, einem Endzeit-Szenarium, dessen Abwärtsspirale sich immer schneller dreht. Insofern sind die folgenden Sätze, die der Südasienexperte Thomas A. Friedman über Indonesien nach dem Rücktritt Suhartos schrieb, ohne Abstriche übertragbar auf Haiti nach dem Ende des Duvalier-Regimes: »In einem chaotischen Staatswesen bricht die alte Machtstruktur auseinander, ohne durch eine neue ersetzt zu werden. In der Vergangenheit war die Sache klar: Man wußte, wie lange man Schlange stehen mußte und wen man zu bestechen hatte. Früher ließ die Regierung unschuldige Menschen töten – heute werden sie getötet, weil es keine Regierung mehr gibt. Damals, sagte mir ein beliebter Karikaturist, waren meine Cartoons populär, weil sie die Herrschenden durch den Kakao zogen. Heute bringen sie keinen mehr zum Lachen, weil das Regime komischer ist als ich.«

6 Warum sollten Leser, die nie in der Dritten Welt gelebt haben oder beruflich dort zu tun hatten, sich für Haiti interessieren? Angenommen, Sie wohnen in einem mitteleuropäischen Land, wo es weder Hurrikane noch Erdbeben oder Vulkanausbrüche gibt. Am Morgen liegt kein Mordopfer vor Ihrer Tür, das im Lauf der Nacht aus einem fahrenden Auto gestoßen worden ist, und Ihre arbeitslosen Mitbürger stechen nicht auf lecken Booten in See, um jenseits des Meeres in Quarantänelager gesperrt oder gegen ihren Willen nach Hause zurückgeschickt zu werden, sofern sie nicht auf der Überfahrt ertrunken und von Haien gefressen worden sind. Journalisten, die politische Mißstände anprangern, werden nicht von bezahlten Schlägertrupps überfallen oder von einem aufgehetzten Mob mit Benzin übergossen und lebendig verbrannt. Die von Ihnen entrichteten Steuern werden nicht zweckentfremdet für den Bau einer Luxusvilla oder den Kauf eines Dienstwagens für die Maîtresse eines Ministers, und kein Polizist riegelt am hellichten Tag die Stadtautobahn ab, damit ein zweimotoriges Flugzeug dort landen kann, dessen Ladung, 800 Kilo Kokain, hinterher unauffindbar ist. Banken und Sparkassen werben nicht mit Zinssätzen von zwanzig bis dreißig Prozent, um sich, obwohl die Regierung für ihre Bonität bürgt, mit dem Geld der Sparer ins Ausland abzusetzen, und der Direktor der Staatlichen Lotterie zieht nicht selbst das große Los. So etwas gibt es nicht in Ihrem vergleichsweise wohlgeordneten Land, wo Ehen in Standesämtern und nicht in Voodootempeln geschlossen werden. Warum sollten ausgerechnet Sie sich für Haiti interessieren, das mit seinen Horrormeldungen die wildesten Phantasien übertrifft, irgendwann aber nur noch müdes Gähnen hervorruft, weil auch der grellste Effekt sich abnutzt und der Nachrichtenkonsument sich an alles gewöhnt? Warum sollten Sie sich Namen merken wie Dessalines und Soulouque und den Unterschied einprägen zwischen Haitis erstem und zweitem Kaiserreich, Papa und Baby Doc, Cagoulards, Tontons Macoutes, Zenglendos und Chimères – so hießen die Mordkommandos diverser Regimes – oder zwischen der Regierungspartei *Fanmi Lavalas* und der Oppositionspartei *Organisation Politique Lavalas,* die aus enttäuschten Aristide-Anhängern besteht? Und warum sollten Sie das Voodoo-Pantheon studieren mit seiner subtilen Unterscheidung zwischen Erzulie Fréda Dahomey und Erzulie Zé Rouge, Rada- und Pétrokult, Houngan, Hounssi und Hounguenikon – ganz zu schweigen von Fabelwesen wie Zombies, Zobops und Vlabindingues, die um Mitternacht an Wegkreuzungen lauern? Und warum sich mit den absurd erscheinenden Regeln der kreolischen Sprache belasten, in der die Liebe *lamour* heißt, ohne Apostroph, die Straße *lari,* der Reis *diri* und das Wasser *dlo,* wo der Diebstahl von elektrischem Strom nach seinem Erfinder *Cumberland* heißt, während Altkleider, die unter John F. Kennedy erstmals nach Haiti gelangten, noch immer *Kennedy* genannt werden? Mit anderen Worten: Warum sollten ausgerechnet Sie sich für einen entlegenen Winkel der Welt interessieren, dessen Wirklichkeit keinerlei Logik unterliegt und nur aus Abstrusitäten und Monstrositäten besteht? Aber auch die Gegenfrage ist berechtigt: Warum eigentlich nicht?

7 Spätestens an diesem Punkt sollte sich ein Verdacht erhärten, den der Autor dieser Zeilen, und mit ihm der Leser, schon lange hegt: daß Haiti, das Armenhaus der Dritten Welt, nicht grundsätzlich anders ist als andere Regionen unseres Planeten, einschließlich der als Hort von Wohlstand und Stabilität geltenden Bundesrepublik. Damit meine ich nicht die Tatsache, daß ich mich beim Spaziergang durch den Berliner Tiergarten in Plastiktüten verheddere und daß die Uferpromenade vor meiner Haustür der Bühnenanweisung zu Heiner Müllers Stück *Verkommenes Ufer* zum Verwechseln ähnlich sieht: eine wilde Müllkippe, auf der Anwohner kaputte Kühlschränke und Fernseher, versiffte Sofas und Matratzen entsorgen – ganz zu schweigen vom allgegenwärtigen Hundekot. Ich meine auch nicht den beklagenswerten Umstand, daß Anzeigen bei Polizei und Justiz immer öfter im Sande verlaufen; der Geschädigte muß froh sein, wenn er nicht selber verhaftet wird, während Diebe und Mörder frei herumlaufen, weil die Gefängnisse überfüllt und Polizeireviere nicht mit Computern ausgestattet sind. Daß Polizisten mit rechtsradikalen Straftätern sympathisieren und mit Zuhältern oder Drogenhändlern gemeinsame Sache machen, regt kaum jemanden mehr auf, genausowenig wie die Tatsache, daß Angestellte wie Beamte, von den Kommunen bis in die Chefetagen der Unternehmen und Gewerkschaften, bestechlich sind und daß ohne Steuerhinterziehung und Schwarzarbeit in weiten Bereichen der Gesellschaft, vom Baugewerbe bis zum Rüstungsexport, nichts läuft. Vetternwirtschaft und Filz, Klientelismus und Korruption sind keine Ausnahmen, sondern die Regel im Rechtsstaat BRD, der vom preußischen Beamtenethos heute weiter entfernt ist als Haiti von Deutschland. Auch die immer breiter klaffende Schere zwischen privatem Reichtum und öffentlicher Armut haben beide Länder miteinander gemein, und die schon von Marx beschriebene Privatisierung des Profits bei gleichzeitiger Umwälzung der Folgekosten auf die Allgemeinheit – Stichwort Arbeitslose, Rentner, Kranke – hat fast den Rang eines Naturgesetzes. Während die Wirtschaft stagniert, boomen Drogenhandel und Sexindustrie, und die albanische macht der russischen Mafia die Absatzmärkte streitig für Auto- und Menschenschmuggel, Auftragsmorde und Kinderpornographie. Es genügt, Albaner und Russen durch Libanesen oder Kolumbianer zu ersetzen, damit sich das Szenarium von Europa in die Karibik übertragen läßt. Die für Haiti typische *Jeremiade* ist immer öfter auch in Deutschland zu hören, eine im Jammerton vorgetragene Auflistung aller möglichen Mißstände von der Autobahnmaut bis zur Rechtschreibreform und von der Massenarbeitslosigkeit bis zur Medienmanipulation. Ein vorhersagbarer Diskurs, der sich sinnlos im Kreis dreht und keine konkreten Verbesserungsvorschläge macht. Statt dessen werden die üblichen Verdächtigen benannt, wobei der Sprecher, je nach politischem Standort, Gewerkschaften oder Unternehmer, die USA oder die EU, das öffentlich-rechtliche oder das kommerzielle Fernsehen zum Ursprung aller Übel erklärt.

Damit nicht alles falsch wird, muß ich an dieser Stelle eine Einschränkung vornehmen: Dabei denke ich an den quantitativen Unterschied zwischen Erster und Dritter Welt, der zugleich ein qualitativer ist und besser als in jeder Verallgemeinerung in einem Witz zum Ausdruck kommt, den man mir kürzlich in Port-au-Prince erzählt hat:

Ein französischer Deputierter empfängt einen Parlamentarier aus Haiti und zeigt ihm voller Stolz seine Luxusvilla

H. C. Buch, Tanzende Schatten

am Stadtrand von Paris. »Wie haben Sie das bloß finanziert«, will der Haitianer wissen, »mit Ihrem bescheidenen Abgeordnetengehalt?«

»Ganz einfach«, sagt der Franzose und zeigt durchs Fenster nach draußen auf eine vierspurige Stadtautobahn: »Die Autobahn war sechsspurig geplant, und ich habe ein Drittel des Budgets für private Zwecke umfunktioniert.«

Kurz darauf kommt der französische Deputierte zum Gegenbesuch nach Port-au-Prince, wo sein haitianischer Kollege ihn in einem Palast empfängt, der noch pompöser ist als dessen Luxusvilla bei Paris. »Wie haben Sie das bloß finanziert«, will der Franzose wissen, »in einem so bitterarmen Land?«

»Ganz einfach«, sagt der Haitianer. »Sehen Sie das sechsstöckige Gebäude der Universitätsklinik dort drüben?« Der Franzose tritt ans Fenster. »Tut mir leid, ich sehe nur eine Müllhalde, auf der Anwohner nach Wiederverwendbarem suchen.«

»Richtig. Damit haben Sie Ihre Frage selbst beantwortet!«

Drittes Kapitel

»Ach Tod, ein andermal,
wenn ich dich wiederseh,
will ich gern mit dir plaudern ...«
Nicolas Guillén

1 Es war ein Uhr nachts und der Regen hatte aufgehört, als B. vor der Einfahrt hielt. Das Haus war taghell erleuchtet, und das rotgestrichene Eisentor stand offen. Er hatte sich verspätet: Robert Moss, der Manager des Hotels Oloffson, hatte B. gebeten, den Barkeeper James und die Rezeptionistin Magaly nach Hause zu bringen; nach Mitternacht fuhren kein Taxis mehr, und wer zu Fuß durch die dunklen Straßen ging, lief Gefahr, in die offene Kanalisation oder in einen Abwassergraben zu fallen – ganz zu schweigen von Werwölfen und Vampiren, die an einsamen Wegkreuzungen auf verspätete Passanten lauerten. James und Magaly lebten in einem weit entfernten Außenbezirk, am Rand einer als Mülldeponie dienenden Schlucht, die sich bei Regen in einen reißenden Strom verwandelte und illegal errichtete Hütten mitsamt ihren Bewohnern unter Bergen von Schlamm begrub. Auf der Heimfahrt hatte B. eine Reifenpanne und mußte an einer steil ansteigenden Straße ein Rad wechseln, in sturzbachartigem Regen, der abgerissene Äste und Geröll mit sich führte; hinterher war er bis auf die Haut durchnäßt.

»Wo bleibst du bloß?« rief Matante Erzulie, die ihm im Rollstuhl entgegenfuhr. Sie hatte ein kariertes Plaid über die Beine gebreitet und hielt einen Picknickkorb im Schoß, den sie, als sei es ihr wertvollster Besitz, mit beiden Armen umklammerte. »Ich habe im Oloffson angerufen, aber an der Rezeption sagte man mir, du seist schon weg. Ich habe mir Sorgen gemacht.« Sie nahm auf dem Beifahrersitz Platz, den Picknickkorb auf den Knien, während Babekan sich neben dem zusammengeklappten Rollstuhl auf die Rückbank zwängte. Es fing erneut an zu regnen, und der Scheibenwischer schaffte es nur mit Mühe, die Sicht freizuschaufeln. B. wischte mit dem Ärmel das beschlagene Fenster sauber, und ohne zu wissen, wohin die Fahrt gehen sollte, lenkte er den Wagen durch hoch aufspritzendes Wasser den Berg hinab. Unterwegs erzählte ihm Matante Erzulie, was geschehen war. Ihr Schwiegersohn, Doktor Laraque, war mit einem Kopfschuß ins Canapé Rouge eingeliefert worden, ein Krankenhaus auf halbem Weg zwischen Ober- und Unterstadt. Es war unklar, wer auf ihn geschossen hatte. Doktor Laraque war Arzt; er hatte in Montreal Medizin studiert und als Anästhesist gearbeitet, bevor er die Buchführung der von seinem Vater gegründeten Klinik übernahm. Die Einfahrt zum Canapé Rouge lag im Dunkeln, nur in der Notaufnahme brannte Licht. Minette, die Frau von Doktor Laraque, wies B. mit der Taschenlampe den Weg zu einem Krankenzimmer im ersten Stock; Matante Erzulie blieb mit Babekan im Auto sitzen, weil wegen der Stromsperre der Aufzug ausgefallen war. Der Angeschossene lag mit einem Kopfverband im Bett; er schien zu schlafen, aber als ihn der Lichtstrahl der Taschenlampe traf, zuckten seine Augenlider – ein gutes Zeichen, flüsterte Minette ihm zu.

Wie sie stockend berichtete, hatte ihr Mann an diesem Tag länger als sonst gearbeitet. Er war mit einer komplizierten Abrechnung beschäftigt – beim Überprüfen der Konten hatte er Unregelmäßigkeiten entdeckt – und verließ erst nach Einbruch der Dunkelheit sein Büro. Auf dem Parkplatz der Klinik lauerte ein Unbekannter auf ihn; als Doktor Laraque ins Auto steigen wollte, drückte der Mann ihm eine Pistole an die Schläfe und feuerte, ohne ein Wort zu sagen, eine Kugel in seinen Kopf. Der Angreifer zerrte ihn vom Sitz und fuhr, ohne sich um den Verletzten zu kümmern, mit dessen Wagen davon. Eine halbe Stunde später fand der Nachtwächter bei seinem Dienstantritt den wie tot in einer Blutlache Liegenden auf dem Parkplatz und brachte ihn in die Notaufnahme, wo der telefonisch herbeigerufene Chirurg Doktor Miot die Kugel aus seinem Kopf extrahierte, die, ohne ins Gehirn einzudringen, im Schädelknochen steckengeblieben war; durch den aufgesetzten Schuß war die Waffe verrutscht, eine unwillkürliche Bewegung hatte Doktor Laraque das Leben gerettet.

Ein Autodiebstahl scheide als Motiv aus, sagte Minette, weil ihr Mann nicht mit dem Toyota-Landrover, sondern mit seinem alten Citroën zur Arbeit gefahren sei. Wirtschaftliche Gründe kämen eher in Betracht, denn durch seine penible Buchführung habe er sich Ärzte und Schwestern zu Feinden gemacht, die überhöhte Rechnungen geschrieben und Medikamente veruntreut hätten. Wahrscheinlicher aber sei ein politisches Motiv, da das Canapé Rouge sich geweigert habe, Paramilitärs und Angehörige der Todesschwadronen umsonst zu behandeln. Auch ein privater Racheakt sei nicht auszuschließen, fügte sie mit gedämpfter Stimme hinzu: Vor Jahren habe ihr Mann ein Verhältnis mit einer Nachtschwester gehabt, die ihm nach ihrer Entlassung Drohbriefe geschrieben habe; aber auch ein fristlos gekündigter Krankenpfleger oder die Hinterbliebenen eines durch einen Kunstfehler verstorbenen Patienten kämen als Täter in Betracht.

Es klopfte an der Tür, und Doktor Miot trat ein, um nach dem Befinden seines Patienten zu sehen. Während die Nachtschwester den blutgetränkten Kopfverband erneuerte, überprüfte er die Infusionslösung und den in der Armbeuge befestigten Tropf. Aus dem unteren Stock war ein polterndes Geräusch zu hören. Das Dieselaggregat schaltete sich ein, Neonröhren flackerten auf, und das Licht ging an. Die Klinke wurde heruntergedrückt, und Babekan schob Matante Erzulie im Rollstuhl durch die Tür. »Hierzulande werden kolossal viele Leute umgebracht. Deshalb geht keiner mehr nach Einbruch der

Dunkelheit auf die Straße«, sagte Erzulie, während Babekan aus einer Thermoskanne heißen Kaffee eingoß, dessen bittersüßes Aroma den Geruch von Blut und Tod aus dem Krankenzimmer vertrieb.

2 »Ich bringe eine gute und eine schlechte Nachricht«, sagte Penelope Swing alias *Bourik Chagé* und tänzelte wie eine Eselin, die einer Lassoschlinge auszuweichen versucht, um das Mikrophonkabel. »Die gute Nachricht zuerst: Die politisch motivierte Gewalt ist erwartungsgemäß zurückgegangen. In der vergangenen Woche wurde kein einziger Mordanschlag registriert. Dafür stieg die Zahl der Bootsflüchtlinge, die auf hoher See von der Küstenwache aufgegriffen werden, sprunghaft an. Wir wissen nicht, warum, aber wir arbeiten an einer Lösung des Problems. Gibt es Fragen dazu?« Sie beschattete die Augen wie ein Indianerhäuptling und spähte angestrengt in die Tiefe des Saals.

»Da ich keine Wortmeldungen sehe, schlage ich vor, das Briefing vorzeitig zu beenden. Noch etwas...« Die Botschafterin machte auf dem Absatz, nein auf den Hinterhufen kehrt und bleckte triumphierend ihr Gebiß: »Es dürfte Sie interessieren, daß der Manager des Hotels Oloffson den Visumantrag für die Mitglieder seines Orchesters zurückgezogen hat. Nach Rücksprache mit der Konsularabteilung stimmte er zu, seine Tournee durch die Vereinigten Staaten auf einen späteren Zeitpunkt zu verschieben, wenn das gegen die Militärs verhängte Embargo aufgehoben und Quisqueya zur verfassungsmäßigen Ordnung zurückgekehrt ist. Die in der Presse erhobenen Vorwürfe sind damit gegenstandslos.«

Von draußen war Johlen und Pfeifen zu hören, ein Pflasterstein flog gegen die geschlossene Jalousie, und eine Fensterscheibe ging zu Bruch. Die Botschafterin wurde von Sicherheitsbeamten zum Ausgang eskortiert, und die Journalisten hasteten stoßend und schiebend die Treppe hinab, allen voran Kameraleute und Photographen, die als erste am Ort des Geschehens sein wollten.

An diesem Morgen hatte die Militärjunta ihre Anhänger zum Protest aufgerufen, um der internationalen Gemeinschaft handgreiflich vor Augen zu führen, daß das quisqueyanische Volk geschlossen hinter der Armee stand und jede Einmischung in innere Angelegenheiten entschieden zurückwies – die Invasoren würden sich blutige Köpfe holen. Der patriotische Appell hatte die Kommandeure der Todesschwadronen, die nachts auf Menschenjagd gingen und sich tagsüber wie Vampirfledermäuse in ihren Kasematten verbargen, auf die Straße gelockt. Graue Eminenzen des Militärregimes, Drahtzieher des Terrors und Dinosaurier der Diktatur gaben sich vor der Botschaft ein Stelldichein, mißtrauisch beäugt von auf dem Flachdach postierten Agenten mit Ferngläsern und vor dem Portal aufmarschierten Marines.

USA nan caca! stand auf beschrifteten Pappschildern und einem über den Köpfen der Menge schwankenden Transparent, *Clinton go home – Titid assassin!* Ein Hagel von Dosen und leeren Flaschen ging auf die Bewacher der Botschaft nieder, die sich ins Innere des Gebäudes zurückzogen, während hinter Büschen verborgene FBI-Beamte die Ausschreitungen mit Videokameras filmten. Eine in ein Sternenbanner gewickelte Strohpuppe von Uncle Sam wurde mit Benzin übergossen und angezündet, und wie Besessene bei einer Voodoozeremonie trampelten die Demonstranten barfuß auf dem mit Scherben gespickten Asphalt herum, der in der Hitze Blasen schlug. »Hot action now«, rief Sato, der japanische Photograph, während er zwischen den Beinen der Tanzenden hindurch Photos schoß: »Quisqueya very good story!« – »Ich liebe Amerika, aber warum tut Washington uns das an?« sagte Petit Pierre, der den Volkszorn, als handle es sich um eine Tanzkapelle, mit seinem Spazierstock dirigierte. »Warum schweigt Kanzler Kohl? Im August 1961 habe ich aus Protest gegen den Bau der Berliner Mauer die ganze Nacht

H.C.Buch, Tanzende Schatten

hindurch auf dem Dachgarten des Hotels Kempinski Twist getanzt. Und jetzt läßt Deutschland uns im Stich!«

Die gewalttätige Demonstration war ein gefundenes Fressen für die von weit her angereisten Journalisten, die ungeduldig auf diesen Tag gewartet hatten: Endlich geschah etwas. Maggie O'Brian sprach mit dem Chef der Todesschwadronen, Capois la Mort, der seine private Telefonnummer in ihr Adreßbuch kritzelte, und Walter Lagrange interviewte Doktor Samedi alias *Cadavre Exhumé*, einen aus dem Exil zurückgekehrten Minister des alten Regimes, der als Präsident des Roten Kreuzes Hand angelegt hatte bei der Hinrichtung von Oppositionellen. »Politik hat mich nie interessiert«, sagte Doktor Samedi, während Walter Lagrange auf dem geschmolzenen Asphalt, der wie eine Elektrokochplatte die Schuhsohlen aufheizte, von einem Fuß auf den andern trat. »Von Hause aus bin ich Arzt, aber ich praktiziere schon lange nicht mehr und betätige mich lieber karitativ. – Meine heimliche Leidenschaft ist die Poesie«, fügte er hinzu und schob das mit Flausch umwickelte Mikrophon zur Seite, das Walter Lagrange ihm unter die Nase hielt: »Ich habe gehört, daß Sie Gedichte schreiben. Darf ich Sie bitten, mir eines Ihrer Bücher zu dedizieren?«

3 Der Tote lag auf der Schotterpiste, die die zum Flughafen führende Nationalstraße eins mit dem am Meer gelegenen Elendsviertel La Saline verband. Seine Mörder hatten ihn nicht auf die von Möwen umflatterte Müllhalde geworfen, auf der streunende Hunde und halbnackte Kinder nach Eßbarem suchten, sondern am Rand einer vielbefahrenen Straße absichtlich zur Schau gestellt: Frauen und Mädchen, die zum Wasserholen in die Berge liefen, und Männer auf dem Weg zur Arbeit kamen hier vorbei. Er lag auf dem Rücken, und schillernde Schmeißfliegen krochen in seine Nasenlöcher, Mund- und Augenwinkel, saugten die Feuchtigkeit aus den Poren und legten im verwesenden Fleisch ihre Eier ab. Die Mittagshitze hatte seinen Bauch aufgebläht, so daß Hemd und Hosen aus den Nähten platzten; nur die in Tennissocken steckenden Füße waren noch nicht angeschwollen, von denen einer mit einem braunen Schuh bekleidet war; die Mütze des Toten lag am Rand der Piste in einer getrockneten Blutlache, als habe ein fahrendes Auto ihn ein Stück mitgeschleift – in den Schotter geprägte Reifenspuren legten diese Vermutung nah. Eine nach außen gestülpte Hosentasche deutete darauf hin, daß Plünderer die Kleider des Ermordeten nach Wertsachen durchwühlt hatten. Sein Tod schien erst vor wenigen Stunden eingetreten zu sein, denn der Verwesungsgeruch hatte noch keine streunenden Hunde angelockt.

Während Sato den Ermordeten photographierte und Maggie O'Brian Passanten befragte, ob sie Auskunft über den Hergang der Tat oder die Identität des Toten geben könnten, ging B. ein Vers seines Doktorvaters Walter Höllerer durch den Kopf: »Der lag besonders mühelos am Rand des Weges.« Obwohl das Gedicht nicht unter der Tropensonne von Quisqueya entstanden war, sondern beim Rückzug der deutschen Wehrmacht über einen italienischen Alpenpaß, schien es ihm, als bringe es den existentiellen Ernst der Situation besser zum Ausdruck als jeder journalistische Kommentar, weil der Dichter in dem Toten kein anonymes Opfer, sondern einen Bruder sah. Vielleicht hatte Sato deshalb nicht das Gesicht mit den schreckhaft aufgerissenen Augen, sondern nur die Füße photographiert.

Die Passanten gaben keine Antwort auf Maggies Fragen nach Name, Alter, Wohnort und Beruf des Ermordeten; sie schüttelten stumm die Köpfe, sahen sich ängstlich um und gingen kommentarlos weiter. Erst jetzt begriff B., daß er eine Urszene der Literatur vor Augen hatte: »Kein Kriegsknecht war es, nein, es starb ein Bruder mir«, sagt Antigone zu dem Tyrannen Kreon, der ihr verbieten will, den Leichnam ihres Bruders zu bestatten, und Kreon ant-

wortet ihr: »Der Feind wird niemals, auch im Tode nicht
geliebt.« Aber das hier war keine griechische Tragödie,
sondern ein politischer Mord im Hinterhof der USA –
ein Mord, der den Zeitungen nicht mal eine Zweizeilen-
meldung wert war.

4 Capois La Mort war die rechte Hand des Chefs der
Todesschwadronen Toto Bonange, genannt Carcasse,
der den Industriellen Alfred Izméry sonntags beim Kirch-
gang vor aller Augen erschossen hatte, weil der aus dem
Libanon stammende Geschäftsmann für die Rückkehr
des demokratisch gewählten Präsidenten eingetreten war.
Das an der Straße zum Flughafen gelegene Haus seines
Mörders, vor dem Landrover mit geschwärzten Scheiben
und Jeeps mit ausgefahrenen Antennen parkten, wurde
von einem finster blickenden Bodyguard bewacht, der Besucher nach Waffen abtastete. Maggie O'Brian mußte ihre
Handtasche öffnen, und der Gorilla fingerte mißtrauisch
an ihren Schminkutensilien herum, die er für Spreng-
kapseln zu halten schien, und verlangte statt des Presse-
ausweises ihre Mitgliedskarte der FRAP zu sehen – unter
diesem Namen waren die Todesschwadronen ins Vereins-
register eingetragen –, während Maggie ihm vergeblich
den Unterschied zwischen Journalisten und Aktivisten
einer Partei oder Gewerkschaft zu erklären versuchte.
Erst als Sato ihn mit einem Schwall japanischer Schimpf-
wörter überschüttete, gab der Bodyguard den Weg frei.
   »Japan very good country«, sagte Capois La Mort, der in
seinem Jeansanzug wie ein Statist aus einem Film über den
amerikanischen Bürgerkrieg aussah – nur die verspiegelte
Sonnenbrille paßte nicht dazu: »Japanese industry very
strong.« Und er notierte sich Satos Namen und Adresse,
um ihn in Tokio zu besuchen, wie er sagte, und um Rat
zu bitten bei der Anschaffung einer Videokamera. Capois
La Mort, so benannt nach einem Märtyrer des Unabhängigkeitskriegs, der die Festung Crête-à-Pierrot gegen eine
feindliche Übermacht verteidigt hatte, war Hobbyphoto-

graph und hieß mit bürgerlichem Namen Rony Toussaint. Die Medienpräsenz schmeichelte ihm, und er sah darin den Auftakt zu einer Fernsehkarriere, die seinen Ruhm um die ganze Welt verbreiten würde.

»Hören Sie nicht auf ihn«, sagte Toto Bonange, der in Boston Betriebswirtschaft studiert hatte und fließend Englisch sprach. »Er versteht nicht das geringste von Photographie, und sein Spatzengehirn ist noch kleiner als das des Gorillas draußen vor der Tür. Willkommen in Port-à-Piment! Die internationale Presse bewirft mich mit Dreck, und Sie sind gekommen, um mich wieder reinzuwaschen. Hab ich recht?«

Er trug Schlangenlederschuhe, enganliegende Hosen und einen weinroten Blazer, unter dessen Brusttasche sich der Umriß eines Revolvers abzeichnete, und hielt ein Walkie-Talkie in der Hand, mit dem er seinem auf der Straße postierten Leibwächter Anweisungen gab. Neben einem von Kippen überquellenden Aschenbecher stand eine Karaffe mit Eiswasser und eine Flasche Johnny Walker Blue Label, eine Luxusmarke, die es nur in den VIP-Lounges internationaler Flughäfen zu kaufen gab. Der schwere Duft von Haschisch oder Marihuana schwebte in der Luft, und auf einem mit Nappaleder bezogenen Sofa räkelte sich eine asiatisch aussehende Frau im geschlitzten Seidenkleid vor einem Beistelltisch, auf dem ein mit weißem Pulver bestäubter Spiegel und eine Rasierklinge lagen. »Habe ich dir nicht gesagt, daß in meinem Haus Drogenkonsum verboten ist!« brüllte Toto Bonange und schlug ihr mit dem Handrücken ins Gesicht. »Die FRAP ist eine saubere Partei!« Er hob seinen Revolver, der ihm bei der abrupten Bewegung aus dem Jackett geglitten war, vom Boden auf und steckte ihn, während die junge Frau sich das Blut von der Nase wischte, in den Hosenbund. »Wir führen einen Kreuzzug zur Verteidigung der christlichen Moral, und wir lassen uns unseren Kampf nicht von kriminellen Elementen kaputtmachen. Ich will, daß Quisqueya zur drogenfreien Zone wird!«

Toto Bonange nahm auf dem Ledersofa Platz und tätschelte seiner Freundin das Knie.

»Seien Sie vorsichtig«, sagte Maggie O'Brian. »Eine falsche Bewegung, und Sie schießen sich ins eigene Bein – oder sonstwohin!«

»Von einem Mann würde ich mir das nicht sagen lassen.« Er zog den Revolver aus dem Hosenbund, ließ die Trommel rotieren und steckte die Waffe in die Gesäßtasche. »Aber die Lady hat recht: Ein 45er Colt ist kein Kinderspielzeug. – Pardon, ich habe ganz vergessen, Ihnen meine neue Freundin vorzustellen!«

»Mein Name ist Georgette«, sagte die junge Frau. »Und wie heißen Sie?«

»Das ist Maggie O'Brian vom *Guardian*, Sato von der Photoagentur Magnum, und ich höre auf denselben Namen wie König Christophe.«

»Oder wie der spanische Admiral, der mit seinen Karavellen hier gelandet ist. Wenn du Christophe heißt, heiße ich Christophine.«

Toto Bonange brach in lautes Gelächter aus.

»Christophine ist ein junges Gemüse, das man in Quisqueya als Horsd'œuvre verzehrt. In Frankreich sagt man Mirloton. Wenn Christophine dir gefällt – kein Problem!«

»Sie sind hier der Chef, und ich habe nicht vor, in Ihrem Revier zu wildern.«

»Heißt das, daß meine Freundin dir nicht gefällt?«

»Das habe ich nicht gesagt!«

Toto Bonange rutschte auf seinem Revolver hin und her.

»Ich möchte, daß Sie mir Deutschunterricht erteilen«, sagte Georgette. »Hier ist meine Telefonnummer. Am besten bin ich um acht Uhr morgens zu erreichen.«

5 Matante Erzulie erwartete ihn am gedeckten Mittagstisch. Babekan hatte B.s Lieblingsgemüse gekocht, farcierten Mirloton, auch Christophine genannt, die quisqueyanische Variante von gefülltem Paprika. Sie aßen schweigend, ohne von ihren Tellern aufzublicken. »Ich habe heute keinen Appetit«, sagte Matante Erzulie. »Mein Gebiß verrutscht ständig, und ich habe die halbe Nacht wach gelegen und gegrübelt, ohne zu wissen, über was. Wahrscheinlich hatte ich schlecht geträumt. – Doktor Laraque ist auf dem Weg der Besserung«, fuhr sie fort, während Babekan ihr den Kaffee servierte, in den sie so lange Zucker schüttete, bis der Löffel aufrecht in der Tasse stand. »Wenn alles gutgeht, kann er morgen das Hospital verlassen. Aber ich mache mir Sorgen um meinen Freund Achille Maillard, der mit einer Lebensmittelvergiftung schwerkrank darniederliegt. Entweder hat er mit Kupfer verseuchten Fisch gegessen – *poisson cuivré* –, oder jemand hat ihm Gift ins Essen getan. Politik ist der Tod, und Achille hat sein Leben lang Politik gemacht.«

Als kleines Mädchen hatte Erzulie mit Achille Maillard im Sandkasten gespielt. Er hatte im Nachbarhaus ihrer Eltern im Chemin des Dalles gewohnt, und die beiden waren unzertrennliche Freunde, bis das Leben, nein: die Politik sie auseinandertrieb. Als Wortführer der Studentenrevolte von 1945 wurde Maillard verhaftet und aus Quisqueya ausgewiesen. Von Paris aus, wo Jean-Paul Sartre und André Breton ihn als Vorkämpfer der Négritude feierten, ging er nach Moskau und studierte am Maxim-Gorki-Institut für Weltliteratur. Als Neger vom Dienst, wie er sich später ironisch bezeichnete, wurde er auf kommunistischen Friedenskongressen von Prag bis Peking weitergereicht; tagsüber hielt er flammende Reden gegen Faschismus und Krieg, und nachts trieb er es mit Dolmetscherinnen, die der Staatssicherheit über seine sexuellen Vorlieben berichteten, in den Luxussuiten der Devisenhotels, zu denen die örtliche Bevölkerung keinen Zutritt hatte. Nach Chruschtschows Geheimrede gegen Stalin distanzierte er sich von der alleinseligmachenden Partei und kehrte 1958 nach Quisqueya zurück, um das Regime von Big Boss Papa zu stürzen, der im Jahr zuvor die Macht ergriffen hatte.

»Achille war kein Kommunist«, sagte Matante Erzulie. »Er stammte aus einer wohlhabenden Familie und trug stets ein frisches Seidenhemd, das er zweimal am Tag wechselte. Seine politischen Ansichten haben mich nie interessiert, aber als Big Boss Papa ihn auf die Abschußliste setzte, habe ich ihn hier im Haus versteckt. Sechs Wochen lang lebte er unerkannt im Souterrain, wo du jetzt wohnst. Um mich und meine Familie nicht zu gefährden, stellte er sich freiwillig den Tontons Macoutes. Wir rechneten mit dem Schlimmsten, aber statt ihn auf Nimmerwiedersehen in Fort Dimanche verschwinden zu lassen, ernannte Big Boss Papa ihn zum Minister für Tourismus und Kultur. Es war lebensgefährlich, *nein* zu sagen zum Wohltäter der Nation, und Achille machte gute Miene zum bösen Spiel. Kurz vor seinem Amtsantritt setzte er sich nach Havanna ab, wo Che Guevara ihn am Flughafen erwartete, um Pläne für die Befreiung Quisqueyas mit ihm zu erörtern.

Von Kuba aus rief er in Radioansprachen dazu auf, das diktatorische Regime zu beseitigen, aber Big Boss Papa war klüger als seine Feinde und hat alle Umsturzversuche überlebt. Er starb im Bett, nachdem er seinen damals noch minderjährigen Sohn zum Präsidenten auf Lebenszeit ernannt hatte.«

Matante Erzulie spülte die sauer aufstoßende Erinnerung mit übersüßtem Kaffee herunter. »Am Vorabend seiner Flucht«, mit diesen Worten beendete sie ihren Bericht, »übergab Achille Maillard mir die Pistole, mit der er Big Boss Papa hatte umbringen wollen – zu diesem Zweck machten wir Schießübungen in einem Steinbruch außerhalb der Stadt. Ich habe dich noch nie um einen Gefallen gebeten, aber falls Achille etwas zustoßen sollte, möchte ich, daß du seinen Tod rächst!«

Sie klappte den Picknickkorb auf und zog eine mit Klebeband umwickelte Pistole unter dem doppelten Boden hervor, eine Beretta mit Schulterhalfter, wie James Bond alias Geheimagent 007 sie zum Töten benutzt.

6 Hinter geschlossenen Augenlidern sah B. den an der Ausfallstraße zum Flughafen abgelegten Leichnam vor sich. Die Hitze hatte ihn aufgebläht wie einen mit Gas gefüllten Ballon, aber er lag nicht mehr auf dem Rücken, sondern auf dem Bauch. Streunende Hunde oder Schweine, die in den Armenvierteln frei herumliefen, hatten ihn aus dem Straßengraben gezerrt und seine inneren Organe ausgeweidet. Nur der in einem braunen Schuh steckende linke Fuß war noch intakt, aber schwerer erträglich als der Anblick der von Fliegen umsummten Leiche war der Gestank, der durch die Nasenflügel in die Lungen eindrang und sich in B.s Innerem festsetzte wie ein Krebsgeschwür: Wer den Verwesungsgeruch einmal eingeatmet hatte, wurde ihn nie mehr los. Beim Gedanken daran bekam er einen Erstickungsanfall und rang würgend nach Luft.

Als B. die Augen öffnete, blickte er in das Gesicht von Babekan, die ein Tablett auf den Nachttisch stellte mit Kaffee und einer aufgeschlagenen Zeitung, in der seine Cousine Minette die ihn interessierenden Artikel mit Bleistift angestrichen hatte. Er rieb sich den Mittagsschlaf aus den Augen. Nach der Siesta fühlte er sich noch zerschlagener als vorher – vielleicht eine Folge der Zeitumstellung – und las die Hiobsbotschaften des Tages. Vor der Küste von Florida war ein mit Boat People beladenes Schiff auf Grund gelaufen; außer dem Kapitän, der sich mit einem Koffer voll Bargeld an Land rettete, hatten nur wenige Passagiere die Havarie überlebt; die Flut hatte von Haien angefressene Leichen an den Strand von Miami Beach gespült. Aus Protest gegen die Abschiebung der überlebenden Bootsflüchtlinge, die gegen ihren Willen repatriiert werden sollten, war Randall Robinson, Sprecher einer parteiübergreifenden Allianz schwarzer Kongreßabgeordneter, in den Hungerstreik getreten. Er forderte ein militärisches Eingreifen der USA, um die Offiziersjunta zu stürzen und den demokratisch gewählten Präsidenten nach Port-à-Piment zurückzubringen. Der Weltsicherheitsrat hatte das Wirtschaftsembargo verschärft, und auf der Puerto Rico vorgelagerten Insel Vieques hatte eine multinationale Streitmacht die Landung auf Quisqueya geübt.

»Es sind immer dieselben Eseleien, durch die unser kleines Land den Rest der Welt auf sich aufmerksam macht«, schrieb Petit Pierre unter dem Titel *Die Aale kehren zurück* in seiner Chronik der Woche im *Nouvelliste:* »Quisqueya ist noch nicht reif für die Demokratie, und die internationale Gemeinschaft ist mit Recht besorgt, denn das Weiße Haus läuft Gefahr, das Kind mit dem Bade auszuschütten. Wir wünschen William B. Clinton Augenmaß und jene Weisheit, die Sokrates an den Tag legte, als er seinem Freund Alkibiades riet, erst zu denken und dann zu handeln: *Gnothi seauton* – erkenne dich selbst oder: *Summum ius, summa iniuria,* wie der Lateiner sagt. Aber noch ist nicht aller Tage Abend. Wie die Aale, die zum Laichen ins Saragossameer zurückkehren, hat der Berliner Schriftsteller Christopher B. seinen Schreibtisch verlassen, um in dieser schweren Stunde im Land seiner Vorfahren zu sein, aus dem sein Vater einst auszog, um die Bundesrepublik Deutschland auf dem diplomatischen Parkett zu vertreten. Letzten Donnerstag tanzte er bis zum Umfallen im Grand Hotel Oloffson und unterhielt sich dabei angeregt mit seinem Freund Petit Pierre, dem König des Twist und Sonderbotschafter Quisqueyas bei allen Menschen, die guten Willens sind.«

7 Achille Maillards Beerdigung wurde zur politischen Demonstration. Mehr als hundert Personen waren dem Aufruf gefolgt, dem berühmten Historiker das letzte Geleit zu geben, allen voran der Student, der ihn auf dem Universitätsgelände mit einem Revolver bedroht hatte und der jetzt im Auftrag des von Maillard bekämpften, regimetreuen Studentenverbands einen Kranz niederlegte, während Petit Pierre, diesmal ganz in Schwarz, mit dem

Spazierstock einen imaginären Trauermarsch dirigierte. Penelope Swing trippelte, nein tänzelte am Arm des kanadischen Botschafters zu dem Sarg, an dem sie ein Blumengebinde deponierte, und der französische Kulturattaché verlas ein Beileidstelegramm des Präsidenten der Republik, der Achille Maillard postum zum Ritter der Ehrenlegion ernannte. Wilbur Gray, der örtliche Resident der CIA, warf eine Handvoll Friedhofserde in das offene Grab und murmelte einen frommen Spruch, bei dem es sich ebensogut um einen obszönen Fluch handeln konnte. Babekan schob Matante Erzulie im Rollstuhl an den Rand der Grube; sie zog ein Bündel vergilbter Briefe aus ihrer Handtasche, schnürte das Päckchen auf und ließ die Kuverts in das schwarze Loch trudeln, in dem der Sarg mit der sterblichen Hülle verschwunden war.

Dem letzten Willen des Verstorbenen entsprechend, wurden keine Trauerreden gehalten; auf diese Weise wollte Achille Maillard verhindern, daß die Militärjunta ihn für Propagandazwecke vereinnahmte. Nur Doktor Laraque gab, auf Wunsch der Witwe, eine kurzes Statement ab. Er war von seiner Operation genesen, aber er trug einen blutigen Kopfverband, während er, als handle es sich um eine religiöse Litanei, die Titel von Maillards Büchern herunterbetete: *Die Weißen kommen, Erster Verrat des Volkswillens, Von der Doppelzüngigkeit der Intellektuellen, Zweiter Verrat des Volkswillens, Quisqueya ans Kreuz geschlagen.* – »Sein Gedächtnis bleibt eingeschreint in die Herzen aller Erniedrigten und Beleidigten«, mit diesen Worten beendete Doktor Laraque seine Ansprache. »Jeder von uns weiß, was Achille Maillard gemeint hat mit dem Satz, daß wir Quisqueyaner Zombies sind, Tote auf Abruf, die nur das Salz der Demokratie zum Leben erwecken kann!«

Beifall brandete auf, während Doktor Laraque, gestützt auf Minette, durch eine in der Menge sich öffnende Gasse zu einem mit laufendem Motor wartenden Auto ging, das ihn im Eiltempo ins Krankenhaus zurückbrachte. Die

Kopfwunde war aufgebrochen, und seine Stirn war blut-
überströmt, als er auf dem Parkplatz des Canapé Rouge
aus dem Taxi stieg.

8 Die anschließende Trauerfeier fand im Grand Hôtel
Oloffson statt. »Bitte entschuldigen Sie mein Fernbleiben von der Beerdigung«, sagte Doktor Samedi alias
Cadavre Exhumé, der der Witwe als erster kondolierte.
»Ich hasse Friedhöfe, weil sie mich daran erinnern, daß
auch ich bald meinen letzten Gang antreten muß. Aber
ich darf sagen, daß ich dem Verstorbenen freundschaft-
lich verbunden war. Wir haben zusammen die Schulbank
gedrückt. Damals war ich mit seiner Schwester verlobt,
die leider zu früh von uns gegangen ist.«

»*Von uns gegangen* ist ein Euphemismus«, sagte Matante
Erzulie, die, in ihrem Rollstuhl sitzend, das Gespräch mit
angehört hatte. »Huguette Maillard hat Quisqueya verlassen aus Protest gegen das Regime von Big Boss Papa,
dem Sie als Minister angehörten. Damals hatten Sie noch
keine Angst vor Friedhöfen, Doktor Samedi, im Gegenteil: Sie haben die Hinrichtung der Gebrüder Cantave
überwacht, Kampfgefährten von Achille, die an der Fried-
hofsmauer erschossen wurden, im Beisein zahlreicher
Schulkinder, die auf Weisung von Big Boss Papa an diesem
Tag schulfrei bekommen hatten – vollzähliges Erscheinen
war Pflicht!«

»Sie reißen längst vernarbte Wunden auf, Madame. Die
Gebrüder Cantave hatten sich gegen die Sicherheit des
Staates verschworen – genaugenommen wollten sie eine
stalinistische Diktatur –, und ich habe ihre Hinrichtung
weder befohlen noch überwacht, sondern lediglich das Eintreten des Todes festgestellt, wie es mir als Gesundheits-
minister oblag: Keine leichte Aufgabe für einen Mann des
Friedens wie mich. Vor der Exekution ließ ich ihnen die
letzte Ölung erteilen, gegen den Willen von Big Boss Papa.
Ich bin kein Held, aber auch kein Unmensch, Madame.«

»Alles history«, rief Petit Pierre dazwischen, »*tempi passati,* wie man auf italienisch sagt. Ich weiß, wovon ich rede, denn ich habe das Konkordat mit dem Vatikan ausgehandelt, und Papst Pius hat mich von allen Sünden freigesprochen. ›Selig sind, die da reinen Herzens sind‹, sagte der Heilige Vater nach der Audienz zu mir!«

»Hört die frohe Botschaft – Halleluja!« Die Botschafterin machte einen Bocksprung, stellte sich auf die Hinterbeine und ruderte mit den Vorderhufen durch die Luft. Die politische Krise sei entschärft, erklärte sie, und die militärische Alarmbereitschaft bleibe nur noch pro forma in Kraft. Die Konfliktparteien hätten dem unter Federführung der Vereinigten Staaten ausgehandelten Kompromiß zugestimmt: Der Rücktritt der Offiziersjunta und die Rückkehr des demokratisch gewählten Präsidenten seien nur noch eine Frage der Zeit, ebenso wie die Aufhebung des Embargos gegen das Militärregime.

Gedämpfter Jubel machte sich unter den Trauergästen breit. Nur Wilbur Gray schien die euphorische Stimmung nicht zu teilen: »Eine Frage der Zeit«, murmelte er und fischte einen Eiswürfel aus seinem Whiskyglas und zermalmte ihn zwischen seinen eckigen Kinnladen: »Nur noch eine Frage der Zeit!«

9 Auf der Rückfahrt wurden sie an einer Straßensperre gestoppt. Ein Wachmann – im Dunkeln war nicht ersichtlich, ob es sich um einen Soldaten oder Zivilisten handelte – leuchtete B. mit einer Stablampe ins Gesicht und wollte wissen, ob er Funkgeräte oder Waffen mit sich führe. »Sehen Sie denn nicht«, rief Matante Erzulie und umschlang mit beiden Armen den Picknickkorb, unter dessen doppeltem Boden sie die Beretta verbarg, »sehen Sie denn nicht, daß mein Neffe Ausländer ist!«

Auf der Türschwelle seines Zimmers lag ein abgerissenes Kalenderblatt mit einer Mitteilung, die der Handschrift nach von Minette stammte: CHRISTOPHINE CALLED

TWICE – WILL CALL AGAIN. B. löschte das Licht, um keine Moskitos anzulocken. Draußen baute sich ein Gewitter auf, und die feuchtheiße Luft machte die Mücken noch aggressiver als sonst. Er wusch sich im dunklen Bad und legte sich nackt aufs Bett, die Beretta griffbereit neben sich. Im Traum schloß er die Tür zu seiner Berliner Wohnung auf: Der Teppich im Flur war durchnäßt, und durch die Türritze des Badezimmers quoll Wasser, das über Fußboden und Decke in die darunter liegende Wohnung lief. Handelte es sich um einen Rohrbruch, oder hatte er bei der Abreise vergessen, das Badewasser abzudrehen? B. suchte vergeblich nach dem Haupthahn – war er im Keller oder auf dem Dachboden? Als er die Augen öffnete, begriff er, daß er nicht geträumt hatte: Im Bad brannte Licht, und unter der geschlossenen Tür sickerte ein schmales Rinnsal Wasser hervor, Regenwasser vielleicht, das durch die Lüftungsklappe ins Bad gelaufen war. Es blitzte und donnerte, und im zuckenden Lichtschein sah B. eine nur mit einem Handtuch bekleidete Frau, die sich mit einer Pistole in der Hand über sein Bett beugte.

»Christophine! Wo kommst du her, und wer hat dich hereingelassen?«

»Minette, wer sonst. Sie war meine Trauzeugin. Du weißt doch, daß alle Quisqueyaner miteinander versippt und verschwägert sind.«

Sie legte die Pistole auf den Nachttisch.

»Toto Bonange hat gedroht, mich zu töten – nicht zum ersten Mal. Wenn er mich bei dir findet, bringt er mich um. Er hat es oft genug gesagt.«

»Nein, das wird er nicht tun.« B. wog die Beretta in der Hand. »Ich werde ihn daran hindern.«

»Das ist nicht nötig, *chéri*. Toto hat nicht mehr lange zu leben. Er ist HIV-positiv!«

»Heißt das, er hat dich mit Aids infiziert?«

»Unsinn. Toto ist heroinsüchtig, und ich habe ihm eine verseuchte Spritze verpaßt. Nimm mich in deine Arme, mir ist kalt.«

Christophine streifte das nasse Badetuch ab und kroch fröstelnd zu ihm ins Bett. Stunden vergingen. Von draußen war ein Hupkonzert zu hören, dem bellende Hunde antworteten; ein Polizei- oder Krankenwagen fuhr mit Sirengeheul den Berghang hinab. B. wußte nicht, ob er wach war oder träumte. Er tastete im Halbschlaf nach Christophine, aber die Bettstelle neben ihm war leer, und als er die Augen aufschlug, sah er an Stelle ihres zum Kuß geöffneten Munds das tränenüberströmte Gesicht seiner Cousine Minette über sich.

Minette hatte einen Morgenmantel über den Pyjama gestreift und trug Lockenwickler im Haar. Ihre Lippen zuckten, aber die Worte, die sie zu artikulieren versuchte, blieben unhörbar. Erst später, während Babekan Kaffee kochte und Matante Erzulie, einen Rosenkranz betend, vor dem Fernseher saß, der die sonntägliche Morgenandacht übertrug, berichtete sie stammelnd, was geschehen war. Vor Sonnenaufgang war ein Mordkommando in die Klinik eingedrungen. Die Angreifer hatten Ärzte und Schwestern mit Waffen bedroht, die Infusionsschläuche herausgerissen und ihren Mann, der an diesem Tag entlassen werden sollte, im Krankenbett erschossen. Auf dem Parkplatz des Canapé Rouge ließen sie den gestohlenen Citroën zurück, in dessen Sitzpolster sie die Buchstaben FRAP geritzt hatten.

10 »Hier steht es schwarz auf weiß«, rief die Botschafterin und schwenkte einen Computerausdruck, während sie mit elegantem Hüftschwung das Mikrophonkabel von ihrem Hintern streifte. »Es ist jetzt amtlich: Kein Mord und Totschlag, keine Boat People mehr. Die Konfliktparteien verzichten auf Gewalt zur Durchsetzung ihrer politischen Ziele, das Embargo wird aufgehoben, und Quisqueya kehrt zur demokratischen Normalität zurück.«

»Und was ist der Preis für diesen Kompromiß?«

»Eine Amnestie für alle unter der Offiziersjunta begangenen Verbrechen, soweit diese politisch motiviert gewesen sind. Im Gegenzug werden die paramilitärischen Verbände aufgelöst und entwaffnet, sofern sie nicht freiwillig ihre Waffen abgeben. Der Rückkehr des demokratisch gewählten Präsidenten steht nichts mehr im Weg.«

»In welcher Frist?«

»Der genaue Zeitplan steht noch nicht fest, aber beide Seiten haben sich auf vertrauensbildende Maßnahmen geeinigt. Unser Freund Toto Bonange geht mit gutem Beispiel voran und demonstriert in aller Öffentlichkeit seine Bereitschaft zum Dialog. Die FRAP wird von einem Sammelbecken gewaltbereiter Extremisten zur politischen Partei, die nicht mit Waffengewalt, sondern nur noch mit Argumenten um die Gunst der Wähler kämpft.«

»Ist Ihnen bekannt, daß Mr. Bonange wegen Drogenschmuggels in Boston im Gefängnis saß?« rief Maggie O'Brian mit vor Aufregung überschnappender Stimme. »Seit wann steht er auf der Gehaltsliste der CIA? Und wer hat Druck auf ihn ausgeübt, um den von Ihnen beschriebenen Sinneswandel zu bewirken?«

»Ich habe nichts gegen investigativen Journalismus, Maggie«, sagte die Botschafterin und ließ das Mikrophonkabel wie eine Lassokünstlerin um die Hüften kreisen, »aber diesmal haben Sie sich vergaloppiert. Der einzige, der Ihre Frage beantworten könnte, ist Wilbur Gray, doch der befindet sich an Bord des vor der Küste kreuzenden Helikopterschiffs Mount Whitney und fliegt von dort in den wohlverdienten Ruhestand!«

»Wilbur hat recht«, brummte Walter Lagrange in seinen graumelierten Bart. »Ich habe die Nase voll von diesem Land und kehre übermorgen nach Hause zurück. Wenn Sie wollen, nehme ich Sie und Maggie mit – in meiner Chartermaschine sind noch Plätze frei. Die militärische Invasion findet nicht statt, und das Ganze ist ein Affentheater, mit dem das Pentagon uns zum Narren hält. Oder etwa nicht?«

11 B. fuhr über die Ausfallstraße in Richtung Flughafen und bog an der Texaco-Tankstelle auf die nach Norden führende Nationalstraße ein. Links lag das am Meeresufer errichtete Elendsviertel Cité Soleil, von den Militärs umbenannt in Cité Simone zur Erinnerung an die Gattin von Big Boss Papa, die den als Müllplatz dienenden Mangrovensumpf zur Bebauung freigegeben hatte. Rechts ein offener Abwasserkanal, in dem sich Schweine suhlten und Kinder planschten, während ihre Mütter in der Dreckbrühe Wäsche wuschen. Davor hatte eine Marktfrau ihren Stand aufgeschlagen und bot den Chauffeuren der im Stau wartenden Autos Süßigkeiten und Erfrischungsgetränke an. Trotz der Fliegen und des Gestanks, der Staubwolken und Abgase war kein Schmutzfleck auf ihrer Bluse zu sehen. B. steuerte das Mietauto an Schlaglöchern vorbei, überholte einen im Schlamm steckengebliebenen LKW, dessen Fahrer mit einem Wagenheber unter dem Fahrzeug herumkroch, und hielt vor einem Kiosk, um eine Flasche Rum zu kaufen: Rhum Barbancourt mit fünf Sternen, Quisqueyas Nationalgetränk. Jane Barbancourt, die Witwe des Firmengründers war vor kurzem gestorben, ihr Sohn litt an einer unheilbaren Depression, und das Familienunternehmen, dessen Spitzenprodukte auf Weltausstellungen zahlreiche Medaillen gewonnen hatten, sollte in den Besitz eines Schweizer Lebensmittelkonzerns übergehen, der außer Schokolade auch Alkohol vertrieb. Für die Bürger von Quisqueya war das ein Sakrileg, schlimmer noch als die Zerstörung der in den zwanziger Jahren erbauten Landwirtschaftsschule, die einem politisch motivierten Brandanschlag zum Opfer gefallen war. Obwohl die Feuersbrunst nur wenige Wochen zurücklag, waren die rußgeschwärzten Mauern bereits von Schlingpflanzen überwuchert wie zur Illustration des Satzes, daß neues Leben aus Ruinen sprießt. B. überquerte einen die Stadtgrenze markierenden Fluß, der zu dieser Jahreszeit nur wenig Wasser führte, und bog hinter der Brücke in einen Hohlweg, der auf

H. C. Buch, Tanzende Schatten

einem hufeisenförmigen Rondell endete: *Compound* war
das richtige Wort dafür. Der Maler André Pierre saß
unter einem Sonnendach vor seiner Staffelei, umgeben
von Autowracks, zwischen denen Hühner herumscharr-
ten. Der von einer Dornenhecke umzäunte Kral war sein
Reich, ein Dorf am Rande der aus den Nähten platzen-
den Stadt, in dem er mit Frau und Kindern, Schwieger-
töchtern und Enkeln lebte und seine Bilder schuf: Eine
Hommage an das Pantheon des Voodookults, allen voran
die Liebesgöttin Erzulie, der er in seinem Tempel huldigte.
Lärm und Staub der Straße wurden von der Vegetation
verschluckt, und das Rumoren der Betonmischmaschine
auf dem Nachbargrundstück schien ihn nicht bei seiner
Arbeit zu stören.

»Quisqueya gibt es nicht«, sagte André Pierre, während
seine Frau Kaffee servierte, von dem er den ersten Schluck
den Ahnen spendete, denn die Verstorbenen haben großen
Durst. »Quisqueya gibt es nicht, und es gibt keine Regierung in diesem Land. Deshalb hat es keinen Sinn, nach
der politischen Situation zu fragen. Die Voodoogötter
haben uns verlassen und sind nach Afrika zurückgekehrt,
weil wir das Erbe unserer Vorfahren mit Füßen treten.
Die Götter haben uns die Freiheit und Unabhängigkeit
geschenkt, und wir haben uns für ein paar Silberlinge an
die USA verkauft. Hast du schon einmal ein Bild von
Satan gesehen?«

Er zog eine Dollarnote aus der Brusttasche seines
Hemdes, strich sie glatt und hielt sie gegen das Licht.
»Nein, ich meine nicht das Porträt von George Washington, ich meine das Wasserzeichen, das in jeden Geldschein
eingeprägt ist. Der Teufel hat das Gold erfunden und
in der Erde vergraben, damit die Menschheit nicht den
Blick zum Himmel hebt. Satan ist der Herr der Welt, und
wir alle sind Protestanten, denn wir protestieren gegen
Gott. Anstatt Mais oder Maniok zu pflanzen im Schweiße
ihres Angesichts, sind die Quisqueyaner auf der Jagd
nach schnellem Geld. Gott ist die heilige Dreifaltigkeit

von Leben, Tod und Wiedergeburt, Jesus Christus ist Gottes Generalfeldmarschall und der Herr der Friedhöfe, Baron Lacroix sein Adjutant. Er heißt so, weil er auf dem Weg nach Golgatha das Kreuz des Erlösers getragen hat. Sein richtiger Name ist Simon der Sargtischler, aber wir nennen ihn Baron Samedi. Dies ist sein Altar!«

André Pierre schloß die Tür zu einer Wellblechbaracke auf, deren Dach von einem *poteau mitan* genannten Pfeiler getragen wurde, über den die Voodoogötter vom Himmel zur Erde hinabsteigen, wenn die große Trommel sie ruft. Vom Hauptraum zweigten drei niedrige Kammern ab, durch Vorhängeschlösser vor unbefugtem Zutritt geschützt. »Hier wohnt die Liebesgöttin Erzulie Fréda Dahomey«, sagte André Pierre und entriegelte die erste Tür. »Sie telefoniert gerne und sieht fern, liebt Süßigkeiten und Likör, Champagner und Parfüm.« Er deutete auf einen Altar mit einem verstaubten Fernsehgerät, vor dem eine Negerpuppe saß, ein Spielzeugtelefon und eine leere Sektflasche im Arm; davor waren Plastikblumen, Pralinenschachteln und Parfümflacons zu einem makabren Stilleben arrangiert. »Gegenüber wohnt Erzulie Dantor mit den roten Augen. Sie ist eine böse Hexe, und wir lassen sie besser ungestört. Und hinter dieser Tür residiert Baron Samedi mit seiner Gemahlin Grande Brigitte.«

André Pierre träufelte Rum auf die Schwelle und nahm selbst einen kräftigen Schluck, bevor er die Tür aufschloß. In der engen Kammer war es finster wie im Grab. Nein, es war ein Grab mit einem schwarzlackierten Sarg als Bett, an dessen Kopfende ein Totenschädel mit gekreuzten Knochen lag, flankiert von zwei mit Wachs beträufelten Rumflaschen. »Um gegen den Tod gewappnet zu sein, mußt du in dieser Kammer übernachten. Heute ist Samstag – das trifft sich gut. Ich selbst verbringe jedes Wochenende hier. Dienstags schlafe ich bei Erzulie Freda Dahomey und donnerstags bei Erzulie Dantor. Wie du siehst, bin ich mit über achtzig noch immer sexuell aktiv!«

12 Der entlaufene Sklave – *le marron inconnu* – spielte im quisqueyanischen Selbstverständnis eine ähnliche Rolle wie in Europa der unbekannte Soldat. Alle Parteien beriefen sich auf sein Vorbild: Anhänger des demokratisch gewählten Präsidenten ebenso wie Gefolgsleute der Offiziersjunta, Mitglieder der Todesschwadronen oder Kommunisten Moskauer und Pekinger Observanz. Toto Bonange war auf den Sockel des Denkmals geklettert und hielt sich mit der linken Hand an dem Muschelhorn fest, mit dem der seine Ketten sprengende Sklave das Signal zum Aufstand gibt. Er trug einen Anzug aus Haifischhaut, der ihm den Schweiß aus den Poren trieb, zweifarbige Schuhe und einen Cowboyhut; in der rechten Hand hielt er einen Colt, den er wie ein Westernheld um den ausgestreckten Zeigefinger wirbelte. Zu seinen Füßen hatte sich Capois La Mort aufgepflanzt, wie immer mit dunkler Brille, die Arme über der Brusttasche seines Jacketts gekreuzt, unter dem sich der Griff einer Pistole abzeichnete.

Eine Gruppe von Journalisten stand im Halbkreis um die beiden herum, allen voran Maggie O'Brian mit aufgeschlagenem Notizbuch und Sato mit schußbereiter Kamera. Penelope Swing hielt sich abseits, am Arm des kanadischen Botschafters, der ihr mit seiner Hutkrempe Kühlung zufächelte, und betrachtete das Geschehen wie ein Regisseur, der eine Inszenierung begutachtet.

»Heute ist ein historischer Tag«, hauchte Toto Bonange in ein mit Flausch umwickeltes Mikrophon, das sich von oben zu ihm herabsenkte. »Quisqueya kehrt zu Rechtsstaat und Demokratie zurück, und die FRAP wird von einem paramilitärischen Verband zur politischen Partei. Als Zeichen guten Willens legen wir die Waffen nieder und setzen unseren Kampf mit friedlichen Mitteln fort.«

Er klappte die Trommel auf, schüttelte die Patronen heraus und steckte den Colt ins Halfter zurück.

»Die Medien senden falsche Signale aus«, fuhr er fort. »Es heißt, ich sei ein Drogengangster und Terrorist.

Schauen Sie mir ins Gesicht – sehe ich aus wie ein gefährlicher Extremist?«

Die Sonne stand im Zenit, und B. trat aus dem geschrumpften Schatten des Denkmals hervor. Dies war der Augenblick der Wahrheit: Toto Bonange hatte seinen Gorilla zu Hause gelassen, und Capois La Mort kehrte ihm den Rücken zu. B. brauchte bloß in das grinsende Gesicht zu feuern, aber irgend etwas hielt ihn davon ab. Vielleicht war es der Gedanke, daß Toto Bonange kein Mensch, sondern ein Zombie war. Nicht umsonst hatte er den Spitznamen *Carcasse:* Er sah nicht nur aus wie ein Skelett – er *war* der leibhaftige Tod. Dann dachte B. an Doktor Laraque und an die Buchstaben, die seine Mörder ins Polster des Citroën geritzt hatten, und legte den Finger an den Abzugshahn der Beretta, die er unter der Achsel trug.

Eine junge Frau löste sich aus der Gruppe der Umstehenden und rannte quer über den Platz. Sie schlang ihre Arme um seine Schultern und vergrub ihr Gesicht an B.s Brust; dann drückte sie ihm einen Kuß auf den Mund. Es war Georgette alias Christophine. Toto Bonange runzelte die Stirn; er zückte seinen 45er Colt, ließ die Trommel einschnappen, und richtete die Waffe auf Christophine, die ihm lachend den Vogel zeigte. Totos Gesicht war verzerrt von Wut und Haß. Auf allen Seiten klickten die Auslöser der Kameras. »Quisqueya good story«, rief Sato, »very good stuff«, während der Chef der Todesschwadronen, vom Blitzlicht geblendet, in ein Auto mit dunkel getönten Scheiben stieg.

13 Dies also ist der Ort, an dem die Toten sind. Nationalstraße eins, Kilometerstein dreiunddreißig, auf halbem Weg zwischen Entbindungsklinik und Zementfabrik, die alles mit grauem Staub überzieht. Im Osten verkarstete Hügel, über die violette Wolkenschatten wandern, im Westen blaut die karibische See, Landzunge mit

H. C. Buch, Tanzende Schatten

Mangroven, von der rosa Flamingos aufflattern. Zwischen Bergen und Meer liegt eine Salzwiese, auf der magere Rinder weiden, bewässert von einer *Source Puante* genannten Schwefelquelle, in der B.s Großvater sein Rheuma zu kurieren pflegte; hinterher verfütterte er, auf dem Trittbrett seines Ford, Baujahr 1929, sitzend, den mitgebrachten Imbiß an halbnackte Kinder und hungrige Hunde. Den Ford gibt es nicht mehr, nur die baufällig gewordene Hütte, in der die Badegäste sich umzogen, steht noch am Ufer eines trüben Tümpels, aus dem der Seewind Schwefeldunst herüberträgt, in den sich ein anderer, noch schlimmerer Gestank mischt. Nein, nicht der beißende Qualm von den umliegenden Müllhalden ist gemeint, der den Vorübergehenden Tränen in die Augen treibt, sondern ein bittersüßes Aroma, das aus der von Bulldozern umgepflügten Erde steigt: Verwesungsgeruch, der sich in den Falten der Kleidung, den Poren der Haut, in den Gehirnwindungen niederschlägt. Am höchsten Punkt dieser unter Meeresniveau liegenden Senke ließ der demokratisch gewählte Staatschef ein Steinkreuz errichten mit einer Gedenktafel, die von Anhängern der Offiziersjunta mit Graffiti beschmiert und niedergerissen worden ist, damit nichts mehr erinnert an das, was hier geschah und immer noch geschieht. In weitem Umkreis ist der Boden übersät mit Kleiderfetzen und Gummisandalen, Gelenkpfannen, Kieferknochen, Unter- und Oberschenkeln in verschiedenen Stadien des Zerfalls. Streunende Hunde haben Löcher gegraben und die Überreste der Toten über das umliegende Gelände verstreut, wo Wind, Sonne und Salz sie in ihre chemischen Bestandteile auflösen – das einzig Tröstliche an diesem Ort.

Dies ist ein Golgatha, eine Schädelstätte, eine *Fosse Commune:* Jeden Dienstag und Freitag liefert ein LKW der Stadtreinigung eine Ladung Leichen hier an: Opfer politischer und krimineller Gewalt, die von Planierraupen platt gewalzt und unter die Erde gedrückt werden. Sie enden dort, wo sie schon zu Lebzeiten waren – auf dem

Müll, als Schrott ohne Wiederverwendungswert. Ein neuer Hamlet könnte hier Betrachtungen anstellen über die Vergänglichkeit alles Irdischen, aber beim Anblick des Kopfes mit Kraushaar, der halb zugeschüttet aus der Erde schaut, und des braunen Schuhs, aus dem ein in Socken steckender Fußknochen ragt, würde ihm die Lust vergehen. So auch hier: Die Reporterin Maggie O'Brian schlägt ihr Notizbuch zu, der Photograph Sato klappt das Stativ zusammen und schultert die Kamera, und beide trotten, Kleenextücher vor Mund und Nase gepreßt, zu dem mit laufendem Motor wartenden Auto zurück.

14 »Im Gegensatz zu allem, was falsch informierte Reporter und deren kritiklose Nachbeter behaupten«, sagte Petit Pierre, während er eine Gruppe von Journalisten an der Paßkontrolle vorbei zur VIP-Lounge des Flughafens schleuste, »ist Quisqueya keine Bananenrepublik. Weil die hierzulande angebauten Bananen nicht mit Chemie behandelt werden, kann Quisqueya nicht mit Chiquita oder Del Monte konkurrieren. Unsere Bananen fielen dem Handelskrieg zwischen den USA und Europa zum Opfer, und Cayennepfeffer hat den roten Paprika, der unserer Hauptstadt den Namen gab, vom Markt verdrängt. Dabei ist der hiesige Paprika so scharf, daß ein Schiffskoch erblindete, als er die Hand ans Auge führte, mit der er eine der von Ihrem Großvater gezüchteten Schoten berührt hatte, im Volksmund Piment Bouc genannt.«

Ein Kellner reichte ihm eine Serviette, und Petit Pierre tupfte sich eine Träne von der Wimper.

»Unser wichtigster Exportartikel sind unsere Menschen«, fuhr er fort, nachdem er sich mit einem Schluck Wasser erfrischt hatte – Petit Pierre trank keinen Alkohol, aber seinen Gästen wurden Cocktails kredenzt. »Früher lieferten wir Blutplasma und tiefgekühlte Tote in die USA, aber der aus New York eingeschleppte Aids-Virus

H.C.Buch, Tanzende Schatten

hat uns einen Strich durch die Rechnung gemacht. Als die amerikanischen Abnehmer sich über den üblen Zustand der Leichen beschwerten, sagte unser damaliger Präsident, Big Chief Garçon, wenn sie wollten, könnten wir ihnen die Leute auch lebendig liefern. Das war kein Witz, denn Quisqueya exportiert seinen Bevölkerungsüberschuß nach Florida, und die Überweisungen aus der Diaspora machen ein Drittel unseres Nationaleinkommens aus. Von einer Bananenrepublik kann wirklich nicht die Rede sein!«

»Und was passiert mit uns?« wollte Maggie O'Brian wissen. »Werden wir als Blutplasma oder als tiefgekühlte Leichen aufs Festland expediert?«

»Wie Sie sehen, ist der Flughafen geschlossen«, sagte Petit Pierre. »Aber als Geste des guten Willens hat die Regierung ihn heute geöffnet, obwohl das gegen Quisqueya verhängte Embargo alles andere ist als human: Es macht uns zu Parias und spricht den Menschenrechten hohn. – Schreiben Sie das ruhig, meine Damen und Herren, und sagen Sie die Wahrheit über alles, was Sie bei uns gesehen und gehört haben!«

»Und was ist die Wahrheit?«

»Wie schön es hier ist!«

Sie traten aus der Abfertigungshalle auf die Rollbahn, auf der eine Cessna mit laufenden Motoren wartete, und Petit Pierre machte eine raumgreifende Bewegung mit dem Spazierstock: Von blauen Rauchfahnen über den Bergen bis zu einem Spalier von Königspalmen, die traurig die Köpfe hängen ließen; ihre Blattwedel raschelten im Wind, der rötlichen Staub über die Piste wirbelte.

»Ich liebe mein Land«, sagte Petit Pierre und wies mit theatralischer Geste auf eine Bäuerin, die beim Anblick des gezückten Spazierstocks ihr Maultier zum Trab ansporrnte. Sein ausgestreckter Arm kam zum Stillstand vor einem Flugzeugwrack, das seit Jahren am Rand des Flugfelds verrottete – aus dem geborstenen Cockpit wuchs Gras.

Drittes Kapitel   109

»Das ist alles, was von unserer stolzen Luftflotte übriggeblieben ist, vor der einst Deutschland und Japan zitterten. Am Tag nach Pearl Harbor erklärte Präsident Lescot den Achsenmächten den Krieg: Seine Bombenflugzeuge, sagte er in einer Radioansprache, würden den Himmel über Berlin und Tokio durchpflügen und Panik säen unter der deutschen und japanischen Bevölkerung. Zu diesem Zeitpunkt bestand Quisqueyas Luftwaffe aus zwei schrottreifen Maschinen, von denen eine mit Motorschaden am Boden lag!«

Petit Pierre brach in meckerndes Gelächter aus.

Viertes
Kapitel

»Wer den Äquator überschreitet, hört auf,
Engländer, Holländer, Franzose, Spanier
oder Portugiese zu sein. Er wird zum Tiger,
der in den Urwald zurückkehrt ...«
Guillaume-Thomas Raynal, Geschichte beider Indien

1 Meister Samsons Prophezeiung hat sich nicht bewahrheitet, denn wie alle großen Verbrecher endete ich nicht auf dem Schafott, sondern starb friedlich im Bett, nachdem ich dem in letzter Minute herbeigerufenen Priester meine Sünden gebeichtet hatte, die dieser mir gnädig erließ – aber ich bin schon wieder dabei, den Ereignissen vorzugreifen. Nach der Hinrichtung des Unbestechlichen hatte Frankreich das Blutvergießen satt, mit konvulsivischem Zucken schüttelte die Nation die Terrorherrschaft ab, und wie der aus fünfzigjährigem Schlaf erwachende Epimenides, dessen Seele seinen Körper verlassen und den Tartarus durchwandert hatte, rieb sie sich verwundert die Augen beim Anblick des hellen Tags. An die Stelle des Nationalkonvents trat ein fünfköpfiges Direktorium, und die Losung *Freiheit oder Tod*, die eigentlich *Freiheit oder Brot* hätte heißen müssen, weil beides zusammen nicht zu haben war, wurde durch ein zeitgemäßeres und weniger martialisches Motto ersetzt. *Bereichert euch!* lautete die neue Devise, und der geneigte Leser – sofern meine schriftliche Hinterlassenschaft jemals einen Leser findet – kann sich denken, daß ich mich nicht lange bitten ließ. Der Augenblick war günstig, obwohl oder weil das französische Volk in seinen überseeischen Territorien die Sklaverei, jene »Pestbeule im Antlitz der Menschheit«, wie Robespierre erklärt hatte, für immer abgeschafft wähnte. Ich saß auf der Zuschauertribüne am 16. Pluviôse des

Jahres II und habe Freudentränen geweint, als die Deputierten von Saint Domingue, ein weißer Kolonialherr, ein freier Farbiger und ein aus Afrika verschleppter Sklave, das Podium bestiegen, um der Republik ewige Treue zu schwören, und sich unter dem Beifall der Nationalversammlung miteinander verbrüderten. »Seit 1789 ist die Aristokratie der Geburt abgeschafft«, sagte der Abgeordnete Chamboulas feierlich, »aber die Aristokratie der Hautfarbe existiert weiter. Heute ist ihre letzte Stunde gekommen: Die Gleichheit aller Menschen wird Wirklichkeit.« Und der Chemiker Levasseur schrie mit von Pathos vibrierender Stimme: »Als wir den Plan einer Verfassung entwarfen, haben wir das unglückliche Volk der Neger vergessen. Machen wir unser Versäumnis wett, proklamieren wir die Freiheit für die Neger! Duldet es nicht, daß der Nationalkonvent sich durch eine Diskussion über diesen Punkt entehrt!« Levasseurs Vorschlag wurde durch Akklamation angenommen, und der Rest der Sitzung ging in rhythmischem Händeklatschen, Hüteschwenken und Hochrufen unter.

Was die von ihrer Menschheitsbeglückung berauschten Abgeordneten nicht bedachten, war die Tatsache, daß sie nur die Sklaverei, nicht aber den Sklavenhandel abgeschafft hatten. In England war es umgekehrt: Dort hatte das Parlament auf Betreiben der Philanthropen Clarkson und Wilberforce den Sklavenhandel verboten, aber aus wirtschaftlichen Erwägungen die Sklaverei beibehalten. Bekanntlich war und ist das nichthabende Brauchen einer Seite, das auf ein nichtbrauchendes Haben der Gegenseite stößt, die beste Basis für ein einträgliches Geschäft. Daß England und Frankreich noch immer – oder schon wieder – Krieg gegeneinander führten, schreckte mich nicht, im Gegenteil: Mein Lehrherr, Baron Rombach, hatte mir vorgemacht, wie man vom kriegsbedingten Mangel profitiert, indem man das Handelsembargo umgeht und mit einem unter neutraler Flagge segelnden Schiff die Blockade durchbricht.

Ich überspringe die langwierigen Vorbereitungen, deren delikatester Teil die Finanzierung meines Vorhabens war. Wie stets halfen mir meine Landsleute aus der Patsche: Der Juwelier Rombach nahm den aus dem Besitz seines Bruders stammenden Familienschmuck in Kommission, den ich während der Revolutionswirren in einem von Baron Romberg gepachteten Weinberg am Ufer der Garonne vergraben hatte, und hinterlegte ihn als Sicherheit im Bankhaus seines Freundes Bethmann, der mir einen großzügig bemessenen Kredit gewährte. Nicht in Assignaten, die das Papier nicht wert waren, auf dem sie gedruckt wurden, sondern in Gold- und Silbermünzen – seit dem Frieden von Basel floß wieder Gold in die leere Staatskasse, und obwohl die Republik den Königen den Krieg erklärt hatte, waren Louisdors und Friedrichsdors noch immer – oder schon wieder – das begehrteste Zahlungsmittel.

Mit diesem Geld rüstete ich eine kleine Flotte aus, bestehend aus dem Dreimastschoner *L'Espérance* (350 Tonnen), der Brigg *La Reine de Juda* (280 Tonnen) und der Schaluppe *Le Bon Henry* (150 Tonnen), die frisch kalfatert, getakelt und mit Lebensmitteln, Tauschwaren und Geschenken beladen wurden: Glasperlen aus Böhmen, Tonpfeifen aus Holland, Leintücher und bedruckte Stoffe aus Flandern, Baumwolle aus Indien, die trotz des Handelsembargos auf dem Umweg über neutrale Staaten nach Frankreich gelangt war, Steinschloßflinten und Messer aus der Schweiz, Hämmer und Äxte aus Deutschland, Angelhaken und Schnüre, Schießpulver, Talg und Fässer mit Branntwein, von dem stets ein ausreichender Vorrat an Bord sein mußte, weil ohne alkoholische Schmier- und Gleitmittel der An- und Verkauf von Sklaven nicht reibungslos abzuwickeln war. Mit dieser den Karavellen des Kolumbus nachempfundenen Armada stach ich am 18. Brumaire des Jahres IV, will sagen am 9. November 1795, von Bordeaux aus in See.

2 Der Nebelmonat machte seinem Namen alle Ehre, und die Ufer der Garonne verschwammen in milchigem Dunst, in dem man keine Handbreit vor Augen sah und sich durch Zurufe miteinander verständigen mußte. Geleitet von einem angetrunkenen Lotsen, dessen Dienste mich hundert Pfund gekostet hatten, fünfzig von Bordeaux nach Blaye und noch einmal soviel von dort nach Pauillac, und von einem volltrunkenen Kapitän, der schwankend am Steuerrad stand – beide hatten die Nacht miteinander durchzecht –, kollidierte die *Reine de Juda* bei der Einfahrt in die Gironde mit der *Bon Henry* und mußte in den Hafen zurückgeschleppt werden, ohne daß wir dem havarierten Schiff zu Hilfe kommen konnten, weil die auf eine Sandbank gelaufene Schaluppe dem Schoner die Durchfahrt versperrte. Beiboote wurden zu Wasser gelassen, und die *Espérance* segelte an der Île d'Oléron vorbei aufs offene Meer hinaus, nachdem ich Anweisung gegeben hatte, die Fracht der *Bon Henry* auf die *Reine de Juda* umzuladen und in Bilbao auf die zurückgebliebenen Schiffe zu warten. Daraus wurde nichts. Ein Herbststurm türmte die Wogen der Biskaya zu Alpengipfeln auf, mit Schaum gesprenkelt an Stelle von Gletschereis, und das tobende Meer machte es unmöglich, in den Hafen einzulaufen.

Als ich drei Tage später in La Coruña von Bord ging, zitterten mir die Knie, und der Boden schwankte unter meinen Füßen nach der überstandenen Seekrankheit, die alles andere nebensächlich erscheinen ließ, so daß ich die von baskischen Fischern übermittelte Nachricht, die Bucht von Bordeaux werde von britischen Kriegsschiffen blockiert, mit stoischem Gleichmut aufnahm. Ich kurierte meinen kranken Magen mit spanischem Wein und Fleischbrühe, und an Bord der *Espérance*, die fortan *Kong Frederik* hieß und unter dänischer Flagge fuhr – die von einem Notar beglaubigten, sprich: gefälschten Papiere hatte ich mir in La Coruña besorgt –, segelten wir am Kap Finisterre vorbei in den Atlantik hinaus, dessen auf- und abschwellende Dünung mir nach der sturmgepeitschten Biskaya wie eine große vom Wind gewellte, blühende Wiese erschien.

Nach einwöchiger Überfahrt, die ohne Zwischenfälle verlief, kamen die Kanarischen Inseln in Sicht. Der kürzlich geschlossene Frieden mit Spanien erlaubte es uns, den Hafen La Gomera anzusteuern und Trinkwasser, frisches Gemüse, Hühner und Schweine an Bord zu nehmen, was drei Monate zuvor nur in einer Nacht- und Nebelaktion möglich gewesen wäre. Hier überbrachte mir ein aus Bordeaux entsandter Aviso die Nachricht, daß die Schaluppe gesunken sei und die Reparatur der durch die Havarie beschädigten Brigg sich aufgrund unvorgesehener Umstände verzögert habe; sobald das vor der Girondebucht kreuzende englische Geschwader abgezogen sei, werde die *Reine de Juda* nach Saint Domingue auslaufen und an der Reede von Saint Marc vor Anker gehen.

Vom Passatwind getrieben, erreichten wir nach wenigen Tagen die Hauptinsel der Kapverden, wo uns eine unangenehme Überraschung erwartete in Gestalt eines britischen Flottenverbands, der die Einfahrt nach Porto Grande blockierte und alle ein- und auslaufenden Schiffe einer peinlichen Inspektion unterzog. Ich verbot dem Kapitän und der Mannschaft, französisch zu sprechen und gab mich als Hamburger Kaufmann aus, der die aus dem Baskenland stammende Besatzung angeheuert habe, um im Auftrag der dänischen Guinea-Kompanie deren Niederlassungen an der westafrikanischen Küste mit Handelswaren, Lebensmitteln und Nachrichten aus der Heimat zu versorgen. Was Schiff und Ladung vor der drohenden Kaperung rettete, waren nicht meine gefälschten Frachtpapiere, sondern ein auf die Bibel geleisteter Schwur, in dem ich den Sklavenhandel als Todsünde verdammte, vorgetragen mit schnarrendem deutschem Akzent, der den Commodore erschrocken zurückzucken ließ. Daß ich meine religiöse Überzeugung mit Argumenten untermauerte, die ich aus Robespierres Mund zum ersten Mal gehört hatte, fiel dem Offizier nicht auf, weil er wie alle Vertreter des britischen Empire nur Englisch sprach.

Beim Landgang in Praia machte ich einen großen Bogen um den Markt, auf dem bis vor kurzem schwarzes Elfenbein gehandelt worden war, das jetzt nur noch in Hinterzimmern verscherbelt wurde, sozusagen unter dem Ladentisch, und mied die ortsüblichen Tavernen, in denen verführerische Mulatas christliche Seefahrer mit dem Gift käuflicher Liebe infizierten. Vielleicht hatte Robespierres unbestechliche Moral doch auf mich abgefärbt, denn an Stelle von Pökelfleisch und kapverdischem Wein kaufte ich Chinarinde und Rizinusöl, um mich gegen ansteckende Krankheiten zu immunisieren, die in Westafrika, vom Senegalfluß bis zur Mündung des Kongo, endemisch sind: Typhus und Cholera, Gelbfieber und Malaria, Lepra und Pesta Bubonica, Elefantiasis, Schlafkrankheit und wie die Geißeln sonst noch heißen, die der in der Hitze simmernde Mangrovenwald ausbrütet und mit Hilfe von Seuchenträgern, unter denen der Mensch an erster Stelle steht, um den Erdball verbreitet.

Wir verließen die ungastlichen Inseln, wo außer Kandelaber-Kakteen kaum etwas wuchs, im richtigen Augenblick, denn der Krater des Fogo kündigte durch unterirdisches Grollen einen bevorstehenden Ausbruch an, was das britische Geschwader bewog, ins offene Meer hinauszusegeln, während ich die entgegengesetzte Richtung einschlug. Die lästigen Verfolger waren wir damit los, aber ich hatte mich zu früh gefreut, denn der Commodore schien meine wahren Absichten oder meine wirkliche Identität erraten zu haben und feuerte eine Breitseite ab, die das Vorschiff in Schutt und Asche legte und das Rahsegel in Brand setzte. Zum Glück handelte es sich um einen Fehlalarm: Der Vulkan hatte eine Aschewolke ausgestoßen, aus der Bimssteine und rotglühende Schlacken auf Deck niederprasselten. Die aufflackernden Brände waren schnell gelöscht, und ich hatte die Genugtuung,

durchs Fernrohr hindurch eine britische Korvette in
Flammen aufgehen zu sehen, während die *Espérance* alias
Kong Frederik Kurs auf die westafrikanische Küste nahm.

3 Seitdem ich in einem gereimten Geographiebuch
Abbildungen von Straußen und Elefanten, Löwen
und Affen gesehen hatte – einmal besuchte ein einbeiniger
Kapitän mit einem Papagei auf der Schulter den alten
Romberg in seinem Genter Kontor, wo ich, vom Ge-
schnatter des Aras fasziniert, meine Arbeit am Schreibpult
unterbrach –, seit frühester Jugend also fühlte ich mich
unwiderstehlich angezogen von Afrika, eine Sehnsucht,
die, anders als nüchternes Profitstreben, einer tieferen
Schicht meines Wesens entsprang oder entsprach. Mit
Herzklopfen und banger Erwartung richtete ich das Fernrohr auf die sich nähernde Küste, ein dunkler Streifen
am östlichen Horizont, der wie eine Luftspiegelung über
dem Wasser schwebte, als eine schwere See das Deck über-
schwemmte, gefolgt von einer Detonation, deren Druck-
welle mich gegen die Reling schleuderte. Gleichzeitig
atmete ich beißenden Schwefelgeruch und spürte einen
fauligen Geschmack auf der Zunge. Hatte die britische
Flotte die Verfolgung aufgenommen und feuerte mir, um
das Schiff zum Beidrehen zu veranlassen, einen Schuß vor
den Bug? Diese Frage war schwer zu beantworten, denn
ich hörte und sah nichts. Eine Wolke umfing mich, die
Decksaufbauten, Masten und Segel den Blicken entzog,
ein stickiger Dunst, der mir noch zähflüssiger erschien
als der Nebel beim Auslaufen in die Gironde. Erneuter
Fehlalarm! Der Fogo hatte Schwefelgas ausgespien, das
den Kraterrand einstürzen ließ und das umliegende Meer
mit giftigem Miasma überzog, dessen Einatmung Übelkeit
und Erbrechen verursachte.

Ich muß die Besinnung verloren haben, denn als ich die
Augen aufschlug, hatte sich der Nebel gelichtet, und vor
mir lag eine von Palmen gesäumte Bucht, in deren bis auf

den Grund durchsichtigem Wasser eine Piroge schwamm, deren Insassen frisch gefangene Fische und Bananen hochhielten. Unser Smutje warf ihnen ein Tau zu, und die Piroge lotste das Schiff zwischen Klippen hindurch zu einem geschützten Ankerplatz in Sichtweite einer Kaimauer aus schwarzem Basalt, in die ein schwerer Eisenring eingelassen war. Es war das Fort der Insel La Gorée, dessen auf wenige Köpfe geschrumpfte Besatzung seit Monaten heroisch, aber ohne Aussicht auf Erfolg, der britischen Blockade widerstand. Nur dank des Nebels, der die *Espérance* wie eine Tarnkappe umhüllte, hatten wir es geschafft, den Belagerungsring zu durchbrechen.

Ich kletterte das Fallreep hinab und nahm in der schwankenden Piroge Platz hinter dem nackten Rücken des Bootsmannes, unter dessen schweißglänzender Haut die Muskeln spielten. Als ich den Kopf hob, blickte ich in den vom Wind bewegten Wipfel einer Palme, in dem, zum Greifen nah, grüne Kokosnüsse wie die Brüste einer Fruchtbarkeitsgöttin schaukelten. So etwas hatte ich noch nie gesehen, aber was mich noch mehr beeindruckte, war das blendende Licht, das die Farben greller und die Konturen plastischer hervortreten ließ und, durch Palmwedel gefiltert, den gelben Sand wie ein Leopardenfell sprenkelte. Dies war mein erster Besuch in Afrika, und als ich den Fuß auf den Boden setzte – ein kleiner Schritt für die Menschheit, aber ein großer Schritt für mich! –, kam es mir vor, als sei der schwarze Kontinent ein Schlaraffenland, in dem Milch und Honig flossen und süße Früchte den Schlafenden in den Mund wuchsen – wie grausam ich mich getäuscht hatte, wußte ich damals noch nicht.

Ohne die Warnungen des Bootsführers zu beachten, der mich mit Drohgebärden vom Weitergehen abzuhalten versuchte – ein Fall von afrikanischem Aberglauben, wie mir schien –, zog ich die Glocke am Eingang zum Fort, dessen schweres Eisentor offenstand. Nichts regte sich im Inneren des weitläufigen Gebäudes, während ich steile Treppen hinauf- und dann wieder hinabstieg und durch

H.C. Buch, Tanzende Schatten

finstere Korridore lief, in denen der Hall meiner Schritte Schwärme von Fledermäusen aufscheuchte. Links und rechts zweigten vergitterte Zellen ab, die einst zur Unterbringung renitenter Sklaven gedient hatten, jetzt aber, dem durchdringenden Geruch nach zu urteilen, von Anwohnern als Toiletten benutzt wurden. Das träge Schwappen der Wellen und das heisere Krächzen von Möwen war zu hören, und als ich eine niedrige Tür aufstieß, die knarrend auf- und wieder zuschwang, taumelte ich geblendet zurück vom Blick in den azurblauen Himmel und das türkisfarbene Meer, auf dem eine britische Fregatte dümpelte, die sich bei näherem Hinsehen als mein eigenes Schiff erwies. Diese enge Pforte hatten Tausende von Männern, Frauen und Kindern gebückt durchschritten, bevor man sie auf Landungsboote verlud zu einer Reise ohne Wiederkehr, auf die das Motto von Dante paßte, das der alte Baron Romberg, wenn ihn seine periodisch wiederkehrende Depression überkam, kaum hörbar vor sich hin murmelte: VOI CH'ENTRATE LASCIATE OGNI SPERANZA. Auch mein Schiff hieß *Espérance*, aber es war mir nicht klar, ob dies als gutes oder böses Omen anzusehen war.

Daran mußte ich denken, als ich eine feuchte Kasematte betrat, die nur durch eine winzige Luke in der Decke Licht und Luft empfing; außer einem Haufen rostiger Ketten, auf denen zitternd ein Sonnenstrahl ruhte, wies nichts darauf hin, daß hier Abertausende von Menschen, nach Alter und Geschlecht getrennt, wochen-, oft monatelang auf die Einschiffung gewartet hatten, die für viele von ihnen auf dem Meeresgrund oder im Hades endete. Was für Tragödien hatten sich in diesem Verlies abgespielt! Ich wandte mich zur Tür, um den ungastlichen Ort zu verlassen, als ich in meinem Rücken ein schwaches Hüsteln vernahm und eine Stimme hörte, die mich auf französisch fragte, wieviel Uhr es sei.

»Unsere Sklaven hatten es besser als wir«, sagte der Unbekannte, ohne meine Antwort abzuwarten und ohne aus dem Schatten zu treten, der ihn meinen Blicken entzog. »Sie bekamen frisches Wasser und eine warme Mahlzeit am Tag, Mais- oder Hirsebrei mit gebratenen Bananen, freitags gab es in Palmöl gesottenen Fisch, und vor dem sonntäglichen Gottesdienst wurden sie gebadet, geschrubbt und hinterher mit einem Schluck Meßwein belohnt, was zahlreiche Übertritte zum Christentum zur Folge hatte, weil alle am Abendmahl teilnehmen wollten, dem sie nicht zu Unrecht magische Kräfte zuschrieben. Um die Sklaven bei Laune zu halten, ließ ich sie singen und tanzen, während ein Aufseher mit der Peitsche knallte und ein anderer die Trommel schlug, und das Zuschauen hat mich jedesmal zu Tränen gerührt, denn in Ketten zu tanzen ist die größte Kunst – ich weiß, wovon ich rede, Monsieur! Damals herrschte wimmelndes Leben im Hof des Forts, Ärzte und Priester, Buchhalter und Handwerker, Magazinverwalter und Kanoniere gaben sich die Türklinke in die Hand; und obwohl es unter den Aufsehern kriminelle Elemente gab, entlaufene Sträflinge, desertierte Soldaten und anderes Gesindel, herrschte auf dem Gelände der Faktorei eiserne Disziplin, denn das Tropenklima sorgte für natürliche Auslese und raffte Wüstlinge und Alkoholiker hinweg. Gesundheit und Wohlergehen der Sklaven waren oberstes Gebot, unnötige Grausamkeiten wurden mit Stockschlägen oder mit dem Tode bestraft. Das sind die Greuel des sogenannten Kolonialsystems, gegen das irregeleitete Philanthropen mit verlogenen Argumenten zu Felde ziehen! Und jetzt? Sie sehen selbst, was aus der blühenden Faktorei geworden ist, die ein halbes Jahrhundert lang Frankreichs Überseeterritorien mit Arbeitskräften versorgt hat, und ich versichere Ihnen, Monsieur, nur erstklassige Ware ging über den Ladentisch meines Kontors! Ich habe Briefe und Depeschen nach Paris geschickt und das Marineministerium gebeten, Ärzte, Ingenieure und Soldaten zu schicken, aber die Regierung stellt sich taub, obwohl man höheren Orts genau weiß, daß das Dekret über die Aufhebung der Sklaverei erst durchgesetzt werden kann, wenn der Sklavenhandel wieder in geordneten Bahnen verläuft!«

Der Unbekannte ging, mit den Händen gestikulierend, in dem finsteren Verlies auf und ab; dann zwang er sich zur Ruhe und trat, mühsam den aufgebrachten Atem unterdrückend, auf mich zu; sein Gesicht lag noch immer im Halbschatten, während das durch die Luke einfallende Sonnenlicht einen hellen Kringel auf seinen Schädel malte und das über die Ohren gesträubte Haar mit einem schütteren Heiligenschein umgab. Ich fragte ihn, wie er heiße und wo die übrige Besatzung des Forts geblieben sei. »Ich sagte Ihnen doch, das Tropenklima schafft uns alle Übeltäter und Nichtsnutze vom Hals. Wer nicht von einer Kugel oder einem vergifteten Speer getroffen wird, dem geht es wie im folgenden Vers, den ein Landsmann von Ihnen gedichtet hat: ›Verfluchtes Eiland, wo / Jedweden Schiffes Mannschaft, das ihm naht / Die eine Hälfte stets die andere begräbt, / Krepiert an welchem Fieber? War es gelb, / War's scharlach oder war es faul?‹ – Nicht schlecht, wie? Aber ich habe ganz vergessen, mich vorzustellen: Mein Name ist Savigny, und ich bin der Kommandant und letzte Überlebende dieses Forts.« Er trat aus dem Schatten, um mir die Hand zu reichen, und ich wich entsetzt zurück beim Anblick des Ausschlags, der sein Gesicht entstellte und seine nackten Arme mit eitrigen Geschwüren überzog.

Erst jetzt begriff ich, wovor die Einheimischen mich gewarnt hatten, und verließ fluchtartig das Fort. Ich tauchte Hände und Gesicht in kühles Salzwasser – zum Glück hatte ich den Kommandanten nicht mit Handschlag begrüßt – und ließ mich zum Schiff übersetzen, ohne auf die Forderungen des Lotsen einzugehen, der Tabak und Branntwein als Entgelt für seine Dienste verlangte. Wie die meisten Afrikaner war er gegen die Seuche immun, aber die seit Monaten anhaltende Trockenheit – vielleicht war auch die britische Blockade daran schuld – hatte die Felder verdorren und das Vieh sterben lassen, und er flehte mich an, ihm einen ausreichenden Vorrat von Lebensmitteln zu überlassen, um sich und seine Familie vor dem Verhungern zu bewahren. Als ich sein Ansinnen von mir wies, warf sich der Bootsführer auf die Knie und wollte mir seine Kinder verkaufen mit dem Argument, die Peitsche des Aufsehers sei gnädiger als der Hungertod, denn als Sklaven bekämen sie genug zu essen und ein Dach über dem Kopf. Aus Angst vor der Seuchengefahr schlug ich sein Anerbieten aus und nahm ihm statt dessen das Versprechen ab, den kranken Kommandanten gesund zu pflegen; als Gegenleistung erhielt er Reis und getrocknete Bohnen und paddelte überglücklich mit seiner Piroge davon.

4 Bei Einbruch der Dunkelheit verließen wir den geschützten Ankerplatz und segelten südwärts die Küste entlang. Es war eine mondhelle Nacht, und leichter Wind schwellte die Segel der *Espérance,* die lautlos durchs samtweiche Wasser glitt, das sich gehorsam teilte, um das Schiff durchzulassen, und leise glucksend hinter dem Heck wieder schloß. Ab und zu hüpfte ein fliegender Fisch über die Wellen und blitzte silbrig im Mondschein, bevor er klatschend ins Meer zurückfiel, in dem wie eine Milchstraße Myriaden von Leuchtalgen glitzerten, ein Anblick, der mich zu melancholischen Betrachtungen inspirierte. Ich dachte an die Seelen der Verstorbenen, die als Sternbilder am Firmament glänzten, um christlichen Seefahrern den Weg durch die Nacht zu weisen. Dann wurde meine Aufmerksamkeit von Näherliegendem in Anspruch genommen. Ein auf einem Vorgebirge entfachtes Leuchtfeuer signalisierte vorübersegelnden Schiffen, daß hier weißes oder schwarzes Elfenbein feilgeboten wurde, aber die Furcht vor ansteckenden Krankheiten und die Nähe der britischen Flotte hielten mich von der Landung ab: Der angebliche Sklavenmarkt konnte eine Falle sein, um den Schoner ins Verderben zu locken und die Ladung zu konfiszieren.

Ziguinchor, Sherbro, Kap Palmas, Grand Bassam, El
Mina, Cape Coast, Anecho, Grand Popo – so hießen die
Stationen unserer zehntägigen Irrfahrt in südöstlicher
und weiter in östlicher Richtung, aber an keinem Punkt
der Pfeffer-, Gold- und Sklavenküste zeigte steil aufstei-
gender Rauch an, daß hier die begehrte Ware zum Verkauf
stand – im Gegenteil: Der Revolutionskrieg im fernen
Europa und bewaffnete Konflikte zwischen afrikanischen
Königen hatten den Sklavenhandel fast ganz zum Erliegen gebracht. Das änderte sich erst in Ouidah, dem Ziel
meiner beschwerlichen Reise zum schwarzen Kontinent.

5 Ouidah, von den Franzosen Juda und von den Eng-
ländern Wydah genannt, war die Hauptstadt eines
früher mächtigen Reichs, dessen Könige mit den Nach-
barstaaten Allada und Oyo seit Menschengedenken um
die Vorherrschaft kämpften. Der Krieg, nur ab und zu
unterbrochen durch Blutverlust und allgemeine Erschöp-
fung, diente nur einem Ziel: die vor der Küste ankernden
Sklavenschiffe mit Nachschub zu versorgen. Im Austausch erhielt der König Schießpulver, Bleikugeln und
Gewehre, die er dringend benötigte, um sich im Kampf
gegen seine Nachbarn zu behaupten und um seinen Familienclan vor Versklavung zu schützen. Das Wort Volk ist
eigentlich unangebracht, denn außer der Pflicht, Steuern
zu zahlen, die von den Beamten des Königs unnachsich-
tig eingetrieben wurden, hatten die Bürger von Ouidah
keinerlei Rechte und wurden, wenn die Staatskasse leer
war, meistbietend verkauft. Der Menschenhandel unterminierte seine eigene Geschäftsgrundlage, so wie der
Walfang zur Ausrottung der Wale und die Pelzjagd zum
Aussterben von Bären und Bibern beitrugen, und es war
nur noch eine Frage der Zeit, bis der Sklavenexport die
Küste Westafrikas ganz entvölkert haben würde.
Wir feuerten eine Bordkanone ab, und über dem Fort
von Ouidah wurde eine weiße Fahne gehißt, die nicht die

Übergabe der Festung, sondern das Vorhandensein frischer Ware und die Bereitschaft zu Geschäftsverhandlungen signalisierte. Ich ließ ein mit Matrosen bemanntes Beiboot zu Wasser, und eine Piroge lotste uns zwischen Sandbänken und Untiefen hindurch zum Strand, wo ein muskulöser Neger mich auf die Schultern hob und, ohne mir die Füße naß zu machen, durch die Brandung trug. Auf einer Sanddüne war ein Zelt aufgeschlagen, ein von Sklaven gehaltener, reichverzierter Baldachin, in dessen Schatten der Sendbote des Königs mich erwartete. Es war der für den Handel mit Weißen zuständige Minister, genannt Yovogan, ein stutzerhaft gekleideter Herr, der wie ein Lakai am Hof Ludwigs XV. Seidenstrümpfe, Schnallenschuhe und eine gepuderte Perücke trug. Nur die Ohren- und Nasenringe aus massivem Gold, die jedes seiner Worte mit leisem Klirren begleiteten, paßten nicht zu dem aristokratischen Gebaren des schwarzen Edelmanns, der ein Gemisch aus Holländisch und Portugiesisch sprach und mich mit übertriebener Höflichkeit einlud, dem König meine Reverenz zu erweisen und Seiner Majestät die zur Eröffnung des Handels nötigen Geschenke zu überreichen. Als Willkommensgruß legte man mir eine träge sich windende Schlange um den Hals, deren Berührung mich trotz der Mittagshitze kalt erschauern ließ, eine schreckhafte Bewegung, die einen auf dem Beiboot wartenden Maat veranlaßte, sein Gewehr durchzuladen, weil er um mein Leben fürchtete. Ich bedeutete ihm, daß keinerlei Gefahr bestand, da es sich nicht um eine Giftschlange, sondern um eine Python handelte, die in Ouidah als Weltenschöpferin verehrt und in einem heiligen Hain mit Hühnern und Kaninchen, manchmal auch, wie man munkelte, mit kleinen Kindern gefüttert wurde. Ob die Python ein Attribut des im Geäst des Baobab-Baums wohnenden Schöpfergottes Damballah war oder ob dieser sich in ihr inkarnierte und die Schlange selbst als Gottheit galt, konnte ich in der Kürze der Zeit nicht herausfinden.

Ich bestieg einen von vier Männern geschulterten Trag-
sessel, und angeführt von dem auf einem Araberhengst
reitenden Yovogan, setzten sich die Träger ruckartig in
Bewegung und eilten im Laufschritt durch die Savanne,
die mit Kokos- und Ölpalmen, Hirse- und Maniokfeldern
vor meinen von einem Parasol beschirmten Augen vor-
überglitt. Ein Herold rannte vorneweg und forderte entgegenkommende Passanten mit Stentorstimme auf, dem
Boten des Königs die Straße frei zu machen; wer den Befehl
nicht befolgte, wurde mit Stockhieben gezüchtigt, egal ob
es sich um Pferde oder Esel, Bettler oder Krüppel handelte.
Auf dem Weg von der Küste zum Königspalast durch-
querten wir einen weitläufigen Markt, dessen Besucher,
Verkäuferinnen wie Kunden, in Windeseile Waren und
Geld zusammenrafften, das aus auf Schnüre aufgereihten
Kaurimuscheln bestand, und schreiend auseinanderstoben
vor Angst, ihren Besitz beschlagnahmt zu sehen; dafür,
so hieß es, war den Beamten des Königs jeder Vorwand
recht. Im Vorbeigehen sah ich, daß auf dem Markt nicht
nur Ziegen und Hühner, sondern an Jochstangen aus
Bambus gefesselte Männer, Frauen und Kinder zum Verkauf angeboten wurden. Auf meinen Wunsch machten
wir halt und fragten den arabischen Verkäufer – der Sklavenhandel lag in den Händen der Mauren, während alle
anderen Geschäfte von Afrikanerinnen getätigt wurden
– nach dem Preis, der, je nachdem, ob es sich um einen
arbeitsfähigen Mann, einen zahnlosen Greis oder um eine
stillende Mutter mit Kind handelte, zwischen einem und
zwei Alkoven lag. Wie der Yovogan umständlich erklärte,
hatte ein Alkoven, auf englisch Guinbarton genannt,
den Gegenwert von zweihundert Senres, was viertausend
Kaurimuscheln oder Bujis mit einem Gewicht von sechzig
Pfund entsprach. Bedenkt man, daß die Meeresströmung
auf die Molukken und Malediven Massen von Kaurimuscheln schwemmt, die auf den Inseln gesammelt und
über Goa nach Afrika verschifft werden, läßt sich ermes-
sen, was für Profitspannen in diesem Handel üblich sind!

Viertes Kapitel

6 Das Wort Palast ist eigentlich fehl am Platz, denn Abomey, die Hauptstadt des gleichnamigen Königreichs, war ein Dorf mit palmstrohgedeckten Hütten, die sich um einen von einer Mauer umfriedeten Gutshof gruppierten, in dem der König mit seinen Frauen und Konkubinen, Mundschenken und Ministern, Hofnarren und Zauberern residierte. Die um die Gunst des Regenten buhlenden Prinzen, Brüder und Vettern – in Dahomey geht die Erbfolge vom Onkel auf den Neffen über, nicht vom Vater auf den Sohn – mußten die umliegenden Felder bestellen und hatten, um Umsturzversuche zu erschweren, nur an Feiertagen Zutritt zu dem von Frauen bewachten Palast. Die Heldentaten der Amazonen, unter ihnen mit Konkubinen gezeugte Töchter des Königs, die jederzeit bereit waren, für diesen ihr Leben zu opfern, wurden in farbigen Fresken verherrlicht auf der aus Lehmziegeln errichteten Mauer des Palasts, dessen Zinnen mit Köpfen besiegter Feinde gespickt waren.

Vor meiner Audienz beim König instruierte der Yovogan mich über die Sitten und Gebräuche am Hofe und das beim Empfang von Weißen übliche Zeremoniell. Der Monarch zeige sich höchst selten in der Öffentlichkeit, denn er sei kein menschliches Wesen, sondern ein Gott, den Agassou, der Stammvater des Volkes von Dahomey, mit einer Pantherfrau namens Aligbonon gezeugt habe. Jeden Morgen und jeden Abend werde vom obersten Henker, dem Migan, ein Kriegsgefangener enthauptet, um den Ahnen des Königs auszurichten, wie dieser geschlafen und die Nacht oder den Tag verbracht habe. Er verlasse den Palast nur in einer geschlossenen Sänfte, und keiner seiner Untertanen oder Minister habe das Recht, den Königsthron oder den Saum seines Gewandes durch Berührung zu beschmutzen; dieses Sakrileg werde mit dem Tod des Frevlers und der Auslöschung seiner Familie bestraft.

Zur Erleichterung des Handels und als Beweis seines guten Willens gegenüber den Weißen halte der Monarch neuerdings Audienzen ab, bei denen es nicht gestattet sei, ihm ins Gesicht zu sehen oder das Wort an ihn zu richten. Dafür sei der Yovogan da, der die Bitten der Weißen an den Migan übermittle, welcher sie seinerseits dem König ins Ohr flüstere. Dessen richtiger Name sei nur seiner Mutter und seinem Onkel bekannt, aber seit seiner Thronbesteigung trage er den Beinamen Adandozan: *Der seine Matte am Boden ausbreitet und nicht wieder einrollt*, frei übersetzt: »Ein durch die Maschen entschlüpfter Fisch kehrt nie mehr ins Netz zurück« – wie prophetisch diese Worte waren, ahnte ich damals noch nicht.

Vom Yovogan geführt, durchschritt ich mehrere Höfe bis zum innersten Bezirk des Palasts, wo mich, auf seinem Thronsessel sitzend, einer Art Korbstuhl, der auf einem Podest aus Totenschädeln stand, der König erwartete, umdrängt von Höflingen, bei denen es sich um Minister oder Eunuchen handelte – vielleicht auch um beides zugleich. Als Zeichen der Königswürde trug er ein Leopardenfell über der Schulter und hielt ein aus Gold getriebenes Zepter in der Hand; Mund und Nase waren mit einer wie ein Teesieb geformten Maske bedeckt, um Staub und Schmutz von seinen Atemwegen fernzuhalten. Rechts von ihm saßen die Mitglieder seiner Leibgarde, gezückte Schwerter über die gekreuzten Beine gelegt und jederzeit bereit, auf Befehl ihrer Kommandeusen in den Kampf zu stürmen; hinter ihnen waren mit Lederharnischen gepanzerte Löwen- und Elefantenjägerinnen aufmarschiert, auf Lanzen und Speere gestützt, die blendende Lichtreflexe aussandten. Linker Hand, nach Alter und Rangstufen geordnet, die farbenprächtig gekleideten Konkubinen des Königs, angeführt von seiner derzeitigen Favoritin, die ihm mit einer Straußenfeder Kühlung zufächelte, während der Mundschenk des Monarchen, Gogan genannt, mir als Willkommensgruß Palmwein kredenzte in einem Pokal, der aus der Hirnschale eines besiegten Feindes gefertigt war.

Wie Jesus im Garten von Gethsemane bat ich Gott, den Kelch an mir vorübergehen zu lassen, aber der Yovogan bestand auf strikter Einhaltung des Protokolls, und nachdem ich den Becher bis zur Neige geleert hatte, eröffnete er mir, zur Feier meines Besuchs würde ein Kriegsgefangener geopfert, dem der Migan in meinem Beisein den Kopf abschlagen werde. Ich ließ dem König ausrichten, daß ich die Ehre zu schätzen wisse, wegen meiner schwachen Nerven einer solchen Zeremonie aber nicht gewachsen sei, und daß ich es vorziehen würde, ihm den Gefangenen für einen angemessenen Preis abzukaufen. Der Monarch runzelte die Stirn und ließ mir sagen, die Sitte des Enthauptens habe sich von Paris aus, wo man kürzlich den König geköpft habe, bis nach Afrika verbreitet, und wer zum Tamtam eingeladen sei, dürfe sich hinterher nicht über den Lärm beschweren. Und er befahl dem Migan, seines Amtes zu walten; die Ahnen im Jenseits dürsteten nach Blut, und ohne das vorgeschriebene Opfer stünde die Geschäftsvereinbarung unter keinem guten Stern.

Gerne würde ich dem Leser die Schilderung des bluttriefenden Spektakels ersparen, das ich auf dem Platz der Revolution aus sicherer Entfernung beobachtet hatte, diesmal aber aus nächster Nähe mit ansehen mußte. Der Yovogan befahl mir, niederzuknien mit entblößtem Kopf, als solle ich selbst enthauptet werden, in Augenhöhe mit dem Gefangenen. Dieser hockte, nur wenige Handbreit von mir entfernt, gefesselt am Boden und blickte mich stumm an, während der Akplogan genannte Oberpriester ihm auftrug, den Ahnen im Jenseits von den Heldentaten des Königs zu berichten. Dann gab er dem Migan ein Zeichen, und mit einem einzigen Schwertstreich schlug der Henker dem Gefangenen den Kopf ab, der polternd vor meine Füße fiel und mich mit einer Fontäne von Blut überschüttete. Das letzte Bild, das mir vor Augen stand, bevor ich vor Entsetzen die Besinnung verlor, waren die zuckenden Lider des Enthaupteten, die im Todeskampf oder -krampf wie Schmetterlingsflügel flatterten.

7 Als ich aus der Betäubung erwachte, saß ich, an Händen und Füßen gefesselt, in einem mit Indigo gefüllten Faß im Inneren eines Bambuskäfigs, während eine grimmig blickende Amazone neugierige Passanten vertrieb, die stehenblieben, um mich anzugaffen oder anzuspucken. Fliegen summten um meinen Kopf herum, und ab und zu flog ein leuchtendbunter Vogel zwischen den Gitterstäben durch und zupfte mir Haare aus dem Bart, um sie zum Nestbau zu verwenden. Aus dem in der Hitze gärenden Indigosud stiegen Blasen auf, die an der Oberfläche lautlos zerplatzten und mit Faulgasen mein Gehirn benebelten, während der Yovogan vor dem Käfig auf und ab schritt und mir mit kurzen Worten erklärte, daß mein letztes Stündlein gekommen sei. Durch mein ungebührliches Betragen hätte ich den Zorn des Königs erregt, denn anstatt seinen Ahnen mitzuteilen, daß ihr Nachfahre sich bester Gesundheit erfreue, sei ich ohne Erlaubnis ins Leben zurückgekehrt, obwohl ich doch längst gestorben sei. Da man einen Zangbeto genannten Wiedergänger aus dem Totenreich nicht noch einmal töten könne, hätten die Priester das Orakel befragt, und die Pythonschlange habe befohlen, meine Haut mit Indigo blau zu färben, damit der Migan mich gefahrlos enthaupten könne. Vergeblich wies ich darauf hin, daß meine Hinrichtung ein nie mehr gutzumachender Fehler sei, weil der König dadurch aller Geschenke verlustig gehe, mit denen mein Schiff beladen sei. Doch der Yovogan war nicht zum Einlenken bereit; er machte stehenden Fußes kehrt und ließ mich in dem stinkenden Faß zurück, wo ich, wie in der Vorhölle, auf kleiner Flamme schmorte.

Während meine Haut sich dunkelblau färbte, war mein Haar schlohweiß geworden, und ich wäre vor Schreck gestorben, hätte meine Bewacherin nicht Mitleid mit mir gehabt und nach Einbruch der Dunkelheit ihren Busen durch die Gitterstäbe gezwängt. Während ich nahrhafte Milch nuckelte, die mich vor dem Verhungern und Verdursten bewahrte, flüsterte sie mir ins Ohr, ich solle mir keine Sorgen machen. Sie sei eine aus Grand Popo stammende Prinzessin, die von ihrer Stiefmutter verstoßen und verkauft worden sei, und zusammen mit anderen Amazonen bereite sie eine Volkserhebung vor, die den Tyrannen vom Thron stürzen und die Macht einer gewählten Regierung übertragen werde, wie dies in Frankreich vorexerziert worden sei. Ich weiß nicht mehr, in welcher Sprache sie mir ihr Geheimnis offenbarte, ob sie Holländisch oder Portugiesisch, Mina oder Fon, die Sprache von Dahomey, mit mir redete: Ich weiß nur noch, daß ich jedes ihrer Worte verstand und daß ich nicht mehr am Leben wäre ohne meine Retterin, der ich als Gegenleistung versprach, sie an Bord der *Espérance* in die Neue Welt mitzunehmen: Aischa – so hieß die mutige Amazone – hatte das Sklavendasein in Afrika gründlich satt.

Aber die Hoffnung war trügerisch, denn bis zum Morgengrauen harrte ich vergeblich auf das verabredete Signal, und als nach Sonnenaufgang mein Käfig entriegelt wurde und vier kräftige Männer das mit Indigo gefüllte Faß schulterten, in dem ich, von Kopf bis Fuß blau gefärbt, noch immer saß, hatte ich mich in das Unvermeidliche gefügt. Kläffende Köter, kreischende Weiber und Kinder gaben mir das Geleit zum Königspalast, auf dessen Stufen, zu Füßen des auf Schädeln errichteten Throns, der Henker mich erwartete. Das Tamtam der Trommeln schwieg, und die Erregung der Zuschauer machte sich in erstickten Schreien Luft, als der Migan sein Schwert zückte, dessen breite Klinge mein ängstlich verzerrtes Gesicht widerspiegelte. Ein dumpfer Schlag war zu hören, und mir wurde schwarz vor Augen, nicht nur vorübergehend, wie ich annahm, sondern bis zu den Posaunen des Jüngsten Gerichts.

Als ich aus der Ohnmacht erwachte, befand ich mich an Bord der *Espérance,* die aufs offene Meer hinaussegelte, während die westafrikanische Küste als Silberstreif hinter dem Horizont versank. Ich schaukelte im Schatten des Sonnensegels in einer am Besanmast verhakten Hänge-

matte und hörte das Klirren von Ketten und wirres Geschrei, das aus dem Schiffsbauch nach oben drang. Der
Smutje servierte mir Kaffee – vielleicht war es auch Tee
oder Grog, das weiß ich nicht mehr genau –, und beim
Anblick der blauen Fingerabdrücke auf dem weißen Porzellan wußte ich, daß mein Landgang in Dahomey nicht
nur ein böser Traum gewesen war.

8 Was war passiert? Das, was sich wirklich zutrug in
jener Nacht, bleibt in afrikanisches Dunkel gehüllt,
aber soviel ist sicher: Nicht der Aufstand der Amazonen
hat mir das Leben gerettet – im Gegenteil: Während mein
Bewußtsein im Schlaf lag, der bekanntlich der Bruder
des Todes ist, hatte ich dem Yovogan die staatsfeindliche
Verschwörung offenbart und meine Lebensretterin dem
Beil des Henkers überantwortet. Aus Dankbarkeit für die
Erhaltung seiner Macht schenkte der König mir die Freiheit und verfügte sich in Begleitung seines Hofstaats zum
Strand, um persönlich die dort ausgelegten Geschenke zu
inspizieren.

Aufgrund eines von mir erteilten Befehls, an den ich
mich nicht mehr erinnere, hatte der mehrfach erwähnte
Maat sich mit bewaffneten Matrosen in einen Hinterhalt
gelegt, um, wie er sich ausdrückte, den schwarzen Teufeln
eine Lektion zu erteilen, die diese nie vergessen sollten.
Die *Espérance* hatte beigedreht und richtete ihre Bord-
kanonen auf den Strand, wo der Yovogan beim Eintreffen
des von seiner Leibgarde eskortierten Königs eine weiße
Fahne hissen ließ; auf dieses Signal hin feuerte das Schiff
eine Breitseite ab, die tödliche Breschen in die Phalanx
der Amazonen schlug und die Überlebenden in Panik
davonstieben ließ. Im gleichen Augenblick brachen die
Matrosen aus der Deckung hervor und bemächtigten sich
des Königs und seines Hofstaats, die im Handstreich auf
Beiboote verfrachtet und im Schiffsbauch der *Espérance*
angekettet wurden.

Der Maat behauptete später, *ich* hätte diese von Cortez und Pizarro abgeschaute Kriegslist ausgeheckt, um die blaublütigen Geiseln gegen eine vielfach höhere Zahl von Sklaven einzutauschen, doch das erhoffte Geschäft verlief im Sande, denn wir hatten unsere Rechnung ohne den Wirt gemacht. Das Volk tanzte jubelnd am Strand, verrückt vor Freude, den verhaßten Despoten losgeworden zu sein, und die aus ihrem Kerker befreite Aischa kam als Sondergesandte an Bord der *Espérance* und ernannte mich zum Ehrenbürger der neugegründeten Republik Dahomey.

Auch Adandozan zeigte sich zufrieden mit der Wendung, die sein Schicksal genommen hatte. Den angebotenen Gefangenenaustausch lehnte er ab mit der Begründung, er sei gegen seinen Willen zum König bestimmt worden und arbeite lieber in einem Zuckerrohrfeld, als auf einem mit Schädeln verzierten Thron zu sitzen, eingesperrt in einen von Amazonen bewachten Palast, um früher oder später unter dem Schwert des Henkers oder dem Dolch eines Verschwörers zu enden.

Die Mitglieder des Hofstaats, der Yovogan, Akplogan, Migan, Gogan und wie sie alle hießen, schlossen sich dieser Argumentation an, und da keine Fluchtgefahr mehr bestand, ließ ich ihre Fesseln lösen und erlaubte ihnen, frei an Deck herumzuspazieren. Aischa aber wurde, zur Strafe für den Aufruhr, den sie angezettelt hatte, in Ketten gelegt und im Schiffsbauch an eine Ruderbank geschmiedet.

Am Schluß dieses Kapitels bleibt nur noch zu sagen, wer der mutige Maat gewesen ist, der durch seine Geistesgegenwart das Treffen zu meinen Gunsten entschieden hat: Es war kein anderer als Maître Samson, der Henker von Paris, dem nach Abschaffung der Todesstrafe der Boden in Frankreich zu heiß geworden war. Um der trockenen Guillotine zu entgehen – so hieß im Volksmund die Deportation nach Cayenne, wo das Klima noch heißer und ungesünder war als in Afrika –, hatte er auf der

H. C. Buch, Tanzende Schatten

Espérance angeheuert in der Absicht, nach Frankreich zurückzukehren, sobald die Regierung seine Dienste wieder benötigen würde. Um nicht aus der Übung zu kommen, hatte er die Guillotine in ihre Einzelteile zerlegt, und, sorgsam beschriftet und numeriert, in mit Holzwolle gefüllte Kisten gepackt: Wer weiß, wozu die Tötungsmaschine eines Tages noch gut sein könnte?

HAITI ERZÄHLEN
(2)

»Um frei zu sterben, mußt du hoch hinaufsteigen,
immer höher hinauf. O Mutter Gottes, wer wird es wagen,
mich zu suchen in deinen Armen und in deinem Haar?«
Gebet des Kaziken Henri, genannt Enriquillo, 1535

1 Laut Petrys Fremdwörterbuch von 1878 bedeutet französisch *marronage* Negerflucht oder Sklavenentlaufung:
Ein *esclave marron*, spanisch *cimarrón*, ist ein entflohener
Negersklave. Daß der Begriff sich im Deutschen nie ein-
gebürgert hat und umständlich umschrieben werden muß,
liegt daran, daß weder Preußen noch Österreich im 18. Jahrhundert überseeische Kolonien besaßen, wo die *marronage*
zum Massenphänomen und deshalb, wie die Fahnenflucht
im Kriege, mit härtesten Strafen belegt wurde: »Einem ent-
flohenen Sklaven, welcher einen Monat abwesend geblieben
ist, sollen die Ohren abgeschnitten und er soll auf einer Schulter gebrandmarkt werden; bei wiederholter Flucht sollen
ihm die Kniekehlen durchschnitten und die andere Schulter gebrandmarkt werden; das dritte Mal wird er mit dem
Tode bestraft«, hieß es im Sklavengesetz aus dem Jahre 1685,
dem *Code Noir,* das die bis dahin üblichen, willkürlichen
Quälereien untersagte und deshalb vergleichsweise milde
erschien.

Nach dem Sturz der Monarchie in Paris verlangten die aufständischen Sklaven von Saint Domingue die Rückkehr des
Königs, weil Ludwig XVI. die Zahl der Peitschenhiebe auf
fünfzig hatte begrenzen lassen und deshalb als *Freund der
Schwarzen* galt. Verkehrte Welt! Aber selbst durch die An-
drohung drakonischer Strafen – vom Hängen und Rädern
über das Abhacken von Hand und Fuß bis zum Abschneiden von Nase und Zunge, und weiter bis zum lebendig Be-
graben-, Ertränkt- oder Verbranntwerden – ließen sich die
Sklaven nicht von der Flucht abhalten. Schon im 17. Jahr-

hundert gab es in den Dschungeln Brasiliens und Guyanas Siedlungen entlaufener Sklaven, Quilombo oder Palenque genannt, deren Bewohner sich mit indianischen Ureinwohnern vermischten und die zu ihrer Ergreifung ausgesandten Soldaten, einschließlich der auf das Aufspüren von Schwarzen dressierten Hunde, trickreich an der Nase herumführten. 1785 sah sich die französische Kolonialverwaltung gezwungen, die Unabhängigkeit der seit Jahrzehnten im Grenzgebiet zu Santo Domingo marodierenden Banden anzuerkennen, ein Reservoir, aus dem sich später die *armée indigène* rekrutierte, deren Anführer Dessalines nach dem Sieg über den gemeinsamen Feind mit den *marrons* kurzen Prozeß machte: Die Mohren hatten ihre Schuldigkeit getan.

Aber auch nach Gründung der Republik Haiti verweigerten die Nachkommen der befreiten Sklaven durch ostentatives Fernbleiben die Dienstverpflichtung zu öffentlichen Arbeiten oder die Einberufung zur Armee, und noch in den zwanziger Jahren des vorigen Jahrhunderts entzogen sich haitianische Bauern durch Massenflucht der von den US-Besatzern befohlenen Zwangsarbeit im Straßenbau. So besehen symbolisiert die von Albert Mangonès geschaffene Bronzeskulptur auf dem Marsfeld vor dem Präsidentenpalast – ein *esclave marron,* der mit dem Muschelhorn (kreolisch *lambi*) das Signal zum Aufstand gibt – die Urzelle der haitianischen Identität und zugleich eine verhängnisvolle Tradition, die Haitis Geschichte und Gegenwart im Guten wie im Bösen bestimmt. Zwar wurde die Sklaverei zweimal, 1794 und 1804, feierlich abgeschafft, aber die Hierarchie der postkolonialen Gesellschaft ist bis heute durch ihre Erblast geprägt nach einem Motto, das nicht von Marx, sondern von dem amerikanischen Philosophen George Santayana stammt: »Wer die Vergangenheit nicht versteht, ist dazu verdammt, sie zu wiederholen ...«

2 Worin besteht dieses Erbe? In despotischer Willkür bei gleichzeitiger Abwesenheit des Staates – ein Paradox, das dem permanenten Verkehrschaos in Port-au-Prince ebenso zugrunde liegt wie der Syntax der kreolischen Sprache, die allen Versuchen, sie in grammatikalische Regeln zu bannen, zu spotten scheint. All dies hat wenig oder gar nichts mit der fröhlichen Utopie vom Mai 1968 zu tun, als die von Proudhon und anderen vorgedachte Abschaffung des Staates greifbare Gestalt anzunehmen schien – im Gegenteil: Haiti ist ein Lehrbeispiel dafür, daß und wie der Zerfall des Staates umschlägt in atavistische Gewalt, deren Ursachen, Ziel und Zweck hinterher niemand benennen will oder kann. Der jeweilige Präsident lügt nicht einmal, wenn er vorgibt, den Auftraggeber des Mordes an einem Regimekritiker nicht zu kennen, weil in einem chaotischen Gemeinwesen wie Haiti die linke Hand nicht weiß, was die rechte tut. Und daß eine zur Ruhigstellung der Öffentlichkeit eingesetzte Untersuchungskommission kein Ergebnis vorlegt, ist mehr als nur ein Vorwand, um die Schuldigen zu decken, nämlich Ausdruck der unüberbrückbaren Kluft, die hierzulande zwischen Worten und Taten klafft: Selbst die Feststellung, daß die Untersuchung im Sande verläuft, stellt unter solchen Umständen einen Euphemismus dar.

Das Adjektiv *marron* bedeutet *wild* auf kreolisch, ein *cochon marron* ist ein Wildschwein, genauer gesagt ein verwildertes Hausschwein, Nachkomme der auf den Karavellen des Kolumbus aus Europa mitgebrachten Nutztiere. Und der Werbeslogan eines Pharmakonzerns *doulè mawon* heißt *Weg mit dem Schmerz* oder *Schmerz ade*, weil das gleichlautende Adverb *raus* oder *weg* bedeutet und *r* zwischen Vokalen wie englisches *w* ausgesprochen wird. In einem umfassenderen Sinn aber ist die *marronage* eine Metapher für alles, was schiefläuft in Haiti und zugleich dessen kulturelle Identität charakterisiert: ebenjene Haitianität oder Haitianerie, die einen ironischen Fingerzeig auf das französische Wort *ânerie* enthält – zu deutsch *Eselei*. *Marronage* als Nationalcharakter bedeutet, sich jeder Verantwortung zu entziehen, dem Rechtsstaat ein Schnippchen zu schlagen und gleichzeitig die cartesianische Logik ad absurdum zu führen. Die Straflosigkeit für Verbrechen (französisch *impunité*) gehört

H. C. Buch, Tanzende Schatten

ebenso dazu wie die Ineffizienz der Verwaltung (*inefficacité*) und die öffentliche Unsicherheit (*insécurité*), drei Grundübel der Dritten Welt, die nicht nur in Haiti anzutreffen sind. Was dort erschwerend hinzutritt, ist ein Anspruchsdenken, vermischt mit dünkelhafter Arroganz, wie es im folgenden, aus der Kolonialzeit überlieferten Dialog zum Ausdruck kommt: »M'vlé yon zé. – Gnia point. – Acoz ça m'vlé dé!« (Ich möchte ein Ei. – Es gibt keine. – Dann möchte ich zwei!)

Das französische Verb *marroner* hat zwei Bedeutungen: ein entlaufener Sklave oder entflohener Sträfling zu sein, der sich vor seinen Verfolgern versteckt, oder hochzustapeln, falsche Titel zu führen und einen nicht gelernten Beruf auszuüben. Im gleichnamigen Roman von Mark Twain begegnet Huckleberry Finn auf Schritt und Tritt solch verkrachten Existenzen, vom flüchtigen Negersklaven Jim bis zum Hochstapler oder Verrückten, der sich als Dauphin des Königs von Frankreich ausgibt:

»Yes, my friend, it is too true – your eyes is lookin' at this very moment on the pore disappeared Dauphin, Looy the Seventeen, son of Looy the Sixteen and Marry Antoinette.«

»You! At your age! No! You mean you're the late Charlemagne; you must be six or seven hundred years old, at the very least.«

»Trouble has done it; trouble has brung these gray hairs and this premature baldidute. Yes, gentlemen, you see before you, in blue jeans and misery, the wanderin', exiled, trampledon, and sufferin' rightful King of France.«

In der Seemannssprache des 19. Jahrhunderts hatte das Fremdwort *marronieren* im Deutschen die zusätzliche Bedeutung, jemanden auf einer unbewohnten Insel auszusetzen. Mithin war Robinson Crusoe ein *Marrone*, nicht zu verwechseln mit einem *Marranen*: So hießen die von der Inquisition zwangsgetauften Juden, von denen Kolumbus abstammen soll. Auch die Konquistadoren waren Leute, denen der Boden in Europa zu heiß geworden war, ebenso wie die französischen Freibeuter, die sich auf der Schildkröteninsel vor der Nordwestküste Hispaniolas festsetzten, um den mit Gold und Silber beladenen spanischen Galeonen in der Windward-Passage zwischen Kuba und Haiti aufzulauern. Die Korsaren, die den Westteil der Insel 1697 für Frankreich annektierten, stammten aus protestantischen Seestädten wie La Rochelle und setzten, ähnlich wie ihre Glaubensbrüder aus Holland und England, den europäischen Religionskrieg gegen die katholischen Habsburger in Übersee fort – mit gutem Gewissen, weil sie im Auftrag Gottes zu handeln glaubten. So besehen, waren nicht nur die aus Afrika verschleppten Schwarzen, die gegen ihre weißen Herren rebellierten, *esclaves marrons*, sondern auch diese selbst – buchstäblich und nicht bloß im übertragenen Sinn: Viele Franzosen, die im Gefolge der Freibeuter nach Saint Domingue kamen, waren *engagés*, Sträflinge oder Prostituierte, die zur Bewährung in die Kolonien geschickt wurden und dort – ähnlich wie bei der Besiedlung Australiens – nach dreijähriger Zwangsarbeit die Freiheit erlangten. Im Gegensatz zu den meist adligen Gutsherren oder Verwaltern galten die aus der Unterschicht stammenden Weißen *(petits blancs)* als rassistisch und behandelten ihre Sklaven besonders hart, obwohl oder weil sie Knechtschaft und Diskriminierung am eigenen Leib erfahren hatten. Die kulturelle Entwurzelung aber hatten alle Mitglieder der Kolonialgesellschaft miteinander gemein: von Feld- und Haussklaven über Kammerzofen, Köche und Kutscher – einer von ihnen war Toussaint Louverture, der spätere Chef der Sklavenrevolte – bis zum Gouverneur und Intendanten, dem die zivile Verwaltung unterstand.

Laut *Code Noir* waren die Negersklaven keine Subjekte, sondern Teile des *beweglichen Mobiliars*: Der Transfer alter Unterdrückungsverhältnisse in die neue Welt ließ das Unrecht der Sklaverei noch schärfer hervortreten und brachte überraschende Gemeinsamkeiten an den Tag im Sinne der Hegelschen Dialektik von Herr und Knecht: »Aber wie die Herrschaft zeigte, daß ihr Wesen das Verkehrte dessen ist, was sie sein will, so wird auch wohl die Knechtschaft vielmehr in ihrer Vollbringung zum Gegenteile dessen werden, was sie unmittelbar ist; sie wird als in sich *zurückgedrängtes* Bewußtsein in sich gehen und zur wahren Selbständigkeit sich umkehren.« (Hegel, *Phänomenologie des Geistes*)

3 »Die Freiheit der Neger ist nur eine Chimäre«, schrieb der Plantagenbesitzer La Barre im Sommer 1791 aus Saint Domingue an seine in Frankreich lebende Frau. »Wir sind wachsam und haben nichts zu befürchten. Ich werde Dir ein wahrhaftiges Bild der Situation zeichnen: Die Sklaven haben kaum Verbindung untereinander. 300 000 von ihnen sind auf hundert Meilen Küste verteilt. Davon muß man zwei Drittel Frauen, Kinder und Greise abziehen. Bleiben noch 100 000, von denen mehr als die Hälfte brave Untergebene sind, die an ihren Kindern und ihrem kleinen Besitz hängen. Die restlichen 50 000, selbst wenn man ihnen die für eine Revolution nötige Intelligenz zutraut, haben keine Anführer und sind auf über tausend Plantagen verstreut. Um sie niederzuhalten, haben wir 40 000 Weiße und 15 000 Mulatten und freie Neger, die alles für die Bewahrung ihres Besitzes und ihrer Privilegien tun. Die Freiheit der Neger ist nichts als der Wunschtraum einiger Philanthropen, die die Kolonien nur vom Hörensagen kennen. Du kannst beruhigt sein: Wir schlafen nachts bei offenen Türen und Fenstern.«

Abgesehen davon, daß man in Haiti schon der Hitze wegen bei offenem Fenster schläft, stimmt an dieser Darstellung gar nichts, angefangen mit den Zahlen. Am Vorabend der Französischen Revolution lebten hier, in Schach gehalten von 50 000 Weißen und Mulatten, circa 500 000 Sklaven, die Saint Domingue mit ihrer Hände Arbeit zur reichsten Kolonie Frankreichs gemacht hatten, von deren Ausfuhren – Zucker, Kaffee, Baumwolle – nicht nur König und Adel, sondern auch die Handelsbourgeoisie der Hafenstädte profitierte: Von Schiffsausrüstern und Reedern über Börsianer und Bankiers bis zu den Abnehmern der begehrten Kolonialwaren, die hoch besteuert und zu staatlich festgesetzten Preisen verkauft wurden. Hier liegt der Ursprung eines Interessenkonflikts, der sich in Aufständen der Kolonialherren gegen das Handelsmonopol des Mutterlandes periodisch entlud – bekanntestes Beispiel hierfür war die *Boston Tea-Party*.

Die wirtschaftliche Bedeutung von Saint Domingue ist kaum hoch genug zu veranschlagen, wenn man bedenkt, daß Ludwig XV. 1763 Kanada an England abtrat, um den im Vergleich dazu winzigen Westteil Hispaniolas behalten zu können. Nicht nur der König und seine Minister, auch Aufklärer wie Voltaire und Revolutionsführer wie Mirabeau verdankten ihr Vermögen der Ausplünderung der Kolonien, und die Artikel über Zucker und Kaffee in Diderots *Encyclopédie* enthalten, wie die dazugehörigen Kupferstiche, empörte Anklagen gegen die Greuel der Sklaverei – heute würde man von Menschenrechtsverletzungen sprechen. 1788 wurde unter dem Einfluß des britischen Philanthropen Wilberforce der dem Jakobinerklub nahestehende Verein *Freunde der Schwarzen* gegründet, denen die im *Club Massiac* vereinigte Lobby der Kolonialherren mit ihrem bezahlten Sprecher Barnave gegenüberstand. Schon damals riefen die Gegner des Sklavenhandels, ähnlich wie später die Kritiker von Südafrikas Apartheidsregime, zum Boykott von Kolonialwaren auf, wie ein Dramenfragment des Sturm-und-Drang-Dichters Lenz zeigt:

»Leybold in Kissen eingewickelt auf einem Lehnstuhl, ein Buch in der Hand. Sein Bedienter trägt ihm Schokolade auf.

LEYBOLD (winkt mit der Hand): Bringt sie weg, bringt sie weg! – Mein Lebtag! Ich will keine mehr trinken.

BEDIENTER: Es ist keine Vanille drin.

LEYBOLD: Einfältiger Hund! – (wirft das Buch auf den Tisch) Es ist um des Schweißes der Wilden willen, der drauf liegt!

BEDIENTER (steht ganz versteinert)

LEYBOLD: Verstehst du das nicht? Sieh hier! (das Buch aufnehmend) Komm hierher – guck her! Blitz Wetter! Will Er herkommen? (Bedienter nähert sich ihm, er faßt ihn an die Hand und zieht ihn auf einen Stuhl, der neben dem seinigen steht) Sieh dieses Kupfer hier, es ist aus der *Voyage de l'Isle-*

de-France – seht, ihr Kanaillen, wenn ihr euch über unsere Launen beschwert, seht diese Neger an! Hat unser Herr Christus mehr leiden können als sie? Und das, damit wir unsern Gaumen kitzeln! – Ihr sollt mir mein Lebtag keine Schokolade mehr machen, auch kein Gewürz mehr auf die Speisen tun, sagt's dem Koch!

BEDIENTER: Der Medikus hat Ihnen aber doch selbst die Schokolade erlaubt.

LEYBOLD (ganz außer sich): Einfältiger Hund! (Sieht sich nach etwas um) Wenn ich doch etwas Unschädliches finden könnte, ihm an den Kopf zu werfen. – Der Medikus! der Medikus! Ich tu's um meines Gewissens willen… Wer bin ich, daß andere Leute um meinetwillen Blut schwitzen sollen? Sie dürften mir ja nur auf den Kopf schlagen, so wäre mein Gold ihres! Komm her, Mensch! Setz dich an den Tisch und trink mir deine Schokolade selber aus! Du hast sie gemacht, sie gehört dir, und wenn ich dich worin beleidigt habe oder dir was Ungebührliches befohlen – (Faßt ihn sehr rührend an die Hand und zieht die Mütze ab) Kannst du mir verzeihen, Peter?

BEDIENTER (geht weinend ab mit der Schokolade) Was kommt dem alten Mann an? So boshaft hab ich ihn in seinem Leben noch nicht gesehen!«

4 Als Jakob Michael Reinhold Lenz diesen Dialog zu Papier brachte, ahnte er nicht, wie schnell sich seine Voraussage bewahrheiten würde: »Sie dürften mir ja nur auf den Kopf schlagen, so wäre mein Gold ihres.« Während die Nationalversammlung in Paris über die Gleichberechtigung der Farbigen debattierte und der Pflanzer La Barre in Saint Domingue bei offenen Türen schlief, versammelten sich in Bois Caiman, einem Sumpfwald im Nordwesten der Kolonie, Sklaven aus den umliegenden Plantagen zu einer Voodoo-zeremonie. Höhepunkt des Rituals war ein Tieropfer, gefolgt von einer Art Rütlischwur, der als Urszene des Freiheits-kampfs und mythische Vorwegnahme des Unabhängigkeitskrieges gilt. Der Historiker Jean-Claude Dorsainville hat die Szene beschrieben, die mitsamt dem auf kreolisch überlieferten Schwur in Haitis Schullesebücher Eingang gefunden hat. Ob es sich dabei um die historische Wahrheit handelt oder um eine identitätsstiftende Legende, sei dahingestellt:

»Als alle vollzählig versammelt waren, brach ein tropischer Orkan los. Zuckende Blitze beleuchten einen Himmel mit düsteren, schnell ziehenden Wolken. In wenigen Augenblicken wird der Boden von sturzbachartigem Regen überschwemmt, während die vom Sturm gepeitschten Bäume sich ächzend krümmen und schwere Äste mit Getöse niederprasseln.

Inmitten dieses schaurigen Dekors beobachten die von panischer Angst erfüllten, reglosen Zuschauer, wie eine alte Negerin sich langsam erhebt. Ihr Leib wird von Zuckungen geschüttelt. Sie singt, dreht sich um sich selbst und wirbelt ein Buschmesser über dem Kopf. Alles erstarrt und hält den Atem an; aller Augen sind auf die Priesterin gerichtet. Ein schwarzes Schwein wird gebracht, dessen Grunzen sich im Toben des Sturms verliert. Mit einer raschen Bewegung sticht sie ihr Messer in die Kehle des Tiers. Das hervorsprudelnde Blut wird aufgefangen und macht dampfend die Runde; alle trinken davon und wiederholen den von der Priesterin vorgesprochenen Schwur:

Bon Dié qui fait soleil, qui clairé nous en haut,
Qui soulevé la mer, qui fait gronder l'orage,
Bon Dié-la z'autres tendé, caché dans son nuage,
Et là li gardé nous, li voyé tout ça blancs fait.
Bon Dié blancs mandé crime et pas nous vlé bienfait,
Mais Dié-la qui si bon ordonnin nous vengeance,
Li va conduit bras nous, li ba nous assistance.
Jeté portrait Dié blanc qui soif d'eau dans yeux nous
Couté la liberté qui parlé cœur à nous tous.«

(Gott, der die Sonne geschaffen hat, deren Licht auf uns scheint / Der das Meer aufwühlt und den Sturm heulen läßt / Der liebe Gott, hört mir gut zu, versteckt hinter einer

Wolke / Beobachtet uns und sieht alles, was die Weißen tun. / Der Gott der Weißen zwingt sie, Verbrechen zu begehen und uns Böses anzutun. / Aber unser Gott, der es gut meint mit uns, befiehlt uns Rache. / Er wird unsere Arme führen und uns zu Hilfe kommen. / Werft das Bild des Gottes der Weißen weg, der Durst hat auf das Wasser in euren Augen / Hört auf die Stimme der Freiheit, die aus unseren Herzen spricht! *Übersetzung H. C. B.*)

5 Der Voodookult, ebenso wie die kreolische Sprache, ist die Keimzelle der haitianischen Identität, das Produkt dreier Kontinente: Afrikas, Amerikas und Europas – in dieser Reihenfolge. Der Schlangenkult der Priesterkönige von Dahomey fand ebenso Eingang in den Voodoo wie die Religion der Yoruba von Nigeria: Haitis oberster Voodoogott heißt Damballah Oueddo nach seinem Ursprungsort Ouidah im heutigen Benin, nicht weit von dem Fischerdorf Agoué, nach dem der Voodoo-Meeresgott benannt ist, während der Kriegsgott Ogoun Badagri heißt nach einer Hafenstadt im benachbarten Nigeria. Felsritzungen von Zémès, Gottheiten präkolumbianischer Indianer, und Vévés, mit Maismehl auf den Boden gezeichnete Figuren, die an Freimaurersymbole erinnern, sind ebenso im Voodoo präsent wie die Liturgie der katholischen Kirche mitsamt ihren Heiligen, die mit afrikanischen Göttern gleichgesetzt werden, oder der in evangelistischen Sekten übliche Wechselgesang zwischen Vorbeter und Gemeinde, auf dessen Höhepunkt die verzückten Zuhörer in Trance geraten.

Die Helden des Freiheits- und Unabhängigkeitskrieges: Toussaint Louverture, Dessalines und Christophe, sind längst ins Voodoo-Pantheon eingegangen, ebenso wie Doktor François Duvalier alias Papa Doc, der mit einem Voodoofluch, kreolisch *Ouanga,* seinen Widersacher John F. Kennedy getötet haben soll. Der Voodoo evoluiert, und alle Bemühungen, ihn in ein logisches Korsett zu zwingen, waren und sind ebenso zum Scheitern verurteilt wie die Versuche, die kreo-

lische Sprache zu kodifizieren, deren Vokabular zwar zu
neunzig Prozent französisch, deren Grammatik und Syntax
aber afrikanischer Herkunft sind. Was früher wie verballhorn-
tes Französisch klang und dementsprechend mißachtet oder
belächelt wurde, erweist heute, in phonetischer Umschrift,
seine Verwandtschaft mit Ewe und Fon, zwei an der ehemaligen Sklavenküste, in Togo und Benin, noch heute lebendigen
Sprachen, die wie Chinesisch tonal strukturiert sind.

Eine Woche nach der oben geschilderten Voodoo-Zeremonie, die der Überlieferung nach am 14. August 1791 stattfand,
stand die gesamte nördliche Kapebene, das größte und frucht-
barste Zuckerrohranbaugebiet der Karibik, in Flammen. Die
Kolonialherren wurden, einschließlich Frauen und Kindern,
gnadenlos niedergemetzelt, ähnlich wie dreizehn Jahre später,
als General Dessalines nach Vertreibung der Napoleonischen
Truppen die Ermordung aller im Lande verbliebenen Franzosen befahl, getreu dem martialischen Motto, das den Aufständischen zum Sieg verhalf: *Couper têtes, brûler cayes* –
Köpfe abschneiden und Häuser niederbrennen.

Geschichte und Gegenwart sind in Haiti nicht durch eine
chinesische Mauer getrennt, und der hellhäutigen Oberschicht, bestehend aus der mit Nachkommen europäischer
Kaufleute vermischten Mulattenbourgeoisie, fährt jedes Mal
der Schreck in die Knochen, wenn sich die Bewohner der
Armenviertel von Port-au-Prince zusammenrotten, um das
Haus eines in Ungnade gefallenen oder zum Abschuß frei-
gegebenen Politikers auszurauben und anschließend dem
Erdboden gleichzumachen. Noch heute sträuben sich ihnen
die Haare beim Gedanken an die Worte, mit denen Dessalines
seiner Soldateska die Erlaubnis zum Plündern gab: *Il faut
éplumer la poule* – man muß das Huhn rupfen, solange es
noch Federn hat. Beide Slogans des Staatsgründers – das
Köpfeabschneiden und Häuseranzünden ebenso wie das
Rupfen des Huhns – begründeten eine bis heute fortwirkende
Tradition, zu der das aus der Zarenzeit stammende Bonmot
eines westlichen Beobachters paßt, Rußland sei eine durch
Attentate und Volksaufstände gemilderte Despotie. Das gilt

auch für Haiti, wo Staatsterrorismus und Kleptokratie zwei Seiten derselben Sache sind, und wo das anderswo geltende Gesetz, daß die Geschichte sich nicht wiederholt, außer Kraft gesetzt zu sein scheint. Eine Wiederholung des 14. August 1791, als das Köpfeabschneiden und Häuseranzünden begann – in Wahrheit wurde es schon von den spanischen Konquistadoren praktiziert –, ist in Haiti jederzeit möglich, spätestens aber dann, wenn die Regierung stürzt und die Polizei durch Abwesenheit glänzt. Die meisten Präsidenten und selbsternannten Staatschefs wurden von wütenden Volksmassen gelyncht oder von ihren Nachfolgern ermordet, und es gab Perioden in der haitianischen Geschichte, in denen die Regierungen schneller wechselten als die Jahreszeiten: 1908–1915 und 1986–1994 zum Beispiel, was beide Male die USA zu militärischem Eingreifen bewog und vom kreolischen Volksmund mit dem Vorbeiflug des Halleyschen Kometen in Zusammenhang gebracht wurde.

6 Haiti ist ein *état marron,* will sagen: ein Staat, der sich wie ein entlaufener Sträfling vor seinen Bürgern versteckt, von Diebstahl und Raubzügen lebt und sich der Verantwortung für seine Taten mit großem Geschick entzieht. Zu den seltenen Lichtblicken in der von Massakern und Militärputschen akzentuierten Geschichte des Landes gehörte die zwölfjährige Herrschaft des Mulattengenerals Alexandre Pétion, der dem Befreier Lateinamerikas, Simón Bolívar, Asyl gewährte und in einer Agrarreform das Plantagenland an ehemalige Sklaven verteilte, sowie seines Nachfolgers Boyer, der den spanischen Ostteil der Insel annektierte und länger als jeder andere Präsident, von 1818 bis 1843, regierte. Beide konnten sich zu ihrer Rechtfertigung auf einen Vorläufer berufen, der anders als seine Nachfolger eine rechtsstaatliche Tradition begründet und Saint Domingue schrittweise auf die Unabhängigkeit vorbereitet hatte, bevor er als Märtyrer der Befreiung starb: Toussaint Louverture, die karibische Nemesis des Ersten Konsuls Napoleon Bonaparte, der ihn unter Bruch eines feierlich gegebenen Versprechens in einer Festung im Juragebirge schmählich verrecken ließ. Mündlicher Überlieferung nach stammte Toussaint Louverture aus der Königsfamilie von Dahomey; als Kutscher auf der Plantage Bréda brachte er die Familie seines Herrn in Sicherheit, bevor er sich im August 1791 den Aufständischen anschloß und aus einem Haufen entlaufener Sklaven eine disziplinierte Armee schmiedete, deren Übertritt ins Lager der Republik die Kolonie Saint Domingue für Frankreich rettete: ein spektakuläres *renversement des alliances* – bis dahin hatten Spanien und England den Sklavenaufstand militärisch unterstützt –, das den Übergang von der anarchischen Revolte zur zielgerichteten Revolution markiert.

7 *»Freunde und Brüder!* Ich bin Toussaint Louverture. Mein Name ist euch allen bekannt. Ich bin gekommen, um Rache zu nehmen. Ich will, daß Freiheit und Gleichheit herrschen in Saint Domingue. Ich tue alles, um dieses Ziel zu verwirklichen. Vereinigt euch mit uns, Brüder, kämpft zusammen mit uns für die gemeinsame Sache!«

Mit diesem Paukenschlag betrat Toussaint Louverture im August 1793 die historische Bühne von Saint Domingue, das er in knapp neun Jahren gründlicher umgestaltete als jeder andere Staatsmann – mit Ausnahme Napoleons, der ihn im Juni 1802 festnehmen und nach Frankreich deportieren ließ. Als Kutscher des Grafen Bréda hatte er sich selbst Lesen und Schreiben beigebracht, und die zahlreichen Aufrufe, Briefe und Proklamationen, die er seinem Sekretär, einem Ex-Jesuiten, diktierte, atmen den Geist der Französischen Revolution und der lateinischen Rhetorik, die Robespierres Reden im Nationalkonvent ebenso inspirierte wie die imperialen Dekrete Napoleons: Kaisertum und Republik waren, wie schon im augusteischen Zeitalter, zwei Seiten derselben Medaille. Die Deklarationen von Toussaint Louverture, dessen Beiname – Öffnung oder Bresche – auf einen Ausruf des Generals Laveaux zurückzuführen ist: »Dieser Mensch erzielt einen Durchbruch nach dem anderen!«, waren durch Welten getrennt vom animistischen Denken der Sklaven, deren Wortführer alle Bündnisangebote der von Feinden bedrängten Republik ausschlug mit der stereotypen Begründung:

»Ich bin der Untertan dreier Könige; des Königs von Kongo, Herrscher über alle Schwarzen, des Königs von Frankreich, der mein Vater, und des Königs von Spanien, der meine Mutter ist. Sie sind die Nachkommen der Heiligen Drei Könige, die, von einem Stern geleitet, kamen, um das Kind Gottes anzubeten. Wenn ich in den Dienst der Republik treten würde, müßte ich Krieg führen gegen meine Brüder, die drei Könige, denen ich einen Treueid geschworen habe.«

Von hier aus führte ein langer und gewundener Weg zum folgenden Brief, mit dem Toussaint Louverture im Mai 1794 den Übertritt zu Frankreich vollzog:

Toussaint Louverture, Kommandant der Westarmee, an Étienne Laveaux, Generalgouverneur per interim:

»Es ist wahr, General, ich wurde zum Irrtum verführt von den Feinden der Republik, aber welcher Mensch kann von sich behaupten, daß er den Anschlägen seiner Feinde immer entgeht? Unglücklicherweise wurde der von mir vorgeschlagene Weg zur Versöhnung: Anerkennung der Freiheit aller Schwarzen und Erlaß einer Generalamnestie, verworfen. Unter diesen Umständen bot mir Spanien seinen Schutz an. Da ich stets für die Freiheit meiner Hautfarbe eingetreten bin und da ich mich von meinen französischen Brüdern verlassen glaubte, nahm ich das Angebot an. Erst jetzt hat mir eine verspätete Einsicht die Augen geöffnet über die wahren Ziele unserer Beschützer, die uns gegeneinander in den Kampf hetzen, um die Überlebenden in Ketten zu legen und in die Sklaverei zurückzustoßen. Dieses schändliche Ziel dürfen sie nie erreichen: Vergessen wir die Vergangenheit, schließen wir uns zusammen, um gemeinsam den Feind zu schlagen!

Die Fahne der Republik weht über Gonaïves und Umgebung, von wo ich alle Spanier und Emigranten vertrieben habe, aber mein Herz ist betrübt beim Gedanken an unschuldige Zivilisten, die den Kämpfen zum Opfer fielen. Ich gehöre nicht zu denen, die kaltblütig alle Schrecken mit ansehen, und es schmerzt mich, solche Übergriffe nicht verhindern zu können. Es hat lokale Revolten auf einigen Plantagen gegeben, aber ich habe die Ordnung wiederhergestellt, und alles arbeitet wie früher.

Mit patriotischem Gruß (unterzeichnet)

Toussaint Louverture.«

Der Verfasser dieses Textes war kein naiver Moralist, sondern ein mit allen Wassern gewaschener Stratege, der sich nicht von subjektiven Stimmungen, sondern durch objektive Kriterien leiten ließ. Unter diesen hatte die Sklavenbefreiung obersten Rang, und es ist bezeichnend, daß Toussaint Louverture erst dann zu Frankreich überlief, als der Nationalkonvent die von den Kommissaren Sonthonax und Polverel eigenmächtig verkündete Abschaffung der Sklaverei auch formell bestätigt hatte. Das Direktorium beförderte ihn zum Brigadegeneral, dessen zwei Söhne in Frankreich auf Staatskosten erzogen wurden, und Toussaint Louverture konsolidierte seine Macht, indem er sich seiner früheren Gönner entledigte: Unter dem Vorwand, er habe ihm die Ermordung aller Franzosen und die Unabhängigkeit von Frankreich vorgeschlagen, schickte er den Sklavenbefreier und radikalen Jakobiner Sonthonax nach Paris zurück, ähnlich wie seinen Freund und Förderer General Laveaux, den er gegen dessen Willen zum Deputierten wählen ließ. Gleichzeitig ließ er seinen Neffen Moïse, der aus Protest gegen ein von Toussaint Louverture erlassenes drakonisches Arbeitsgesetz die Plantagenarbeiter aufgewiegelt hatte, standrechtlich erschießen: Die sukzessive Entmachtung der linken und rechten Opposition, denen er seine eigenen machtpolitischen Ambitionen in die Schuhe schob, weist in ihrem kaltblütigen Macchiavellismus auf Lenin und Stalin voraus.

Was Toussaint Louverture von derartigen Gewaltherrschern unterschied, war die gerechte Sache, für die er stritt und von der er sich durch innere und äußere Feinde nicht abbringen ließ. So besehen ist sein Antwortbrief an Napoleon, der eine gewaltige Kriegsflotte nach Saint Domingue in Marsch setzte, um dort die Sklaverei wiedereinzuführen, Toussaint Louvertures politisches Testament – ein Text, der als anti-napoleonisches Pamphlet in Europa kursierte und den Kleist gekannt haben muß, als er seine Novelle *Die Verlobung in St. Domingo* schrieb:

Toussaint Louverture, Oberbefehlshaber der Armee von Saint Domingue, an Bonaparte, Ersten Konsul der Republik:

»Bürger Konsul! Durch Ihren Schwager, General Leclerc, dem Sie den in der Verfassung von Saint Domingue nicht anerkannten Titel eines Generalkapitäns beilegen, ist mir Ihre Zuschrift zugekommen. Der Überbringer hat gleichzeitig zwei unschuldige Kinder den zärtlichen Umarmungen ihres liebenden Vaters übergeben. Welch hochherziges Beispiel europäischer Menschenliebe! Aber obwohl diese Pfänder mir teuer sind und die Trennung von ihnen mir schwerfällt, will ich meinen Feinden keine Verbindlichkeit schuldig bleiben und schicke sie ihren Kerkermeistern zurück. Die nach Saint Domingue entsandten Streitkräfte haben ihre Landung be-werkstelligt und verbreiten Tod und Verderben um sich her. Aber ach – zu welchem Zweck? Wegen welcher Verbrechen und in wessen Vollmacht? Soll ein rohes, aber niemanden beleidigendes Volk durch Feuer und Schwert vertilgt werden, nur weil wir es gewagt haben, uns eine unseren Bedürfnis-sen angepaßte Verfassung zu geben, die, wie Sie selbst zu-gestehen, viel Gutes, aber auch Eingriffe in die Oberherr-schaft des französischen Volkes enthält! – Worauf beruht und wie weit erstreckt sich diese Herrschaft? Ist sie von aller Verantwortlichkeit frei, ohne Maß und ohne Grenzen?

Die Kolonie Saint Domingue, sagen Sie in Ihrem Schreiben, ein integraler Bestandteil der Französischen Republik, strebt nach Unabhängigkeit. Und warum sollte sie dies nicht tun? Die Vereinigten Staaten von Amerika haben das gleiche getan; und es ist ihnen gelungen – mit Unterstützung Frankreichs. Doch unsere Verfassung enthält noch einige Mängel und nimmt manche Vorurteile in Schutz. Das weiß ich wohl. Welche menschliche Einrichtung wäre davon frei? Und ich frage Sie: Ehrt das Regierungssystem, das Sie der Republik aufoktroyiert haben, die individuelle oder allgemeine Freiheit, die Freiheit des Wortes oder der Handlungen mehr als das unsrige?

Das hohe Amt, das ich bekleide, ist nicht meine Wahl. Gebieterische Umstände haben mich hineingedrängt: *Ich habe keine Verfassung umgestürzt, ich habe geschworen, sie aufrechtzuerhalten!* Ich sah diese unglückliche Insel der Zwietracht und der Wut der Fraktionen preisgegeben und wurde einstimmig zu ihrem Oberhaupt gewählt. Ich habe Unruhen gestillt, die Empörung gedämpft, die Ruhe wiederhergestellt und die Ordnung aus dem Schoß der Gesetzlosigkeit hervorgerufen. Haben Sie, Bürger Konsul, andere oder bessere Ansprüche auf den Posten, den Sie bekleiden?«

Die Provokation lag nicht allein darin, daß Toussaint Louverture die von Napoleon vorgebrachten Scheinargumente Punkt für Punkt widerlegte und als durchsichtige Vorwände entlarvte, mit denen die Wiedereinführung der Sklaverei gerechtfertigt werden sollte. Das eigentliche Skandalon war die Tatsache, daß ein Abkömmling afrikanischer Sklaven, der durch seine Verdienste zum französischen General aufgestiegen war, es wagte, von gleich zu gleich mit Napoleon zu sprechen – nicht umsonst wurde Toussaint Louverture als schwarzer Napoleon apostrophiert! Dies, und nicht das ihm unterstellte Streben nach Unabhängigkeit, über dessen Tragweite sich die Historiker bis heute uneins sind, bewog Napoleon Bonaparte, Toussaint Louverture verhaften und elend verrecken zu lassen.

Der beste Kommentar zu dieser historischen Tragödie ist ein Gedicht von William Wordsworth, das anders als Kleists *Verlobung in St. Domingo* frei ist von kolonialen Klischees; Wordsworth war ein Anhänger der Französischen Revolution, bevor er sich wie Goethe und Schiller enttäuscht von dieser abwandte:

To Toussaint Louverture
Toussaint, the most unhappy man of men!
Whether the whistling rustic tend his plough
Within thy hearing, or thy head be now

Pillowed in some deep dungeon's earless den; –
O miserable chieftain! Where and when
Wilt thou find patience? Yet die not, do thou
Wear rather in thy bonds a cheerful brow:
Though fallen thyself, never to rise again,
Live and take comfort. Thou hast left behind
Powers that will work for thee; air, earth and skies;
There's not a breathing of the common wind
That will forget thee; thou hast great allies;
Thy friends are exultations, agonies,
And love, and man's unconquerable mind.«

(Toussaint, o unglücklichster aller Menschen! / Ob der pfeifende Landmann seinen Pflug / In deiner Nähe führt, oder ob dein Haupt / Begraben liegt in eines tiefen Kerkers dumpfer Gruft, / O unglücklicher Häuptling! Wo und wann / Findest du Frieden? Doch stirb nicht; bewahr / In Ketten deine heitere Stirn: / Gefallen, um nie wieder aufzustehn, / Lebst du für immer nun. Du läßt zurück / Mächte, die für dich wirken: Erde, Luft und Himmel; / Kein Atemzug des Winds / Vergißt dich je; denn deine Freunde sind: / Frohlocken, Agonie und Liebe und / Des Menschen niemals auslöschbarer Geist. *Übersetzung H. C. B.*)

Toussaint Louverture hatte einen Wiedergänger im 20. Jahrhundert, den kongolesischen Freiheitskämpfer Patrice Lumumba, der ebenfalls als Märtyrer starb. Nicht zufällig kehrt der Gedanke der ewigen Wiedergeburt aus Wordworth' Gedicht in den letzten Worten wieder, die Aimé Césaire in seinem Stück *Une saison au Congo* dem sterbenden Lumumba in den Mund legt. Auch hier sind es die Elemente der Natur, in denen das Vermächtnis des Toten weiterlebte – ein Motiv, das Heiner Müller in seinem Drama *Der Auftrag* aufgegriffen hat, das, basierend auf einer Novelle von Anna Seghers, den gescheiterten Versuch des Exports der haitianischen Revolution nach Jamaica schildert:

»Lumumba: Ich habe die ganze Nacht Heulen und Lachen, Seufzen und Murren gehört … Die Hyäne war es also.

M'Siri: Du arroganter Hund! Siehst du nicht einmal den Tod, der dir vorm Auge steht? Du lebst deinen Tod und merkst ihn nicht!

Lumumba: Ich sterbe mein Leben, und das genügt mir.

M'Siri: Da! *(stößt die Klinge tiefer)* Nun, du Prophet, was siehst du jetzt?

Lumumba: Ich werde Acker sein, ich werde Weide sein
Ich werde sein mit dem Wagenia-Fischer
Ich werde sein mit dem Ochsentreiber der Kivu
Ich werde auf dem Berg sein
Ich werde in der Schlucht sein«

8 Aimé Césaire, der Dichter der Négritude, war nicht der einzige, der sich von Haitis wechselvoller Geschichte zu dramatischen Werken inspirieren ließ. Die haitianische Revolution hat vor allem marxistische Historiker fasziniert, weil die Klassenkämpfe hier wie chemische Reaktionen in einem Reagenzglas ablaufen und die Akteure schon anhand ihrer Hautfarben voneinander zu unterscheiden sind. In seinem Standardwerk *The Black Jacobins*, entstanden Mitte der dreißiger Jahre des 20. Jahrhunderts in London, wo der aus Trinidad stammende Autor mit dem Wiener Sexualforscher Ernest Borneman und mit Jomo Kenyatta, dem späteren Staatschef Kenias, in einer linken Kommune zusammenlebte, zeigt C. L. R. James, daß und wie der überraschende Wechsel der Allianzen, sprich Verrat, sich als roter Faden durch die Geschichte Haitis zieht: Vom Protest der Kolonialherren gegen das Handelsmonopol des Mutterlands über die Revolte der freien Farbigen bis zur Sklavenrebellion, und weiter vom Freiheits- zum Unabhängigkeitskrieg, haben die politischen Akteure nie gezögert, Bündnisse aufzukündigen und geheiligte Prinzipien über Bord zu werfen, sobald ihr ökonomisches Interesse – oder der Erhalt der Macht – dies erforderte. Patriotismus und Rassismus, zwei Eckpfeiler, auf denen die Hierarchie der Kolonialgesellschaft beruhte, wurden über Nacht geschleift, um schon am nächsten Tag in neuer Gestalt wiederaufzuleben. In der ersten Phase der Revolution verbündeten sich die rassisch diskriminierten Mulatten mit Aristokraten und reichen Kolonialherren, deren uneheliche Kinder sie waren, während die sogenannten *kleinen Weißen* mit den Vereinigten Staaten sympathisierten, wo sie höhere Preise für ihre Kolonialwaren erzielten und wo das Rassenvorurteil nicht in Frage gestellt war. Mit vereinten Kräften schlugen die miteinander verfeindeten Gruppen den Aufstand der Sklaven nieder, an deren Emanzipation weder die freien Farbigen noch die Weißen Interesse hatten. Erst als die von Spanien und England unterstützte Rebellion die Oberhand gewann, entdeckten die Mulatten ihre Gemeinsamkeit mit den Schwarzen, die ihrerseits die royalistischen Mächte verrieten und zu Frankreich überliefen, dessen revolutionäre Regierung ihnen die Anerkennung ihrer Freiheit versprach. Das *renversement des alliances* ist unter solchen Umständen nicht die Ausnahme, sondern die Regel, ähnlich wie die Rochade beim Schach.

Nach der gewaltsamen Deportation von Toussaint Louverture, in der letzten Phase des Unabhängigkeitskriegs, eskalierte der Klassenkampf zum Rassenkampf, der von beiden Seiten mit verbissener Härte ausgetragen wurde. Louvertures Nachfolger Dessalines ließ als Geiseln genommene Zivilisten in Sichtweite der französischen Truppen erhängen, während Rochambeau, der Nachfolger des am Gelbfieber verstorbenen Generals Leclerc, kriegsgefangene Schwarze von aus Kuba importierten Bluthunden zerfleischen ließ: ein Schauspiel, an dem Pauline Bonaparte, die Witwe von Leclerc, sich angeblich nicht satt sehen konnte.

Seit dem von Dessalines angeordneten Massaker an der französischen Zivilbevölkerung gibt es in Haiti keinen Rassenhaß mehr, weil es keine Weißen mehr gibt. Trotzdem oder gerade deshalb sind diese als Touristen und Geldgeber willkommen, und die in der anglophonen Karibik oder auf den französischen Antillen verbreitete *umgekehrte Diskriminierung* ist hierzulande unbekannt. An die Stelle des Antagonismus zwischen schwarz und weiß trat ein anderer Konflikt, der seit Jahrhunderten die haitianische Gesellschaft prägt und Ausländern gegenüber gern bagatellisiert oder totgeschwiegen wird: der Gegensatz zwischen der aus Afrika stammenden Bevölkerungsmehrheit und der mit Europäern vermischten Oberschicht. Die Hautfarbe kaschiert ein soziales Problem, das der kreolische Volksmund auf den Punkt bringt mit der Redensart: *Nèg rich se mulat, mulat pov se nèg* – ein reicher Neger ist ein Mulatte, ein armer Mulatte ein Neger… Schon vor Einführung des allgemeinen Wahlrechts konnte ein Staatschef sich nur an der Macht halten, wenn er die richtige, sprich: dunkle, Hautfarbe besaß. Haitis Despoten – von Dessalines und Christophe über Soulouque bis zu Papa Doc – waren schwarz, was sie nicht daran hinderte, Frauen aus der Oberschicht zu heiraten, um die Hautfarbe ihrer Kinder »aufzubessern«, wie man hierzulande sagt: Das gilt für Jean-Claude Duvalier alias Baby Doc ebenso wie für den Ex-Priester Jean-Bertrand Aristide, der sich als Anwalt der armen Schwarzen verstand, aber in die Bourgeoisie einheiratete nach dem sexistischen Motto: Nieder mit den Mulatten – hoch die Mulattinnen!

Die Geburtsstunde des schwarzen Rassismus und zugleich die Erbsünde der haitianischen Revolution war der von Toussaint Louverture befohlene Rachefeldzug gegen die Farbigen (1799–1800), in dessen Verlauf die Hochburgen der Mulatten im Süden von Saint Domingue geschleift und weitgehend entvölkert wurden – Dessalines und Christophe taten sich dabei durch besondere Grausamkeit hervor. Dieses brutale Vorgehen hat wiederum Papa Doc inspiriert, als er die Städte der Südküste plündern und ihre hellhäutigen Bewohner, unter dem Vorwand der Guerrillabekämpfung, von Tontons Macoutes massakrieren ließ. Aber das gehört in ein anderes Kapitel dieses aus dem Ruder laufenden Essays.

Fünftes
Kapitel

»Und der Weiße, der dich zum Mulatten
gemacht hat, ist nur ein wenig Schaum,
auf die Küste geworfene Spucke ...«
Jacques Roumain

1 Das Santo Domingo Sheraton liegt wie alle internationalen Hotels an der Strandpromenade, dem
Malecón, der früher, als die Stadt noch Ciudad Trujillo
hieß, nach dem Vater des Vaterlandes und Wohltäter der
Nation, Oberbefehlshaber der Streitkräfte und Wieder-
hersteller der Unabhängigkeit Rafael Leónidas Trujillo
Molina, benannt war: Sein Wahlspruch *Dios y Trujillo* ist
noch heute in alle Kanaldeckel der Hauptstadt eingraviert.
»Sie wollen wissen, wie das Leben unter Trujillo hierzulande war?« sagte der Taxichauffeur, der B. vom Flughafen
zum Hotel fuhr: »Eine gute Frage. Das Leben war damals
nicht anders als heute. Aber wenn ein Bekannter einen
begrüßte mit: ›Guten Tag, wie geht's?‹, anwortete man
nicht einfach *gut,* sondern sagte: ›Ausgezeichnet, Trujillo
sei Dank!‹ Sie wollen Quisqueya besuchen«, fuhr er fort,
»aber ich rate Ihnen, fahren Sie lieber nicht dorthin.« –
»Und warum nicht?« – »*Son bestias:* Die Leute dort sind
wilde Tiere, blutrünstige Bestien!«

In der Lobby des Sheraton Hotels trafen sich Fernseh-
teams, Reporter und Journalisten aus der ganzen Welt, die
hier seit Tagen auf die Einreisegenehmigung nach Quisqueya warteten. Aufgrund des Embargos hatten die meisten Länder ihre diplomatischen Vertretungen geschlossen, und die regierende Militärjunta gab keine Visen an
Journalisten mehr aus: Wegen der sich zuspitzenden Krise
wurde vor Reisen nach Quisqueya gewarnt. Die Redaktion der Zeitung, für die er arbeitete, hatte per Fax seine

Einreise und Akkreditierung beantragt, aber die Bestätigung lag noch nicht vor; nicht mal die Zimmerreservierung hatte geklappt; das Sheraton war ausgebucht, und der Mann an der Rezeption behauptete, das Telex aus Zürich sei niemals eingetroffen. Etwas war faul an der Sache: Die dominikanischen Behörden steckten unter einer Decke mit der Hoteldirektion und weigerten sich, aus Quisqueya eintreffende Nachrichten an ihre Adressaten zu übermitteln, um die Abreise der Journalisten so lange wie möglich hinauszuzögern. Deren Anwesenheit in Santo Domingo war ein lukratives Geschäft, denn sie zahlten jeden geforderten Preis.

»Ich fühle mich wie eine gebratene Bergziege, nein Grenzziege«, sagte eine Frauenstimme, die B. bekannt vorkam: »Das ist eine kulinarische Spezialität, die in der Churrasquería gegenüber vom Hotel angeboten wird – gehen Sie lieber nicht dorthin.« Es war Maggie O'Brian, die Kriegsreporterin des *Guardian*. Zweimal hatte sie versucht, illegal die Grenze zu überqueren: Beim ersten Mal war sie einer Patrouille der Armee in die Arme gelaufen, beim zweiten Mal hatte ein dominikanischer Grenzposten sie aufgegriffen und zurückgeschickt, und jedesmal hatte sie Bestechungsgeld bezahlt, im ersten Fall dreihundert, im zweiten fünfhundert Dollar. »Morgen starte ich meinen dritten und letzten Versuch«, sagte Maggie: »Wenn es wieder nicht klappt, fliege ich nach England zurück.« Und sie bot ihm das Sofa in ihrem Hotelzimmer zum Übernachten an.

Die Hitze klatschte B. wie ein nasses Handtuch ins Gesicht, als er aus der Drehtür des Hotels auf die Straße trat. Eine fette Prostituierte versperrte ihm den Weg – es war nicht ganz klar, ob sie übergewichtig oder im siebten Monat schwanger war – und langte ihm mit gezieltem Griff zwischen die Beine, während eine Stimme aus dem *off* ihm die Frage zuwisperte: »You prefer sexy old lady or innocent little girl? She seven times virgin and hundred percent clean!« Der Ausdruck *sexual assault* fiel ihm ein, und B. rieb sich die Augen wie bei einem Déjà-vu, aber es war nicht Sato, der japanische Photograph, sondern ein dominikanischer Zuhälter, der vor ihm stand.

»Quieres cambiar dolares«, rief ein Mestize mit künstlich geglättetem Haar von der anderen Straßenseite herüber und wedelte mit einem Stapel Geldscheine. Wie in Quisqueya, dachte B.: Die Leute hier waren unterernährt, aber die Banknoten waren fettig von den vielen Fingern, durch die sie gewandert waren, und das Bündel, das der Geldwechsler ihm in die Hand drückte – der Gegenwert von zwanzig Dollar –, war daumendick.

B. trat in eine schattige Toreinfahrt und verstaute die Pesos in seinem Brustbeutel – ein riskantes Versteck, denn die prall gefüllte Börse zeichnete sich unter seinem T-Shirt ab, und um ihm das Geld zu entreißen, müßten die Räuber ihm die Kehle aufschlitzen – nicht vorsätzlich, sondern aus Versehen, aber das war ein schwacher Trost. Dieb hieß *ladrón* auf spanisch, ein Wort, das die kleinen Ganoven in den Adelsstand erhob, passend zu einem von Konquistadoren besiedelten Land, deren Nachkommen sich als Räuber und Mörder, Nutten oder Zuhälter betätigten – Hehlerei und Hurerei waren die ältesten Gewerbe der Neuen Welt. B. fühlte eine Welle von Übelkeit in sich hochsteigen und lehnte seine schweißnasse Stirn an einen steinernen Türpfosten, in den das Wappen von Kolumbus' Sohn Don Diego Colón eingraviert war. Oder handelte es sich um Kolumbus' Enkel? Vielleicht war es auch das Wappen des Gouverneurs Oviedo, der die Inquisition nach Santo Domingo gebracht und die Ureinwohner, die sich der Bekehrung zum Christentum und der Zwangsarbeit in den Minen widersetzten, ausgerottet hatte. *Mit Feuer und Schwert*, dachte B., als er einen heißen Atem im Nacken spürte. Jemand schlang ihm von hinten die Arme um die Brust, aber anstatt ihm ein Messer in den Rücken zu stoßen, flüsterte ihm der Unbekannte die Worte »You want to fuck very cheap clean twelve year old boy?« ins Ohr.

Als B. zwei Stunden später die Hotelhalle betrat, überreichte ihm der Mann an der Rezeption zwei Faxmitteilungen aus Berlin, von denen eine von seiner Frau, die andere von seiner Freundin stammte. Beide hatten den gleichen Wortlaut: »Paß auf dich auf!«

Wie oft hatte er vor dem Aufbruch in ein Kriegs- oder Krisengebiet diesen gutgemeinten Rat schon gehört, und wie oft hatte B. sich gefragt, welche Lehre daraus zu ziehen sei, während sein Wagen auf eine Straßensperre zurollte, bewacht von Milizangehörigen oder Rebellen, die bei seiner Annäherung ihre Gewehre durchluden. Sollte er auf der Stelle kehrtmachen oder Vollgas geben, um die aus brennenden Autoreifen bestehende Barrikade zu durchbrechen, wie er dies während der Unruhen nach dem Sturz des Diktators Big Chief Garçon getan hatte? Beides war gefährlich, aber auch die Zahlung eines Bestechungsgelds war riskant, denn der Anblick eines gutgefüllten Portemonnaies weckte die Gier nach mehr bei Soldaten und Polizisten, denen die Regierung seit Monaten keinen Sold mehr ausbezahlt hatte – ganz zu schweigen von bewaffneten Zivilisten, die sich mit Zuckerrohrschnaps Mut antranken und einen alleinreisenden Reporter als leichte Beute betrachteten. Das beste Bestechungsgeld waren Zigaretten, keine ganze Schachtel, sondern zwei, höchstens drei Camels oder Marlboros, genau abgezählt, die B. mit den Worten, es seien seine letzten, aus der Brusttasche seines Hemdes ziehen und den bewaffneten Posten anbieten würde. Anschließend würde er ihnen Feuer geben und mit dem Versprechen, auf der Rückfahrt mehr Zigaretten mitzubringen, die Sperre durchfahren. Bei diesem Gedanken fielen ihm die Augen zu.

2 Er hatte die Invasion verschlafen. Während B. sich, fröstelnd in dem eisgekühlten Hotelzimmer, unter einer viel zu dünnen Decke auf dem Sofa hin und her wälzte, ging in Port-à-Piment, keine zweihundert Kilometer von Santo Domingo entfernt, ein Vorauskommando der US-Marines an Land, unbemerkt von der quisqueyanischen Armee und unbehelligt von den Kanonen der Küstenbatterie, die seit Jahren keinen Schuß mehr abgefeuert hatten. Nur streunende Hunde, Straßenkinder und Bettler gaben den Soldaten mit den geschwärzten Gesichtern, die mit Stahlhelmen und kugelsicheren Westen durch knietiefes Wasser an Land wateten, das Geleit zum Flughafen, dessen Besatzung kampflos kapitulierte und die Invasoren als Befreier begrüßte. Kolonnen von Schützenpanzern und Militärlastwagen rumpelten durch die menschenleeren Straßen, eskortiert von bewaffneten Stoßtrupps, die, Gewehre im Anschlag, von einer Ecke zur nächsten huschten und strategisch wichtige Punkte absicherten. Kampfhubschrauber donnerten in niedriger Höhe über die Dächer der Stadt, deren Bewohner, im Glauben, es handle sich um einen der auf den karibischen Inseln häufigen Wirbelstürme, unter Betten und Tischen Schutz suchten, bevor sie weiße Bettlaken hißten und sich, Palmwedel schwenkend, mit ihren Feinden verbrüderten, die wie bei einer Karnevalsparade einen Regen von Süßigkeiten und Bonbons auf die jubelnde Menge niedergehen ließen: *Butterfinger, Baby Ruth* und *Hershey's with Almonds* – so hießen die Schokoladenriegel, die schwarze GIs aus Jeeps und Panzertürmen heraus seiner Mutter zugeworfen hatten, als diese ihn im Kinderwagen durch die Straßen seiner Geburtsstadt schob. Damals, im Mai 1945, war B. noch ein Säugling, der gerade erst laufen lernte und mühsam die ersten Wörter stammelte. Jetzt aber, im Herbst 1994, stand eine andere historische Zäsur auf dem Programm, der Anfang vom Ende des quisqueyanischen Militärregimes, dessen Juntachef, General Cédras, noch am Vorabend in einer Fernsehansprache seine Landsleute zum Kampf bis zum letzten Blutstropfen aufgerufen hatte. Statt dessen schritt er mit ausgebreiteten Armen, gefolgt von seiner Gattin und den Offizieren seines Stabs, die Freitreppe des Nationalpalasts hinab, um den Kommandeur der US-Truppen mit protokollarischen Ehren in Port-à-Piment willkommen zu heißen.

»Mach dich reisefertig«, sagte Maggie O'Brian, die vor dem laufenden Fernseher auf dem Teppichboden kniete und vergeblich versuchte, das Telefonkabel in ihren Laptop einzustöpseln, um eine Eilmeldung an die Redaktion durchzugeben. »Ich habe dir einen Platz im Bus reserviert. In einer halben Stunde fahren wir nach Port-à-Piment.«

Journalisten aus zahlreichen Ländern hatten sich in der Hotelhalle versammelt und gingen zwischen gepackten Koffern auf und ab; nur Walter Lagrange fehlte – dem Vernehmen nach hatte sein Team einen LKW-Konvoi gechartert und nach Zahlung eines exorbitanten Bestechungsgelds als erstes die Grenze passiert. Jugendliche Rucksackreporter und im Dienst ergraute Korrespondenten tauschten Visitenkarten und E-Mail-Adressen aus, und wie an jeder Börse machten Gerüchte und Geheimtips die Runde: »Im Norden von Quisqueya soll es ein Blutbad gegeben haben«, sagte Herta Lemke vom *Spiegel* zu Carlos Altmann vom *Stern*. »Nach der Landung haben die US-Marines dort ein Massaker veranstaltet – kein Wunder bei ihrer Western-Mentalität.« – »Unsinn«, rief Al Seitz vom *Time*-Magazin, der in Heidelberg Deutsch gelernt hatte: »Unsere Jungs haben keinen einzigen Schuß abgefeuert. Was als bluttriefende Tragödie begann, endet als unblutige Farce.« – »Besser als umgekehrt«, meinte Michel Simon, der Starreporter von *Paris Match*. »Ich weiß, wovon ich rede, denn ich habe den Sturz von Big Chief Garçon miterlebt. Die Bevölkerung machte Jagd auf die Tontons Macoutes, und jeder, der eine Waffe bei sich trug, wurde auf offener Straße gelyncht oder mit einem Autoreifen um den Hals verbrannt. *Père Lebrun* nannte der kreolische Volksmund das!« Randy McDonald, ein Rollstuhlfahrer aus Rhode Island, wollte wissen, welches Hotel in Quisqueya für Behinderte am besten geeignet sei. »Im Grand Hôtel Oloffson sind alle Zimmer ausgebucht«, sagte Markus Voss, *GEO*-Photograph aus

H.C.Buch, Tanzende Schatten

Hamburg. »CNN hat eine ganze Etage gemietet, und im Hotel Montana hat sich die UNO einquartiert. In ganz Port-à-Piment ist kein Bett mehr frei!«

Erst mit zweistündiger Verspätung setzte sich der aus Minibussen bestehende Konvoi in Marsch; so lange dauerte es, bis alle Rucksäcke, Koffer und Aluminiumcontainer im Gepäckraum verstaut waren. Die Busse rollten über die Strandpromenade zu einer von Palmen gesäumten Küstenstraße, die am Stadtausgang in eine vierspurige Autobahn überging. »Hier«, sagte Carlos Altmann in ein von Herta Lemke bereitgehaltenes Mikrophon, während ein Kameramann von *Spiegel TV* über seine Schulter hinweg die vorübergleitende Landschaft filmte, »auf der George Washington Autostrada, zehn Kilometer westlich der nach ihm benannten Hauptstadt, wurde im Juni 1961 der Diktator der Dominikanischen Republik, Rafael Leónidas Trujillo Molina, von den Kugeln eines Attentäters durchsiebt. Nur eine blutige Pfütze, ein Haufen Glasscherben und die Uniformmütze mit den Insignien des Generals deuteten darauf hin, daß Lateinamerikas blutrünstigster und zählebigster Despot ein schmähliches Ende gefunden hatte.«

Die Autobahn schwenkte nach Norden ab und verengte sich zu einer schnurgeraden Landstraße, deren Asphalt in der Mittagshitze Blasen schlug. Links und rechts erstreckten sich Zuckerrohrfelder, am Horizont begrenzt von einer im Sonnenlicht flimmernden Bergkette. »Die Wirtschaft der Dominikanischen Republik«, sagte Carlos Altmann in das vor seiner Nase auf und nieder tanzende Mikrophon, »beruht auf der Monokultur des Zuckers, von der einzig und allein die Oligarchie profitiert. Noch heute wird das Zuckerrohr von Nachfahren aus Quisqueya geflohener Sklaven geerntet, die illegal die Grenze überqueren, um für Hungerlöhne auf den Feldern zu arbeiten. 1937, unter dem Eindruck von Hitlers Judenpolitik, statuierte Trujillo ein blutiges Exempel und ließ 15 000 Quisqueyaner von seiner Armee und Miliz massa-

krieren. Seitdem heißt der vor uns liegende Grenzfluß
Rio Masacre. Als Kennwort, dessen korrekte Aussprache
über Leben und Tod entschied, diente das spanische Wort
für Petersilie, *perejil.*«

Der Konvoi hielt vor einem ausgetrockneten Flußbett,
das an Stelle von Wasser nur Sand und Steine führte.

3 Ein geschlossener Schlagbaum verhinderte die Weiterfahrt. Rechter Hand lag eine Baracke mit rostigem Wellblechdach, Richtfunkantenne und Fahnenstange,
von der die Flagge der Dominikanischen Republik schlaff
herunterhing. Ein Grenzposten in olivgrüner Uniform
inspizierte den Bus. Die Passagiere mußten aussteigen
und in sengender Sonne vor dem Tor der Baracke an-
stehen, in deren Innenraum ein Zollinspektor zwischen
den auf Tischen ausgelegten Koffern und Taschen auf
und ab schritt; er stocherte mit einem Bambusstock in
einem Gepäckstück herum, das von seinem Untergebenen
in Gegenwart des Besitzers geöffnet wurde. Die Zollkontrolle war nur ein Vorwand für die Zahlung des Bestechungsgelds, das niedriger ausfiel, wenn man dem
Kofferträger die Regelung der Formalitäten überließ. Als
alle ihren Obolus entrichtet hatten, wurde das Gepäck
auf Busse verladen, die ohne Passagiere an Bord über die
Brücke rumpelten – angeblich war die Holzkonstruktion
baufällig. Halbwüchsige, die mit ihren Mopeds im Schatten der Baracke herumlungerten, boten den Reisenden
ihre Dienste an. Nachdem sie sich auf den Fahrpreis geeinigt hatten, nahmen die Journalisten auf den Rücksitzen
der Mopeds Platz und brausten, Staubfahnen hinter sich
herziehend, durchs Niemandsland von Jimany nach Malpasse.

Der Name war gut gewählt. Auf der anderen Seite der
Grenze gab es keinen Schlagbaum, nur eine Kette mit
rostigem Vorhängeschloß riegelte die Straße ab, die sich
zwischen kahlen Felsen und einem mit Schilf bewachse-

H. C. Buch, Tanzende Schatten

nen Seeufer zu einem Nadelöhr verengte. Kein Journalist kam hier unkontrolliert durch, ganz zu schweigen von einem Pressekonvoi. Die Neuankömmlinge wurden von Händlerinnen umringt, die Bananen und Apfelsinen, Kokosnüsse und hartgekochte Eier feilboten, während ein muskulöser Träger ihr Gepäck in einen Bus umlud, den das Reisebüro *Agence Citadelle* aus Port-à-Piment in Marsch gesetzt hatte. Dann trat der *Commandant de la Place*, der mit seinem Cowboyhut und Colt einem Italo-Western entsprungen zu sein schien – nur die verspiegelte Brille paßte nicht dazu –, aus einer palmstrohgedeckten Hütte, über der die blaurote Fahne mit dem Staatswappen Quisqueyas wehte: eine mit einer Jakobinermütze gekrönte Palme, um deren Stamm Kanonenkugeln und Trommeln, Anker und Axt zum heroischen Stilleben arrangiert waren. Der Kommandant verlas eine Liste mit den Namen der Journalisten, die im Informations-ministerium ihre Akkreditierung beantragt und die Ein-reiseerlaubnis nach Quisqueya erhalten hatten: O'Brian, Altmann, McDonald, Lemke, Seitz, Voss – nur B.s Name fehlte. Er wollte protestieren, aber es war zu spät; Maggie versprach ihm, sich um seinen Koffer zu kümmern, der ohne ihn weiterfuhr, und in eine Abgaswolke gehüllt, blieb er allein am Straßenrand zurück.

Erst jetzt fand B. Zeit, sich genauer umzusehen: In seinem Rücken lag der Lago Enriquillo, vor ihm der Étang Saumâtre, dessen glitzernde Oberfläche Hitzewellen aus-sandte, die das Panorama der Berge vor seinen Augen verschwimmen ließen. Das giftgrüne Wasser sah wenig vertrauenerweckend aus; früher hatte es hier Kaimane gegeben, die zu Gürteln und Handtaschen verarbeitet worden waren; Möwen und rosa Flamingos stocherten auf der Suche nach Würmern und Krebsen in der Salzlake herum.

Der Kommandant zog sich in seine Hütte zurück, wo er, in einer Hängematte dösend, auf das Eintreffen des nächsten Busses wartete. B. wollte mit ihm reden, um das Mißverständnis aufzuklären: Sein Name stand auf der Liste, dessen war er sich sicher, denn die Wochenzeitung, die ihn nach Quisqueya entsandte, hatte ihn ordnungsgemäß akkreditiert. Es mußte sich um eine Verwechslung handeln, um ein Versehen, das leicht zu beheben war. Aber bevor er dem Kommandanten den Sachverhalt erläutern konnte, trat ihm ein vor der Hütte postierter Soldat in den Weg, der keiner ihm bekannten Sprache mächtig zu sein schien, und trieb ihn mit Drohgebärden über die Demarkationslinie zurück.

»Nichts zu machen – Widerstand zwecklos«, sagte eine Stimme, die B. bekannt vorkam. Sie gehörte Wilbur Gray, dem örtlichen Residenten der CIA, der unter dem Schatten der Brücke hervorkroch, gefolgt von einem halbnackten Jungen, der seinen Koffer trug. Der Geheimagent war nicht wiederzuerkennen; er hatte einen Dreitagebart, sein weißer Anzug war mit roter Erde beschmiert, und er sah aus, als habe er auf einer Parkbank oder im Straßengraben übernachtet: Wie ein Clochard, dachte B. »Es handelt sich um eine No-win-Situation«, sagte Wilbur Gray und wischte sich mit dem Taschentuch den Schweiß von der Stirn. »Seit vierundzwanzig Stunden irre ich im Niemandsland zwischen Quisqueya und der Dominikanischen Republik umher – die einen lassen mich nicht hinein, die anderen nicht heraus. Ich habe es auf dem Land- und auf dem Wasserweg versucht.« Er deutete auf die mit Kakteen bewachsenen Berge und den in der Hitze dampfenden See. »Beim ersten Mal haben mich die Quisqueyaner, beim zweiten Mal die Dominikaner geschnappt und mir mein Geld abgenommen, und heute früh, als ich im Windschatten eines CNN-Konvois die Grenze überqueren wollte, hat der *Commandant de la Place* meinen Paß konfisziert. Wahrscheinlich hat Walter Lagrange mich denunziert, um sich bei General Cédras lieb Kind zu machen. – Eine No-win-Situation«, fuhr er fort und sog gierig den Rauch der angebotenen Zigarette ein. »Nach meiner Entlassung aus dem aktiven Dienst bin

ich in die Redaktion der Zeitschrift *Soldier of Fortune* über-
gewechselt, und das Magazin erwartet einen Exklusiv-
bericht über die Landung der Marines von mir. Unsere
Boys sind mit klingendem Spiel in Port-à-Piment ein-
marschiert, und wir sitzen untätig hier herum und warten
auf Godot.«

»Und wie haben Sie im Niemandsland überlebt ohne
Geld und Paß?«

»Eine Marktfrau hatte Mitleid und teilte ihren Proviant mit mir. Aber Vorsicht! Die Händlerinnen stecken
mit den Behörden unter einer Decke, genau wie mein kleiner Kofferträger hier, und melden dem Kommandanten
jede verdächtige Bewegung im Grenzgebiet. N'est-ce pas,
Ti-Jean?«

»Oui, Monsieur«, brummte der Angesprochene, und es
war nicht ersichtlich, ob er den Sinn des Gesprächs mit-
bekommen hatte oder nur Bahnhof verstand.

»Warum entwaffnen wir nicht einfach den Kommandanten und schießen uns mit seinem Revolver den Weg
frei? Wir sind zu zweit, und Port-à-Piment liegt nur
anderthalb Autostunden von hier entfernt!«

»Sind Sie lebensmüde? Ich habe eine bessere Idee. General Cédras hat eine Schwester in Genf, die sich um sein
Schweizer Bankkonto kümmert. Sagen Sie dem Kommandanten, Sie seien der Schwager des Juntachefs, und
befehlen Sie ihm, den Schlagbaum zu öffnen.«

Die Sonne stand über den Bergen im Westen und warf
seinen verlängerten Schatten über das Niemandsland,
als B. die Kette ausklinkte – den Wachsoldaten hatte der
Erdboden verschluckt – und auf die Hütte des Kommandanten zuschritt, der überrascht von seinen Papieren
aufblickte. »Sie behaupten, Sie seien der Schwager von
General Cédras. Haben Sie Beweise dafür?« – »Der Generalstab hat Ihnen per Fax mein Kommen avisiert. Sehen
Sie in Ihren Unterlagen nach!« Der Kommandant nahm
die Sonnenbrille ab und brach in lautes Gelächter aus.
Erst jetzt erkannte B. ihn: Es war Toto Bonange, der Chef

der Todesschwadronen, der mit seinem Untergebenen Capois La Mort nach Malpasse versetzt worden war – ob es sich um eine Strafversetzung oder Beförderung handelte, war nicht ersichtlich – vielleicht um beides zugleich. Bonange straffte sich und nahm militärische Haltung an: »Am Grenzkontrollpunkt gibt es kein Fax. Verschwinden Sie, so schnell Sie können, und lassen Sie sich nie wieder hier blicken. Ist das klar!«

Das sich nähernde Geräusch eines Dieselmotors war zu hören, auf der anderen Seite der Grenze ging der Schlagbaum hoch, und ein mit Nonnen besetzter Minibus rumpelte über die baufällige Brücke ins Niemandsland. Während der *Commandant de la Place* den Kofferraum aufklappte und das Gepäck inspizierte, stieg B. in den Bus, gefolgt von Wilbur Gray, der dem Fahrer mit auf die Lippen gepreßten Fingern Stillschweigen signalisierte. Die Nonnen kicherten hinter vorgehaltener Hand, und die blinden Passagiere kauerten sich hinter die letzte Sitzreihe. Der Kontrolleur schloß die Heckklappe und rief dem Fahrer zu, daß die Inspektion beendet sei. Der Bus setzte sich schaukelnd in Bewegung, und der Kofferträger blieb allein im Niemandsland zurück.

4 Es war stockfinster, als das Taxi vor der Einfahrt zum Haus seiner Tante hielt. Taxi ist zuviel gesagt: Es war ein zerbeulter Cadillac aus den siebziger Jahren, ein Autowrack mit zerschlissenen Polstern, das im Schritttempo die Straße zu den höher gelegenen Villenvierteln erklomm, bevor der Motor keuchend seinen Geist aufgab. Der Fahrer bat Papa Legba alias Maître Carrefour, den Schutzpatron der Chauffeure, um Beistand und verschwand in einem nahe gelegenen Slum, aus dem er nach kurzer Zeit mit einem gefüllten Kanister zurückkam. Im Dunkeln war nicht zu sehen, ob er Kühlwasser oder Benzin in den Tank schüttete; vielleicht war es auch Tafia, roh destillierter Zuckerrohrschnaps. Der Motor sprang

an, und zehn Minuten später hielt das Taxi vor dem mit Mennige gestrichenen Eisentor, das, zum Zeichen, daß Besuch erwartet wurde, weit offenstand. Wie oft war B. schon den Kiesweg heraufgeschritten, eingehüllt vom betäubenden Aroma eines Tropenbaums, dessen Blütenblätter sich im Kragen seines Hemdes verfingen und dessen Namen ihm entfallen war: Frangipani vielleicht – jedenfalls war es kein Flamboyant und auch kein Mango- oder Avocadobaum. Der Schein einer Taschenlampe irrlichterte durch die Dunkelheit, und von der Galerie herab hörte er die krächzende Stimme seiner Tante Erzulie: »Entweder er hat sich verspätet, oder man hat ihn umgebracht. Es wird kolossal viel gemordet hier.«

Die Kuckucksuhr, die B.s Großvater vor einem Menschenalter aus dem Schwarzwald mitgebracht hatte, schlug zwölfmal, und Sekunden später gingen im ganzen Haus die Lichter an. Matante Erzulie saß auf ihrem Korbstuhl, von Faltern und Motten umflattert wie eine *Regina Noctis,* die um Mitternacht ihre Blüten öffnet und mit ihrem süßlichen Duft Schwärme von Schmetterlingen anlockt – nur mit dem Unterschied, daß sie nicht nach Honigseim roch, sondern nach Urin, ein penetrantes Parfüm, nur unvollkommen überdeckt vom Aroma ihres Eau de Toilette – es hieß *Je reviens.*

Die Begrüßung fiel weniger herzlich aus als erwartet, aber das war normal in einem Land, das ständig Besucher empfing, die nach kurzer Zeit wieder abreisten, um Berichte oder Reportagen zu schreiben, in denen mit keinem Wort von der Schönheit der Insel und von der Gastfreundschaft ihrer Bewohner, sondern immer nur von Krisen und Katastrophen die Rede war. Seit zwei Monaten war kein Flugzeug mehr in Port-à-Piment gelandet, und bei seiner Abreise hatte Matante Erzulie geweint aus Angst, ihren Neffen nie wiederzusehen. Jetzt aber schüttelte sie unwillig den Kopf. »Am besten fährst du schnell wieder weg, bevor das Pulverfaß explodiert. Das Volk ist unzufrieden mit der Regierung, und die

Armee ist unzufrieden mit dem Volk, das die US-Marines als Befreier begrüßt. Armee und Regierung sind in Quisqueya ein und dasselbe, wie du weißt.«

»Nicht mehr lange. Die Amerikaner sind hier, um den demokratisch gewählten Präsidenten nach Port-à-Piment zurückzubringen.«

»Hüte deine Zunge! Die Wände haben Ohren, und jedes unbedachte Wort wird registriert!«

Wie auf Kommando erlosch das Licht, und im Schein einer Taschenlampe führte die Köchin Babekan ihn zu einem Zimmer im Erdgeschoß, aus dem B. der vertraute Geruch von Mottenkugeln und Insektenspray entgegenschlug. In der Tiefe des Raums glomm ein Räucherstäbchen zur Abwehr von Moskitos – vielleicht war es auch eine Marihuana-Zigarette. »Hi there«, sagte eine Stimme, die ihm bekannt vorkam. Es war Randy, der Rollstuhlfahrer, dessen Bekanntschaft er im Sheraton Hotel von Santo Domingo gemacht hatte. Er hatte sich bereit erklärt, seinen Koffer über die Grenze zu schmuggeln; als Behinderter durfte er ohne Visum nach Quisqueya einreisen, und sein Gepäck wurde nicht kontrolliert. Er war Journalistikstudent, und ein College in Providence, Rhode Island, hatte ihn nach Port-à-Piment geschickt, um zu beweisen, daß auch Rollstuhlfahrer für den Einsatz als Kriegsreporter geeignet sind. Quisqueya war zum Tummelplatz für Extremsportler geworden, die hier ein Überlebenstraining absolvierten: so als seien Tod und Sterben eine virtuelle Realität und als existiere das Elend der Quisqueyaner nur in deren Einbildung.

Aus Angst, es handle sich um ein behindertenfeindliches Vorurteil, behielt B. seine Gedanken für sich und nahm einen tiefen Zug aus dem Joint, den Randy ihm anbot mit den Worten, es handle sich um selbstgezogenes Gras, garantiert frei von chemischen Zusätzen. Das Wort Wyborowka fiel ihm ein, polnischer Wodka, in dem stets ein Büffelgrashalm schwamm, und das russische Wort Samogon, selbstgebrannter Schnaps, von dem man erblinden konnte. Aber das war ihm jetzt egal. Seine Beine wurden bleischwer, er zog sich die Decke über den Kopf und glitt wie ein Tiefseetaucher zum Meeresgrund hinab.

5 Im Schlaf hetzte B. mit Randy über die Rollbahn eines Flughafens. Die Sonne stand im Zenit, Schweiß troff ihm vom Gesicht, und ein Sergeant der US-Armee trieb ihn mit wütenden Zurufen zur Eile an. Es schien sich um eine neue Sportart zu handeln, einen Wettlauf zwischen Gesunden und Behinderten, und obwohl B. sich größte Mühe gab, Randy einzuholen, war dieser ihm wie im Märchen von Hase und Igel stets eine Rollstuhllänge voraus. Nein, das Ganze war kein Traum: Wir sind für Ihre Sicherheit verantwortlich, aber nicht für Ihr Gepäck, hatte der Sergeant vor dem Einchecken gesagt, und jetzt war das sich nähernde Geräusch eines Chinook-Helikopters zu hören: *Apocalypse now,* von Rotorblättern zerhackte Grasbüschel flogen durch die Luft, B. stöpselte sich die Ohren zu und lief, Presseausweis und Akkreditierung an die Brust gedrückt, im vorgeschriebenen Winkel von 45 Grad auf die Einstiegsluke des Helikopters zu, der wie eine fliegende Untertasse knapp über dem Boden schwebte, gefolgt von Randy, der, von dem sadistischen Sergeant zur Eile angespornt, wieder die Nase vorn hatte. Eine heiße Abgaswolke trieb ihm Tränen in die Augen, wie ein Fön, dachte B.: Nein, wie ein Hochofen, und er griff nach dem mit einem Anker tätowierten Arm, der ihn mit kräftigem Ruck ins Innere des Helikopters zog.

»Das Meer rutscht in die Vertikale«, schrieb B. in sein Tagebuch, »jemand reißt den Stöpsel heraus und das Badewasser läuft gurgelnd aus der Wanne, verkarstete Berge, von Trampelpfaden durchzogen, tief eingeschnittene Täler mit mäandernden Bächen und Flüssen, die um diese Jahreszeit nur Sand und Steine mit sich führen, Maisfelder und Bananenpflanzungen mit palmstrohgedeckten Hütten, vor denen winkende Menschen zusammenlaufen, die

von oben so winzig aussehen, wie der Künstler Hector
Hyppolite das Volk auf seinen Bildern darstellt: *Le petit
peuple, les petites gens*, während er die Reichen und Mächtigen, *les gros nègres*, überlebensgroß malt. Der Bord-
funker zieht zwei Lunch-Pakete aus einem Karton mit
der Aufschrift *Ready Made Menu No. 3* und wirft sie uns
zu: Erdnußbutter, Pepsi Cola, Mars-Schokolade, Nescafé,
Cheeseburger und Kartoffelchips, luftdicht verpackt und
ungenießbar für die Menschen hier, weil es weder ihren
Eßgewohnheiten noch dem tropischen Klima entspricht.«

Früh am Morgen – in diesem Teil der Welt beginnt der
Tag vor Sonnenaufgang – hatte B. sich im Pressebüro
der US-Botschaft akkreditiert. Der Flughafen war *off
limits* für die örtliche Bevölkerung, aber sein in Plastikfolie eingeschweißter Presseausweis wirkte wie ein Sesam-
öffne-dich, und ein Marinesoldat mit kugelsicherer Weste,
dem Schweiß unter dem Stirnband seines Stahlhelms
hervortroff, räumte die Stacheldrahtbarriere zur Seite
und eskortierte ihn zu einem Büro im oberen Stock, wo
ein Captain mit Bürstenhaarschnitt ihn erwartete. »Just
call me Jack«, sagte der Offizier – vielleicht hieß er auch
Jim oder Tom – und legte B. ein Formular zur Unterschrift vor, dem zufolge die US-Armee keine Verantwortung für seine persönliche Sicherheit übernahm: Kreuzen
Sie an, ob im Todesfall Ihre Familie oder Ihr Arbeitgeber
benachrichtigt werden soll. Die übliche Prozedur – mit
einem Unterschied: Der Krieg hatte die Regeln der zivilen
Luftfahrt außer Kraft gesetzt, und wer bei Captain Jack
vorsprach und seinen Namen in die Passagierliste eintrug,
konnte jedes gewünschte Ziel anfliegen, vorausgesetzt, in
der Maschine gab es noch Platz und er oder sie war Journalist oder Mitarbeiter einer humanitären Organisation.
Randy der Rollstuhlfahrer wollte nach Guantánamo auf
Kuba, um eine Reportage über die dortige Militärbasis zu
schreiben, in der quisqueyanische Boat People auf ihre
Repatriierung warteten, doch B. entschied sich für Port
Patate an der Nordküste, die auf dem Landweg nicht zu

erreichen war. Ebensogut hätte er nach Fort Bragg in
North Carolina, Ramstein in der Pfalz oder San Diego in
Südkalifornien fliegen können – ohne einen Pfennig dafür
zu bezahlen, versteht sich!

6 Aus B.s Reisetagebuch:
»Hey, look there!« Der Bordschütze adjustiert sein
MG und zeigt aufgeregt nach draußen, wo auf einem
Felsgipfel eine mit altertümlichen Kanonen bestückte
Festung erscheint – eine Mischung aus mittelalterlicher
Burg und in der Karibik gestrandetem Raumschiff Enter-
prise. »What to hell is that?« Vergeblich versuche ich ihm
zu erkären, daß es sich um das achte Weltwunder handelt,
die Zitadelle des Königs Henri Christophe, Anfang des
19. Jahrhunderts erbaut zur Abwehr einer französischen
Invasion; von oben sind die im Hof gestapelten Kanonenkugeln deutlich zu erkennen. 20 000 ehemalige Sklaven,
die gerade erst ihre Freiheit erkämpft hatten, gingen als
Zwangsarbeiter beim Bau der Festung zugrunde. Deren
militärischer Nutzen war gleich Null, weil… Unmöglich
im Lärm des Helikopters, wo man sein eigenes Wort nicht
versteht, dies einem GI aus Raleigh, North Carolina,
klarzumachen, der sich mehr für die Computergrafik am
Cockpit als für die Geschichte Quisqueyas interessiert:
eine auf dem Rücken liegende Frau, nackt mit geöffneter
Vulva, auf die ein Helikopter eine Rakete abfeuert. *Vulgar
display of power,* vulgäre Demonstration der Macht, lautet
die Bildunterschrift. *Suicidal fantasies, controlled by hate,*
hat jemand mit Kugelschreiber darübergekritzelt: durch
Haß kontrollierte Selbstmordphantasien.
Der Helikopter fliegt eine Schleife über der Bucht von
Ville du Cap, in der ein Containerschiff ankert; vielleicht
– das ist aus der Vogelperspektive nicht zu sehen – ist es
auch der norwegische Kreuzfahrtdampfer, der alle zwei
Wochen hier anlegt und eine Ladung Touristen ausspuckt,
die nach einem Rundgang durch die Stadt und einem

Abstecher zu dem von Tauchern der *Calypso* entdeckten Korallenriff, wo Kolumbus' Flaggschiff, die *Santa Maria*, gestrandet sein soll, an Bord zurückkehren, erleichtert, der Hitze, dem Staub und der Aufdringlichkeit der Fremdenführer entronnen zu sein. Slumhütten, auf in den Uferschlamm gerammte Pfähle gebaut, an denen Schweine schnüffeln, daneben die von US-Präsident Roosevelt gespendete Werft, ein Dock mit Kormoranen, vor dem ein Schiffswrack dümpelt, verstaubte Palmwipfel, die wie in den Boden gesteckte Besen aussehen, und der Helikopter setzt auf einer mit einem weißen Kreuz markierten Landepiste auf, neben der sich Marinesoldaten eingegraben haben.

Olivgrüne Zelte, Wohncontainer, hupende Jeeps und rumpelnde Militärlastwagen; über dem Flughafengebäude – Abfertigungsbaracke ist das bessere Wort dafür – weht das Sternenbanner neben der blauroten Fahne mit dem Staatswappen von Quisqueya. Aber die Harmonie täuscht; bei einem Patrouillengang durch die Stadt haben US-Marines das Feuer eröffnet auf Paramilitärs, die vor der Polizeiwache Domino spielten, und sechs von ihnen getötet; angeblich hatte ein angetrunkener Polizist sie provoziert.

»Es stimmt nicht, daß die Miliz zuerst geschossen hat«, sagt Réginald Delva, Leutnant der quisqueyanischen Armee, der als Verbindungsoffizier am Flughafen Dienst tut. Er hat einen Lehrgang in Westpoint, Virginia, absolviert, und will seinen Ausbildern einen Brief schreiben, um gegen das Massaker zu protestieren. »Es war keine Selbstverteidigung, sondern glatter Mord. Niemand hat die Amerikaner bedroht. Die Marines suchten Streit. Bei ihnen sitzt der Colt locker – sie haben eine Western-Mentalität. Schreiben Sie das ruhig, Monsieur, damit die Weltöffentlichkeit die Wahrheit erfährt!«

»Und warum hat die Bevölkerung die Polizeistation geplündert und anschließend dem Erdboden gleichgemacht?«

　　　　　　　　H.C. Buch, Tanzende Schatten

»Die Leute sind unkultiviert«, sagt Leutnant Delva. »Sie nehmen, was sie kriegen können, und haben keinen Respekt vor Recht und Gesetz. Heute früh hat das Volk einen Supermarkt gestürmt. Die US-Armee stand Gewehr bei Fuß und sah tatenlos zu, wie die öffentliche Ordnung zusammenbrach. Quisqueya ist ein rückständiges Land, aber haben wir das verdient?«

7 Weiterflug nach Port Patate. Ich bin mit einer Einheit der Special Forces unterwegs: keine Haudegen wie die Marines, sondern ältere, bedächtig wirkende Soldaten, die gründlich auf ihren Job vorbereitet worden sind. Sie wissen, was sie erwartet, aber trotzdem ist ihnen mulmig, denn es ist das erste US-Truppenkontingent, das in Port Patate landen soll. Mir gegenüber sitzen Sergeant Ramirez, ein Puertoricaner, der entgegen der Vorschrift das Kinn auf den Lauf seiner M-16 stützt, und Captain Rahn, ein deutschstämmiger Offizier aus Des Moines, Iowa. »Ich traue dem Frieden nicht«, sagt Ramirez. »In Mogadischu fing es genauso harmlos an wie hier: Unsere Boys wurden als Befreier begrüßt, und dann hat man ihre nackten Leichen durch die Straßen geschleift. Meine Rifle ist mein bester Freund, und bei Auslandseinsätzen gebe ich sie nie aus der Hand.« Captain Rahn weist seinen Untergebenen an, das Gewehr mit dem Lauf nach unten zu halten: Nicht auszudenken, was passiert, wenn sich während des Helikopterflugs ein Schuß aus der Waffe löst!

Von oben sind Fischerboote mit geflickten Segeln zu sehen auf dem Weg zur Île de la Tortue, einst eine Hochburg französischer Freibeuter und Bukaniere, die in der Windward-Passage den mit Gold und Silber beladenen spanischen Galeonen auflauerten. Heute ist die Insel ein Schlupfwinkel für Drogenhändler und Menschenschmuggler, die Auswanderungswillige auf baufälligen Booten nach Florida oder zu den Bahamas befördern. Im

Tiefflug über die Steilküste, terrassierte Berghänge mit unregelmäßig geformten Feldern, auf denen Landarbeiter ihre Hacken schwingen, Kandelaberkakteen, an denen Ziegen knabbern, winkende Menschen auf einer von Palmen gesäumten Straße, dahinter kommt eine Ansammlung rostroter Wellblechdächer in Sicht, überragt vom Kirchturm der Kathedrale.

»Willkommen in Port Patate«, sagt Colonel Louis Seize, der das Vorauskommando am Rand der Landepiste erwartet, von Captain Rahn mit knappem Handschlag begrüßt. Der Oberst heißt wirklich so; er trägt ein Namensschild an seiner frisch gebügelten Khakiuniform, die sich über dem Bauchansatz spannt – *embonpoint* ist das französische Wort dafür –, und eine Sonnenbrille, Wahrzeichen des Voodoogottes Baron Samedi und Symbol seiner Herrschaft über Leben und Tod. »Wir hoffen auf vertrauensvolle Zusammenarbeit im Geiste des Abkommens von Port-à-Piment, das den friedlichen Übergang zur Demokratie regeln soll. Wie Sie sehen, ist unser Volk noch nicht reif, sich selbst zu regieren.« Er zeigt auf die singenden und tanzenden Menschen, die außer Rand und Band geraten beim Anblick des Hubschraubers, dessen Luftstrom ihnen die Mützen vom Kopf reißt, und nur durch Warnschüsse davon abzuhalten sind, das Flugfeld zu stürmen.

Captain Rahn will wissen, warum die Fahne über der Abfertigungsbaracke auf Halbmast weht. »Nach dem Massaker in Ville du Cap hat General Cédras Staatstrauer angeordnet. Dies ist ein schwarzer Tag für Quisqueyas Armee. Übrigens bin ich froh«, fährt Colonel Louis Seize nach einer Pause fort, »daß Sie einen Deutschen als Dolmetscher mitgebracht haben. Mit Deutschland haben wir nur positive Erfahrungen gemacht.«

Der Oberst führt den Kommandeur der Special Forces zu einem Haufen schrottreifer MGs und Hinterlader aus dem Spanisch-Amerikanischen Krieg, die am Eingang des aus dem 18. Jahrhundert stammenden Forts zu musealen

Stilleben arrangiert sind – alle modernen Waffen hat er rechtzeitig beiseite geschafft.

Währenddessen geht Leutnant Ramirez mit entsichertem Gewehr voran und inspiziert die Kasematten des Forts, in dem es weder Strom noch fließendes Wasser gibt, und Captain Rahn schlägt auf dem Flachdach sein Lager auf, weil es dort oben sicherer und weniger stickig ist als in den von Mücken und Kakerlaken verseuchten Mannschaftsquartieren. »Ich hoffe, Sie und Ihr deutscher Freund erweisen mir die Ehre, im Hôtel de la Place zu übernachten«, sagt Colonel Louis Seize: »Es gibt ausgezeichnete Langusten dort, und selbstverständlich sind Sie heute abend mein Gast.«

Erst jetzt begreife ich, was die Stunde geschlagen hat: Der Oberst hält mich für einen Attaché. So heißen die zivil gekleideten Kommissare, die in Quisqueyas Armee den Ton angeben und mehr Machtbefugnis haben als jeder Offizier.

»Wenn Sie die Einladung annehmen wollen, tun Sie das auf eigene Gefahr«, sagt Captain Rahn, der besser Kreolisch versteht, als er sich anmerken läßt – vor dem Einsatz in Quisqueya hat er einen Sprachkurs absolviert. »Der Schutz von Journalisten hat für mich keine Priorität, und falls der Oberst Sie als Geisel nehmen läßt, kann ich nichts für Sie tun. Sorry, aber Befehl ist Befehl!«

»Ich dachte, wir fliegen nach Guantánamo«, ruft Randy der Rollstuhlfahrer, »aber das hier sieht gar nicht wie Kuba aus! Wo sind wir überhaupt?«

Erster Rundgang durch die Stadt: Ich laufe als Dolmetscher vornweg, gefolgt von Captain Rahn und Leutnant Ramirez, der, Gewehr im Anschlag, die Menge am Straßenrand nicht aus den Augen läßt, während Randy vom Rollstuhl aus photographiert. Die Rekognoszierung wird zum Triumphzug: Lachende Kinder betteln uns um Kugelschreiber und Kaugummis an, Captain Rahn kritzelt Autogramme auf nackte Unterarme, Randy wird auf die Schultern gehoben, und jemand überreicht mir eine

Liste mit den Namen stadtbekannter Übeltäter, allen voran Colonel Louis Seize, der als Chef-de-section für die Ermordung von Oppositionellen verantwortlich sein soll. Nach dem Bad in der Menge vermißt Randy seinen Brustbeutel, der zum Glück nur Kleingeld enthielt – größere Scheine trägt er am Körper versteckt.

8 »Das quisqueyanische Volk lügt und stiehlt«, sagt Colonel Louis Seize, der mir bei Kerzenlicht im Speisesaal des Hôtel de la Place gegenübersitzt. Ich bin der einzige Gast in dem leeren und dunklen Hotel, das einmal bessere Tage gesehen hat – Randy hat sich mit den Special Forces im Fort einquartiert. »Die Leute hier sind böse und gewalttätig«, fährt der Oberst fort, während ein barfüßiger Kellner gegrillte Langusten serviert, »und schrecken vor keiner noch so absurden Verleumdung zurück. Dabei habe ich alles zum Wohl meines Volkes getan. Ich bin weder Duvalierist noch Titid-Anhänger und habe ein Lied komponiert, um meine Landsleute zu Frieden und Versöhnung aufzurufen. Das Lied heißt *Quisqueya Chérie* – Text und Melodie stammen von mir!«

Der Oberst gibt seinen Untergebenen, die sich im Hintergrund auf Korbstühlen räkeln, ein Zeichen, und aus der Tiefe des Saals erklingt die sonore Stimme von Capitaine Fleurimond, einfühlsam auf der Gitarre begleitet von Lieutenant Corydon. Ich fühle mich in eine Rokoko-Idylle des 18. Jahrhunderts versetzt, nur mit dem Unterschied, daß Fleurimond und Corydon an Stelle von gepuderten Perücken, Schnallenschuhen und Degen Stahlhelme, Springerstiefel und sechsschüssige Revolver tragen. »Nicht übel, was?«

Ich frage Colonel Louis Seize, ob ihm das Schicksal seines Namensvetters nicht zu denken gibt, der in der Französischen Revolution enthauptet worden ist.

»Ich sagte Ihnen doch schon: Das Volk ist böse und gewalttätig!«

Am nächsten Morgen – inzwischen hat Captain Rahn die Wasser- und Stromversorgung wieder in Gang gesetzt – entdecken wir im Keller des Forts ein Verlies, in dem zwei Dutzend Gefangene eingesperrt sind. Leutnant Ramirez hält mit seiner M-16 den Wachposten auf Distanz, während ich durch das Guckloch in der Eisentür mit einem Inhaftierten spreche, der wegen eines Bagatelldelikts seit Monaten auf seinen Prozeß wartet, zusammengepfercht mit Dieben und Mördern in einem unterirdischen Gewölbe, in dem man keine Handbreit vor Augen sieht.

»Fragen Sie die Leute, wie sie heißen«, sagt Captain Rahn, »und schreiben Sie ihre Namen auf, bevor der Oberst sie spurlos verschwinden läßt. Wir müssen jeden Fall einzeln überprüfen. Am liebsten würde ich alle Gefangenen freilassen, aber wir sind zur Kooperation mit der quisqueyanischen Armee verdammt, sofern man das hier eine Armee nennen kann!«

Colonel Louis Seize ist enttäuscht. »Sie kennen Quisqueya und wissen, daß das Volk hier pathologisch lügt. Trotzdem glauben Sie unbesehen alles, was ein Dieb und Mörder Ihnen vorschwindelt, zum Beispiel, daß ich die Leute geschlagen und mißhandelt haben soll. Die Wunden, die der Inhaftierte Ihnen gezeigt hat, sind sein eigenes Werk, oder Mitgefangene haben sie ihm beigebracht.«

Der Oberst lehnt es ab, die Namensliste gegenzuzeichnen, die Captain Rahn ihm zur Unterschrift vorlegt, und macht einen überraschenden Gegenvorschlag. »Darf ich Sie um einen persönlichen Gefallen bitten, *mon capitaine?* Haben Sie Mitleid mit mir und verhaften Sie mich, bevor der aufgehetzte Mob mich in Stücke reißt. Legen Sie mir Handschellen an und überstellen Sie mich nach Port-à-Piment, damit ich vor dem Militärtribunal meine Unschuld beweisen kann. Nehmen Sie mich so schnell wie möglich fest, denn nur im Gewahrsam der US-Armee bin ich vor dem Volkszorn geschützt!«

Zwei Stunden später besteigen wir einen Helikopter, zusammen mit Colonel Louis Seize, der zur Tarnung

Frauenkleider trägt. Statt der dunklen Brille hat Leutnant Ramirez ihm eine blonde Perücke aufgesetzt, die Lippen geschminkt und künstliche Wimpern angeklebt, so daß er weniger Baron Samedi als der Liebesgöttin Erzulie Fréda ähnlich sieht. Daß er wegen Amtsmißbrauch vor Gericht gestellt werden soll, macht ihm nichts aus; wichtiger ist, daß er der Lynchjustiz lebend entkommen ist. Während ich meine Notizen vervollständige, zeichnet Randy, im Rollstuhl sitzend, die Konturen der Berge, die vor den Bullaugen vorübergleiten. Slumhütten, über denen Geier kreisen, dann kommt die Zitadelle des Königs Christophe in Sicht, von grauen Nebelschwaden umflort. Die Wolkendecke wird dichter, und es regnet in Strömen, als der Helikopter auf dem mit Sandsäcken und Stacheldraht umzäunten Flugfeld von Port-à-Piment niedergeht.

Ende des Tagebuchs.

9 Bei der Rückkehr fand B. eine unter die Zimmertür geschobene Nachricht vor: CHRISTOPHINE HAS CALLED / WILL CALL AGAIN. Wer war Christophine? Eingeschriebenes Mitglied der FRAP oder eine Anhängerin des demokratisch gewählten Präsidenten, der unter dem Schutz der US-Marines nach Quisqueya zurückgekehrt war? Oder war sie beides zugleich?

Christophine erwartete ihn an der Bar des *El Rancho*, eines Spielcasinos und Mafia-Hotels, in dem sie früher als Empfangsdame gearbeitet hatte: »Empfangsdame und mehr«, hatte Petit Pierre ihm verschwörerisch zugewispert. B. hatte vergessen, wie attraktiv sie war. *À bas les mulâtres, vivent les mulâtresses!* dachte er, als er sie mit übereinandergeschlagenen Beinen auf dem Barhocker sitzen sah, in goldlackierten Schuhen, von denen einer auf den Marmorboden geglitten war, während sie mit dem anderen gegen die in Fußhöhe angebrachte Messingstange klopfte, ein metallisches Klicken, das nervös und aufreizend klang. Sie trug ein seitlich geschlitztes Seiden-

kleid, passend zu ihren schräg stehenden Augen und eckigen Backenknochen; wie viele Mulattinnen sah sie eher
asiatisch als afrikanisch aus, und dieser Eindruck wurde
noch verstärkt durch den auf eine Gabel gespießten Hum-
merschwanz, an dem sie hingebungsvoll lutschte – dabei
fiel ihm ein, daß es in Japan Bonbons mit Fischgeschmack
gab. Als sie ihn zur Begrüßung umarmte, merkte er, daß
sie betrunken war; ein Aroma von Alkohol und Nikotin
stieg ihm in die Nase, eine Mischung aus herbem Parfüm
und süßem Schweiß – vielleicht war es auch umgekehrt.
»Du mußt mir helfen«, flüsterte sie ihm ins Ohr und
preßte sich enger an ihn, als die Begrüßung erforderte.
Es hätte B. nicht gestört, wenn in diesem Augenblick
das Licht erloschen wäre, und wie bei einer Sternschnuppe,
die schneller als ein Gedanke fliegt, erfüllte sich sein
Wunsch. War es ein Blackout oder ein Brownout? Er fand
keine Zeit mehr, sich diese Frage zu beantworten, denn
Christophine schob ihm ihre Zunge in den Mund. *Kissing
a smoker is like licking an ashtray*, dachte B., während
sie ihn oder er sie – das war in der Finsternis nicht genau
auszumachen – über die Treppe zu einem Zimmer im
oberen Stock bugsierte. Sie streiften sich die Kleider vom
Leib und fielen wie hungrige Hyänen übereinander her.
B. fuhr mit den Fingerspitzen ihren Nacken, ihre Schultern und Brüste entlang, er roch den Schweiß ihrer Ach-
selhöhlen und vergrub sein Gesicht im Bermuda-Dreieck
ihrer Schenkel, aber Christophine stemmte seinen Kopf
zur Seite und befreite sich wie eine Ringkämpferin aus
der Umklammerung – Schwitzkasten hieß das Kindheits-
wort dafür. Sie verschwand im Badezimmer, aus dem das
Rauschen von Wasser zu hören war.
    »Here I present you my body«, sagte sie auf englisch,
und passend dazu zuckte ein Blitz durch die Neonröhre
und tauchte das Zimmer in grelles Licht. Dann schaltete
sich das Notstromaggregat wieder ab, und B. fühlte, wie
ihre zum Kuß geöffneten Lippen über seine Brust den
Bauch hinabwanderten und seinen Penis umschlossen in

einer Berührung, die so süß und schmerzlich war, daß er an sich halten mußte, um nicht zu ejakulieren.

»Was ist? Kommst du oder nicht?«

»Ich kann nicht, aber vielleicht will ich auch nicht. Ich möchte wissen, welchen Preis du verlangst.«

Christophine richtete sich auf, und B. spürte, daß sie nüchtern geworden war.

»Es geht um Toto Bonange, der seit drei Wochen in Untersuchungshaft sitzt, zusammengepfercht mit Dieben und Mördern im Keller des Pénitencier National. Du weißt, wie lange es dauert, bis in Quisqueya Anklage erhoben wird. Toto geht elend zugrunde, wenn nicht bald etwas passiert!«

»Und was habe *ich* damit zu tun?«

»Du könntest die amerikanische Botschafterin auf den Fall hinweisen. Oder du legst bei deinem Freund, dem demokratisch gewählten Präsidenten, ein gutes Wort für ihn ein!«

»Also liebst du ihn immer noch?«

»Ich liebe nur dich, *chéri!*«

Das Neonlicht flammte wieder auf, und sie kehrte ihm den Rücken zu. Erst jetzt bemerkte B. die Einstiche der Injektionsnadeln auf ihren Waden, und beim Anblick der blauen und gelben Flecken überkam ihn ein sadistisches Gelüst. Er stieß sie bäuchlings aufs Bett.

»Was machst du? Du tust mir weh!«

»Das ist nur der Anfang. Du hast es nicht besser verdient!«

Jemand hämmerte von draußen gegen die Tür.

10 »Entschuldigen Sie den nächtlichen Überfall«, sagte der Pressesprecher des Präsidenten, der B. am reservierten Tisch eines französischen Luxusrestaurants erwartete. Er hieß Fritz Voltaire und sah genauso aus: eine Mischung aus Friedrich dem Großen und Voltaire – nur die dunkle Hautfarbe wirkte deplaziert. War dies ein rassistischer Gedanke oder nicht? Und wer von beiden war der Machtmensch gewesen, wer der Philosoph? Vor dem Eingang parkte ein Polizeiwagen mit Blaulicht, und an der als Lobby dienenden Bar räkelten sich zwei Leibwächter, die in ihren orangefarbenen Overalls wie Mitarbeiter der Müllabfuhr aussahen; nur ihre Maschinenpistolen paßten nicht dazu.

»Es war nicht leicht, Sie zu finden. Ihre Tante gab mir den Tip, es im *El Rancho* zu versuchen. Sie gehört zwar zur Bourgeoisie, aber sie hat unseren Wahlkampf mit Geldzuwendungen unterstützt nach dem Motto: ›Tu Gutes, aber rede nicht davon.‹ Das war in der schwersten Zeit, als uns das Wasser bis zum Hals stand. Titid schickt mich zu Ihnen. Wäre es nicht so wichtig, hätte ich Ihr Schäferstündchen nicht gestört.«

»Wieso Schäferstündchen? Ich habe nur ein Fitneßtraining absolviert.«

»Dann müssen Sie hungrig sein. Ich empfehle Steak Tartar mit Kapernsauce, dazu ein frisch gezapftes Kronenbourg-Bier.«

»Sind Sie Gastwirt oder Pressesprecher einer demokratisch gewählten Regierung?«

»Das ist mir selbst nicht klar. Mein Chef will mit Ihnen reden. Noch heute abend. Die Sache eilt!«

»Und worum geht es, wenn ich fragen darf?«

»Die Wahrheit, nichts als die Wahrheit. Sie sollen einen Artikel schreiben über das Doppelspiel, das Washington mit uns treibt. Als Schweizer sind Sie neutral!«

»Irrtum! Ich arbeite für eine Schweizer Zeitung, doch ich bin Bürger der Bundesrepublik.«

»Aber Sie haben quisqueyanische Vorfahren, und deshalb gehören Sie zu uns. Ich appelliere an Ihr patriotisches Gewissen – seien Sie unser diplomatischer Kurier! Alles Weitere wird Titid Ihnen persönlich erklären.«

»Und was bekomme ich als Gegenleistung?«

»Ein Steak Tartar mit frisch gezapftem Kronenbourg-Bier.«

Fünftes Kapitel

11 Der Präsident des ärmsten Landes der westlichen Hemisphäre war einer jener Menschen, die so unscheinbar wirken, daß man sie leicht übersieht oder unterschätzt. Wie alle Staatsmänner, die den Beinamen der Große tragen, war er kleinwüchsig und verbarg seine machtpolitischen Ambitionen hinter ostentativer Bescheidenheit. Im persönlichen Gespräch war er unergiebig; er schwieg beharrlich und ließ seinen Gegenüber so lange reden, bis dieser sich in den Fallstricken seiner eigenen Gedanken verheddert hatte. Dabei fixierte er den Gesprächspartner mit starrem Blick, durch blitzende Brillengläser, in denen man das eigene Gesicht gespiegelt sah. Seine bis zur Einsilbigkeit gehende Wortkargheit, verbunden mit einer unnatürlich wirkenden Ruhe, nährte das Gerücht, er nehme Beruhigungsmittel ein, Antidepressiva vielleicht, die ihm sein Hausarzt verordne, um einer krankhaften Nervosität Herr zu werden, die zyklisch in Melancholie umschlug. Doch jedesmal, wenn er eine Ansprache hielt, egal ob vor einer kleinen Kirchengemeinde oder einer riesigen Volksmenge, die sich auf dem Marsfeld vor dem Präsidentenpalast versammelte, ging eine spektakuläre Veränderung mit ihm vor: Zuerst wirkte er blaß und angespannt, dann lockerte er sich, warf die Arme hoch und ließ ein Feuerwerk blendender Einfälle auf die Zuhörer niederregnen. Es war, als ergreife eine überpersönliche Macht Besitz von ihm, Papa Ogoun vielleicht, auch Ogoun Ferraille genannt, der Gott des Eisens und des Krieges, der stets betrunken war, wild mit dem Säbel fuchtelte und seinen Adepten wie Pferden die Sporen gab. Hinterher war Titid naßgeschwitzt wie nach einem Parforceritt und zog sich, ausgelaugt und erschöpft, in die Sakristei zurück, wo er selbst für engste Mitarbeiter nicht zu sprechen war, ausgenommen für seine Haushälterin, die ihn mit kalten Umschlägen und heißer Suppe wieder zum Leben erweckte.

»Sie verlangen Unmögliches von mir«, sagte Titid – so wurde er im kreolischen Volksmund genannt: *Ti* hieß klein, und *titi* war die Verkleinerung von klein. Im Unterschied zu seinen diktatorisch regierenden Vorgängern, die Quisqueyas historische Größe im Munde führten, bis das Volk sie ausspie wie einen faulen Zahn – ein schiefes Bild, zugegeben, das der nichtcartesianischen Logik der Ereignisse jedoch genau entsprach: Im Unterschied also zu Big Boss Papa war Titid der Kandidat der kleinen Leute, *les petites gens:* Damit war kein Kleinbürgertum gemeint, das es in Quisqueya gar nicht gab, sondern die Armen und Entrechteten, die weder Sitz noch Stimme hatten im Parlament. Sein Engagement für die Erniedrigten und Beleidigten war nicht frei von Herablassung, und ohne es zu wollen, leistete Titid der Infantilisierung der Politik Vorschub, indem er sein Volk wie unmündige Kinder behandelte oder wie verirrte Schafe, die vom guten Hirten in den schützenden Stall geführt werden müssen. Vermutlich war die Ausbildung an einer Missionsschule an seiner paternalistischen Rhetorik schuld.

»Sie verlangen Unmögliches von mir.«

Der für den Abend anberaumte Gesprächstermin war in letzter Minute geplatzt, und am nächsten Morgen hatte man B. warten lassen in einem Vorzimmer des Palasts, durch dessen geschlossene Jalousien Sonnenlicht fiel und schräge Streifen auf den gekachelten Fußboden malte. Als er sich, halb betäubt von der stickigen Luft, zum Gehen anschickte, öffnete der Protokollchef die zweiflügelige Tür, und Titid, eine Schärpe in den Landesfarben um den Leib, schritt ihm auf einem roten Teppich entgegen und schloß ihn in die Arme wie einen verlorenen Sohn. Während eine Empfangsdame Kaffee servierte, holte der Staatschef zu einer langatmigen Erklärung aus. Er sprach von einer Kampagne zur Unterminierung seiner Glaubwürdigkeit, deren Urheber vor keiner noch so absurden Verdrehung der Wahrheit zurückschreckten: Von interessierter Seite würden Gerüchte gestreut, er sei unfähig, das höchste Staatsamt zu bekleiden, weil er nicht mehr im Vollbesitz seiner geistigen Kräfte sei.

»Und wer behauptet so etwas?«

»Das Gute an Washington ist, daß es dort keine US-Botschaft gibt!« Titid lachte. »Ich weiß, wovon ich spreche, denn ich war lange genug dort. Hier, lesen Sie. Aber versprechen Sie mir, keine Abschrift des Texts zu machen und nichts zu zitieren. Alles, was wir besprechen, ist *off the record*, wie man auf englisch sagt.«

Während B. das mit dem Briefkopf des State Department versehene Schriftstück überflog, das mit einem roten Stempel als *strictly confidential* gekennzeichnet war, wollte Titid von ihm wissen, warum er noch keinen quisqueyanischen Paß beantragt habe. Als Nachfahre einer kreolischen Großmutter habe B. ein Anrecht auf doppelte Staatsbürgerschaft, und die Sache lasse sich unbürokratisch regeln, falls ihm der Amtsweg zu umständlich sei.

»Darf ich Sie um einen persönlichen Gefallen bitten?«

»Nur zu!«

»Es geht um Toto Bonange, der seit drei Wochen im Pénitencier National auf die Anklageerhebung wartet. Sie wissen, was das heißt, denn Sie waren selbst einmal dort inhaftiert!«

»Sie verlangen Unmögliches von mir. Toto Bonange ist der Chef der Todesschwadronen, der meine Gefolgsleute bestialisch ermorden ließ. Ich weiß aus schmerzgeprüfter Erfahrung, daß unser Strafvollzug internationalen Normen nicht entspricht, und ich werde Anweisung geben, seine Haftbedingungen zu überprüfen. Mehr kann ich nicht für Sie tun!«

12 Als er auf die Straße trat, stellte B. fest, daß er sich in einen Zombie verwandelt hatte. Entgegenkommende Passanten wichen ihm aus und tuschelten hinter seinem Rücken über ihn. Eine Marktfrau bekreuzigte sich bei seinem Anblick, und der Schuhputzjunge nahm schreiend Reißaus, als B. den Fuß auf den Bordstein setzte, um seine Schuhe reinigen zu lassen.

An sich herabblickend, entdeckte er, daß seine Haut sich olivgrün verfärbt hatte und daß er keinen Schatten mehr warf. Auch Erzulie schien die Veränderung bemerkt zu haben; beim Mittagessen meinte sie, er sehe abgespannt aus und müsse mehr Salz an die Speisen tun. In der tropischen Hitze verdunste die Körperflüssigkeit, und sein Organismus sei dehydriert. »Vielleicht bekommt dir die kreolische Küche nicht«, sagte Matante Erzulie und streute braunen Zucker auf eine Schale mit Karamelpudding, der ihr nicht süß genug war. »Wer regelmäßig Quisqueya besucht, muß aufpassen, daß er nicht verbuscht. Ausländer, die ganz hier leben, unterscheiden sich nicht mehr von den Einheimischen. Ihre Haut dunkelt nach, und zusammen mit den Manieren vergessen sie ihre von zu Hause mitgebrachte Kultur. Am Ende sind sie Zombies wie wir: lebende Tote, die, ohne es zu wissen, schon vor Jahren gestorben sind. Aber was rede ich da?«

Sechstes Kapitel

»Das Verb guillotinieren kann man nicht
in allen Zeiten konjugieren.
Man kann zwar sagen:
Ich werde guillotiniert, du wirst guillotiniert,
aber man sagt nicht:
Ich wurde guillotiniert.«
Stendhal, Rot und Schwarz

1 Die Überfahrt verlief ohne Zwischenfälle. Dieser Satz
stimmte nur im Vergleich zur hektischen Beschleunigung der Zeit, die ich nach dem Sturm auf die Bastille in
Frankreich und bei meinem Landgang in Afrika erlebt
hatte. Hatten sich dort die Ereignisse überstürzt, so be-
stimmte jetzt die auf- und abschwellende Dünung des
Atlantiks meinen Tageslauf. Der Rhythmus der Gezeiten
folgte der Umlaufbahn von Sonne, Mond und Sternen,
die auch der revolutionären Umwälzung im fernen Paris
zugrunde lag. Daran mußte ich denken, während ich
seekrank in meiner Kajüte lag, mit zugestöpselten Ohren
und verbundenen Augen, um das Knarren der Planken
nicht hören und das von Gischt umspülte Bullauge nicht
sehen zu müssen, das bei jeder Drehung des Schiffs über
und dann wieder unter die Wasserlinie sank. Nur eine
dünne Holzwand trennte mich von Haifischen mit rasier-
messerscharfen Zähnen und sechzehnarmigen Riesen-
kraken, die darauf lauerten, mich mit ihren Tentakeln
zu umschlingen – bei dieser Vorstellung wurde mir erneut
schlecht. Wenn Montezuma mit einer Durchfallepidemie
an den spanischen Konquistadoren Rache nahm, so war es
Poseidons Rache, die meine Haut grün färbte und mich
zur Sühne dafür, daß ich unschuldige Menschen im
Schiffsbauch gefangenhielt, in einen vom Smutje bereit-

H. C. Buch, Tanzende Schatten

gestellten Kübel kotzen ließ. Meister Samson wußte auch hier Rat; der Henker betätigte sich als Arzt, was nur auf den ersten Blick überrascht, denn wer Menschen vom Leben zum Tode befördert, kann auch Tote zum Leben erwecken. Er befreite die an eine Ruderbank geschmiedete Aischa aus ihren Ketten und legte sie, frisch gewaschen und nur mit ihrer nackten Haut bekleidet, in mein Bett. Die Kur wirkte Wunder, denn Aischa war eine Hexenmeisterin, vor deren Zauberkünsten der König und sein Hofstaat zitterten, weil sie beidhändig arbeitete, wie man in Dahomey sagte, und sich nicht nur auf Heilkräuter und Tinkturen, sondern auch auf die Zubereitung von Giften verstand. Ein solches Gift träufelte sie mir ins Ohr mit der Einflüsterung, der König schmiede ein Komplott gegen mich, einen bewaffneten Aufstand mit dem Ziel, die Kontrolle über das Schiff zu übernehmen, wie Herman Melville dies in seinem Roman *Benito Cereno* geschildert hat – ein unzulässiger Anachronismus, ich weiß. Der Verrat Ludwigs XVI., der sich mit den Feinden des französischen Volkes gegen die Republik verschwor, sollte mich lehren, meinte Aischa, daß Königen und ihren Lakaien nicht zu trauen sei; und sie empfahl mir, Adandozan und dessen Hofstaat an ihrer Stelle im Schiffsbauch schmoren zu lassen. Obwohl ich den König von Dahomey nicht für einen revolutionären Umstürzler hielt, befolgte ich Aischas Rat und ließ die potentiellen Unruhestifter unter Deck verfrachten; nur einmal am Tag durften sie einen Rundgang an der frischen Luft machen, bei dem Meister Samson sie nicht aus den Augen ließ.

Habe ich schon erwähnt, daß Aischa noch Jungfrau war, als ich sie ins Bett gelegt bekam? Hinterher war dies nicht mehr der Fall, und ich gestehe, ohne zu erröten, daß die wochenlange Flaute, die das Schiff in der Sargassosee festhielt, zur schönsten Zeit meines Lebens gehörte, trotz oder vielmehr wegen der sengenden Sonne und der von keiner Welle gekräuselten, bleischweren See, weil Aischas schwarze Haut nicht nur Wärme, sondern auch Kühle speicherte, die sie in der Hitze abstrahlte. Und ich verfluchte den Tag, als der Passat zu wehen begann und die *Espérance,* von Delphinen und fliegenden Fischen eskortiert, zügig ihrem Bestimmungsort entgegenschob.

2 Aus der Ferne sah Saint Marc einladend aus, aber dieser Eindruck hielt genauerer Nachprüfung nicht stand, und im Näherkommen entpuppte sich die von kahlen Bergen gesäumte Stadt als elendes Nest am Ende der Welt, eingezwängt zwischen einem stinkenden Mangrovensumpf und einer Salzwüste, in der statt vom Wind gewiegter Königspalmen nur staubbedeckte Kandelaberkakteen wuchsen. Nicht einmal der Hafen, dessen Vorzüge meine Gewährsleute mir in den leuchtendsten Farben geschildert hatten, hatte diese Bezeichnung verdient; die Bucht war von Untiefen durchzogen, und das Senkblei verheddert sich zwischen am Meeresboden verkeilten Wracks; weiter draußen war die Strömung so stark, daß die Ankerkette riß und die *Espérance* gefährlich nah an ein Korallenriff trieb. Während das Beiboot dem Land zustrebte, sah ich, auf der schwankenden Ruderbank sitzend, daß es im Hafen von Saint Marc keine Mole und keine Kaimauer, keine Hebebäume und keine Flaschenzüge zum Löschen der Ladung gab; auch Ochsen- oder Eselskarren waren nicht in Sicht, ganz zu schweigen von Schauerleuten und Dockarbeitern. Meine Geschäftspartner hatten das Blaue vom Himmel gelogen, und ich hatte mein Geld in den Sand gesetzt.

Die Stadt, sofern Saint Marc diese Bezeichnung verdient, ähnelte einer von Claude Lorrain gemalten Ruinenlandschaft, überragt vom Glockenturm einer zerstörten Kathedrale, in deren mit Gras bewachsenen Fensterhöhlen magere Ziegen herumkletterten. Nur die palmstrohgedeckten Lehmhütten hatten das Erdbeben oder den Hurrikan unbeschädigt überstanden: Möglicherweise war es keine Naturkatastrophe gewesen, sondern ein Bürgerkrieg oder Volksaufstand – vielleicht sogar beides zugleich – hatte die festen Häuser dem Erdboden gleichgemacht. Am Rand eines Abwasserkanals, in dem Enten und Schweine watschelten, döste ein Soldat in der Hängematte, der sich bei meiner Annäherung schlaftrunken erhob. Um wach zu werden, schlug er sich mit dem Handrücken ins Gesicht – vielleicht zerdrückte er ein auf seiner Stirn krabbelndes Insekt – und bellte einen Befehl in einer mir unbekannten Sprache, von der ich nur das Wort Quarantäne verstand. Die Mittagssonne brannte mir ins Genick, und ich blieb stehen, betäubt vom Miasma der Abwässer und dem Geruch nach süßem Rum und saurem Schweiß, der von der zerschlissenen Uniform des Soldaten aufstieg – vielleicht war es auch umgekehrt, der Rum roch sauer und der Schweiß süß.

»Sie haben den Fuß an Land gesetzt, obwohl es verboten ist, dies zu tun«, sagte ein Kind, das aus dem Kanal ans Ufer stieg, zuerst auf englisch und dann auf französisch zu mir. Sein nackter Körper war von Kopf bis Fuß mit Schlamm besudelt, so daß nicht ersichtlich war, ob es sich um einen Jungen oder ein Mädchen handelte. »Zuerst müssen Sie die Quarantäne durchlaufen. Danach werden Ihre Papiere überprüft und die zur Einfuhr bestimmten Waren dem Zoll zur Inspektion vorgelegt.« – »Das ist unmöglich«, sagte ich, zu dem Posten gewandt, der mit derben Fußtritten ein an seinem Hosenbein knabberndes Ferkel vertrieb. »Ich habe leicht verderbliche Ware an Bord, die schnellstmöglich verkauft werden muß. Bleiben sie noch länger auf See, sterben die Leute mir weg!«

»Wenn es sich so verhält«, sagte der Soldat in akzentfreiem Französisch und richtete mit einer Schnelligkeit, die ich ihm nicht zugetraut hätte, eine entsicherte Pistole auf mich, »muß ich Sie festnehmen. Das Dekret vom 16. Pluviôse verbietet den Verkauf von Menschenfleisch, und nach der Verfassung hat jeder, der diesen schändlichen Handel betreibt, sein Leben verwirkt!«

»Von welcher Verfassung sprechen Sie? Saint Domingue ist integraler Bestandteil der französischen Republik!«

»Ganz recht. Unser Oberbefehlshaber, General Toussaint Louverture, hat eine neue Verfassung erlassen, die Rechte und Pflichten der Bürger genau definiert, und die Sklaverei, diese Pestbeule im Anlitz der Menschheit, ist für immer abgeschafft.«

Diesen Satz hatte ich schon einmal gehört, aber ich erinnerte mich nicht, wo und wann das gewesen war. Mit einem Stoßseufzer fügte ich mich in das Unvermeidliche, denn die Logik des Gesetzes ist unerschütterlich, auch wenn sie einem Menschen, der leben will, nicht widersteht.

3 Da das Gefängnis wie alle öffentlichen Gebäude in Trümmern lag, wurde ich zusammen mit meinen Leidensgenossen in die als Kerker dienende Grabgruft der Kirche gesperrt, wo ich als lebender Toter die Hinrichtung erwartete. Der König von Dahomey und sein Hofstaat leisteten mir Gesellschaft; obwohl jeder Sklave, der den Boden von Saint Domingue betrat, automatisch die Freiheit erlangte, unterlagen auch sie den Quarantänebestimmungen, die ebenso streng gehandhabt wurden wie das über mich verhängte Todesurteil – genaugenommen handelte es sich um zwei Seiten ein und derselben Hygienevorschrift. Ich saß bei Kerzenschein zwischen zerfallenen Sarkophagen, aus denen moderne Knochen quollen, und spielte Schach mit dem König von Dahomey, dessen strategisches Talent ich sträflich unterschätzte, denn er setzte mich stets aufs neue schachmatt. Vom sonnenbeschienenen Vorplatz der Kirche drangen fröhliche Hammerschläge in unser düsteres Verlies. Dort draußen baute Meister Samson, zwei Zimmermannsnägel und ein lustiges Lied auf den Lippen – er pfiff abwechselnd die *Marseillaise* und *Ça ira* –, das Gerüst seiner Guillotine auf, die, sorgsam geölt und in Kisten mit Holzwolle verpackt, den Transport über den Ozean gut überstanden hatte.

H.C. Buch, Tanzende Schatten

Aischas Rat folgend, hatte der Ortskommandant ihn vorzeitig aus der Quarantäne entlassen, um ein abschreckendes Exempel zu statuieren und dem abergläubischen Volk die Mordmaschine praktisch vor Augen zu führen. Daß ich bei dem Experiment als Versuchskaninchen fungierte, schien Aischa nicht zu stören, denn in ihren Augen hatte ich durch doppelten Verrat mein Leben verwirkt, obwohl es mir selbst durch angestrengtes Nachdenken nicht herauszufinden gelang, wer von uns beiden wen verraten hatte. Im nachhinein kamen mir sogar Zweifel, ob Aischa wirklich noch Jungfrau gewesen war, als Meister Samson sie mir ins Bett gelegt hatte.

Abgesehen von der seelischen Folter, die darin bestand, zwischen Särgen voll morscher Knochen auf meine Hinrichtung zu warten, behandelte man mich gut. Ich erhielt dasselbe Essen wie der König und sein Hofstaat: Reis mit Bohnen, Mais oder Maniok; freitags und sonntags gab es gekochte Bananen mit Fisch; gebratenes Huhn war ein Festessen, reserviert für den Morgen meiner Hinrichtung, die auf den Tag nach Ablauf der Quarantäne festgesetzt worden war. Ich weiß nicht, ob Todesangst oder schlechte Ernährung schuld daran waren, aber ich verlor zusehends an Gewicht und fühlte mich so leicht wie die Skelette, mit denen ich meine unterirdische Behausung teilte. Vermutlich hätte ich noch vor meiner Hinrichtung das Zeitliche gesegnet, hätte nicht das nackte Kind, das mir bei der Landung als Dolmetscher gedient hatte, Mitleid gehabt und – wie damals die Prinzessin aus Dahomey – seinen mit Milch gefüllten Busen durch die Gitterstäbe gezwängt. Vielleicht war es auch sein erigierter Penis, aus dem ich nahrhaftes Sperma suckelte. In der Finsternis konnte ich nicht erkennen, ob meine Retterin ein Mädchen oder ein Junge war – womöglich beides zugleich, denn Engel sind transsexuell, wie die biblische Geschichte von Sodom und Gomorrha lehrt. Oder irre ich mich?

4 Dumpfes Glockengeläut weckte mich. Ich mußte also geschlafen haben, während ich mich auf meiner Strohmatte wälzte und in Erwartung des Endes mein kurzes Leben Revue passieren ließ. *Wer bist du, woher kommst du, wohin gehst du?* Die erste der drei Pilatus-fragen war schwieriger zu beantworten als die letzte, denn ich schickte mich an, in die Ewigkeit einzugehen, aus der ich gekommen war. Man kann auch *Nichts* dazu sagen, denn an die Auferstehung des Fleisches habe ich nie ge-glaubt: die Geschichte der Himmelfahrt Jesu, die wir im Konfirmationsunterricht auswendig lernen mußten, hatte mich schon damals zum Lachen gereizt. Wenn Gott wirk-lich existierte, ließ er jeden nach seiner Façon selig wer-den, und es war ihm egal, ob ich nach katholischem oder protestantischem Ritus getauft, konfirmiert und beerdigt worden war. Aber da aus dem Nichts nichts entstehen kann, zog ich es vor, mir die letzte Ölung erteilen zu lassen, um nach dem Tod auf der sicheren Seite zu sein. Hauptsache, ich war ein guter Christ und hatte zwar kein heiligmäßiges, aber doch ein gottgefälliges Leben geführt. Auch das war nicht sicher, denn die einzige Gottheit, der ich regelmäßig huldigte, war Mammon, das goldene Kalb. Hatte man mir nicht zur Begrüßung in Dahomey eine lebende Schlange um den Hals gelegt? Also war ich ein Götzendiener und Teufelsanbeter wie Adandozan, der jeden Morgen das Orakel in Gestalt seiner aus Dahomey mitgebrachten Pythonschlange befragte, wann er aus dem Totenreich ins Leben zurückkehren werde, weil das, was wir Quarantäne nannten, für ihn der Hades war. Viel-leicht hatte er gar nicht so unrecht, denn in der finsteren Gruft warfen wir keine Schatten mehr.

Wer war ich überhaupt? War ich Deutscher oder Fran-zose, Afrikaner oder Amerikaner, schwarz oder weiß? Auch das war ungewiß, denn seit man mich in ein mit Indigo gefülltes Faß getaucht hatte, hatte meine Haut eine violette Färbung angenommen. Sollte das über mich verhängte Todesurteil eine Art Taufe gewesen sein? Oder war ich schon gestorben, und das hier war das Leben nach dem Tod?

Ich fand keine Zeit, mir diese Fragen zu beantworten, denn beim sechsten Glockenschlag wurde ich von rohen Fäusten gepackt und ins Freie geschleift. Ein Hahn krähte dreimal, und ich rieb mir verwundert die Augen beim Anblick der Guillotine, die sich wie eine gotische Kathedrale in den fahlen Morgenhimmel reckte; ihr Unterbau lag im Schatten, während das Licht der die Berge überstrahlenden Sonne die Klinge des Beils traf und ein Rutenbündel von Blitzen aussandte, das mich geblendet zurückzucken ließ. Es dauerte einige Zeit, bis ich mich an die Helligkeit gewöhnte, die wie ein Goldregen durch Türstürze und Fensterhöhlen rieselte, um die sich Schaulustige drängten, die für die Logenplätze Eintritt bezahlt hatten. Die gestern noch menschenleeren Straßen wimmelten von Menschen: Auf einer mit Trikoloren geschmückten Tribüne hatten die Honoratioren der Stadt Platz genommen, weißgekleidete Kaufleute, über deren behäbige Bäuche sich goldene Uhrketten spannten, mit ihren schwindsüchtigen Gattinnen, die sich mit Fächern Kühlung zuwedelten, alte Jungfern mit Spitzenhäubchen und Rosenkränzen in den gichtgeschwollenen Fingern; Mulattinnen in farbenfrohen Gewändern, die den in Gala-Uniform aufmarschierten Offizieren glühende Liebesblicke zuwarfen und einladend mit den um ihre Knöchel gewundenen Silberreifen klirrten; entlaufene Sträflinge und desertierte Matrosen neben barfüßigen Bauern, die vor Sonnenaufgang ihre im Hinterland gelegenen Hütten verlassen hatten, um bei der Hinrichtung zugegen zu sein, einem erhebenden Schauspiel, das die sonst tödlich zerstrittenen Rassen und Klassen der Kolonie zu *einem* Volkskörper vereinigte: Bekanntlich ist Blut der beste Siegellack.

Eine Militärkapelle intonierte die *Marseillaise*, und Meister Samsons Gehilfe schnitt mir den Kragen vom Hemd und rasierte fein säuberlich meinen Nacken aus, damit die herabsausende Klinge sich in keiner Haarlocke verfing. Der Handlanger des Henkers war kein anderer als der anonyme Lebensretter, der mich in meinem Verlies vor dem Verdursten bewahrt hatte, und ich würde nie mehr erfahren, ob die engelsgleiche Gestalt ein Junge oder ein Mädchen war. Das Orchester spielte einen Tusch, und unter Hochrufen und Beifall erklomm das Podium der Ortskommandant, in dem ich den Wachsoldaten wiedererkannte, der bei meiner Landung, in der Hängematte liegend, seinen Rausch ausschlief. Statt der zerschlissenen Uniform trug er einen glänzenden Waffenrock, Reitstiefel mit silbernen Sporen und einen Zweispitz mit blauweißroter Kokarde. »Auf dem Territorium von St. Domingue ist die Sklaverei für immer abgeschafft«, sagte General Dessalines, so benannt nach seinem früheren Besitzer, der ihn wegen seiner Aufsässigkeit hatte auspeitschen lassen. Er knöpfte die Uniformjacke auf und entblößte die vernarbten Wunden, die ihm die neunschwänzige Katze in die Haut geritzt hatte. »Wir haben geschworen«, fügte er, den Applaus überschreiend, hinzu, »lieber auf den Ruinen eines freien Landes zu sterben, als die Wiedereinführung der Sklaverei zu erdulden. Heute ist dieser Tag gekommen, und wir werfen den Despoten Europas den Kopf eines Sklavenhändlers als Fehdehandschuh hin!« Und er befahl mit erhobenem Arm, meine Hinrichtung zu vollstrecken.

Meister Samsons Gehilfe schob mich bäuchlings aufs Schafott, während der Henker auf die Leiter stieg und mit dem Daumen die Schärfe der Klinge prüfte, die als Damoklesschwert über meinem Nacken hing. »Keine Angst«, flüsterte der Hermaphrodit mir zu: »Sie spüren gar nichts – nur einen Luftzug im Genick!« Aus den Augenwinkeln heraus sah ich die gestreiften Hosen des Henkerknechts, unter denen sich sein erigierter Penis abzeichnete: Demnach war mein Schutzengel doch ein Mann. Oder handelte es sich um einen Todesengel? Ich blickte in den Korb, der meinen Kopf aufnehmen sollte, ein Faß ohne Boden, nein: ein Brunnenschacht, dessen

dunkle Tiefe mein angstvoll verzerrtes Gesicht widerspiegelte. Ich hörte, wie Meister Samson den Seilzug betätigte, und spürte einen sausenden Luftzug wie von
einem Schwert – dessen Schneide über meinem Nacken
zum Stillstand kam. Die Guillotine klemmte. Pfiffe und
Buhrufe waren zu hören, während Dessalines dem Henker
befahl, seines Amtes zu walten. Meister Samsons Gesicht
war aschfahl; ein Muttermal, das ich vorher nicht bemerkt hatte, stand wie ein Kainszeichen auf seiner Stirn,
während er sich die Ärmel hochkrempelte und erneut die
Leiter bestieg, den Schraubenzieher quer wie einen Dolch
im Mund. Die Sonne hatte die Berge überwunden und
schwebte wie das Auge des Heiligen Geistes über der
Guillotine, an deren Räderwerk sich der Henker mit seinem Schraubenzieher zu schaffen machte. Der Seilzug
hatte sich verheddert. Meister Samson schnaufte, von seiner Stirn rinnender Schweiß tropfte mir in den Nacken,
und mit einer raschen Bewegung riß er sich das Hemd
vom Leib. Beim Anblick der Pestbeulen auf seiner Brust
lief ein Entsetzensschrei durch die Menge, die in wilder
Flucht auseinanderstob. Mütter mit Kindern wurden im
Gedränge zu Boden gerissen, Greise in Panik nieder-
getrampelt. Nur Dessalines behielt einen kühlen Kopf
und befahl seinen Soldaten, die Seuchenträger – Meister
Samson, dessen Gehilfen und mich – mit in die Luft gefeuerten Schüssen ins Quarantänelager zurückzutreiben,
um so die Infektionsgefahr einzudämmen. Der König von
Dahomey hatte mehr Glück; da Adandozan und sein
Hofstaat nicht mit dem Henker in Berührung gekommen
waren, blieben sie auf freiem Fuß.

5 »Ich fühle mich in meiner Berufsehre gekränkt«,
sagte Meister Samson, »denn seit Einführung der
Guillotine, die eigentlich Louisine heißen müßte, weil
sie nicht von Doktor Guillotin erfunden wurde, sondern
von einem gewissen Louis, den der gewieftere Guillotin um

seinen Nachruhm betrogen hat – seit Einführung der Guillotine hat niemals das Beil geklemmt. Und es ist doppelt peinlich, daß dies einem ausgewiesenen Experten wie mir passiert, der in die Kolonien gekommen ist, um neue Hinrichtungsmethoden zu erproben, die zu Hause im Mutterland an Einsprüchen von Bürgern oder Behörden scheitern. – Ich habe eine Guillotine ersonnen«, fuhr er fort, nachdem er mit herausgestreckter Zunge einen Tropfen Wasser von der Kerkerwand geleckt hatte – unsere Bewacher hatten Mühlsteine vor Fenster und Türen gerollt und einen *cordon sanitaire* um das unterirdische Verlies gezogen, um uns, abgeriegelt von der Außenwelt, bei lebendigem Leib verfaulen zu lassen. »Ich habe eine neuartige Guillotine ersonnen, die Dutzende Delinquenten auf einen Schlag köpfen kann ohne den Mangel an Hygiene und den pestilenzialischen Geruch, der heutzutage jede öffentliche Hinrichtung zum Gesundheitsrisiko macht. Das vergossene Blut wird in Becken aufgefangen und durch Röhren in die Kanalisation gespült, während die abgeschlagenen Köpfe in bereitgestellte Körbe springen und die enthaupteten Körper durch Falltüren in Gruben mit ungelöschtem Kalk verschwinden. Auf diese Weise kann ein einzelner Henker mit wenigen Handgriffen ein ganzes Bataillon exekutieren. Ich hatte gehofft, meine Pläne in Saint Domingue realisieren zu können, ohne Rücksicht auf kleinliche Bedenken, die man in Frankreich jeder technischen Neuerung entgegenbringt – und jetzt das!«

Meister Samson machte eine heftige Bewegung, die ich nur anhand des Luftzugs erriet, weil in dem stockfinsteren Verlies keine Handbreit zu sehen war. Ich weiß nicht mehr, wie viele Tage ich dort zubrachte, denn ich verlor jedes Gefühl für Raum und Zeit, während der Todesbote, der zugleich mein Lebensspender war, sich im Dunkeln an mich schmiegte, um seine Körperwärme mit mir zu teilen. Von Zeit zu Zeit flößte er mir eine Flüssigkeit ein, von der ich nicht weiß, ob es sich um Blut, Sperma oder ein

Gemisch aus beidem handelte; sicher ist nur, daß der süß-saure Saft mich am Leben erhielt. Dann war auch das zu Ende, und mein Retter war verschwunden: Er hatte sich in eine Äskulapnatter verwandelt, vielleicht war es auch eine Python oder eine Boa Constrictor, und war durch eine Mauerritze aus dem Kerker entflohen, um Hilfe zu holen oder um der Außenwelt die Nachricht von meinem Tod zu überbringen.

Meister Samson genas, während ich in einem apathischen Dämmerzustand versank und nicht mehr wußte, ob ich mich im Vorzimmer des Todes befand oder schon gestorben war. Ein Stich ins Herz weckte mich, und als ich die Augen aufschlug, saß ich auf einer mit Girlanden geschmückten Tribüne und sah das gütige Gesicht eines alten Mannes über mir, bei dem es sich um den lieben Gott zu handeln schien. Nur seine olivschwarze Haut paßte nicht dazu und das weiße Pferd, von dem er sich herabbeugte, um mir einen Orden ans Revers zu heften, dessen Anstecknadel sich durch das Hemd hindurch in meine Brust bohrte.

»Ich bin Toussaint Louverture«, sagte der reitende Bote, der mich dem Leben zurückgegeben hatte, »mein Name ist euch allen bekannt. Ich will, daß Freiheit und Gleichheit herrschen in Saint Domingue. Parteigeist und Anarchie haben das Mutterland ins Unglück gestürzt und in den Kolonien zu Exzessen geführt, die deren Bewohner weder wünschten noch billigten. Heute ist die Stunde der Wahrheit gekommen. Ich habe die Zügel ergriffen, die Frankreichs Regierung schleifen ließ, und den Gesetzen Respekt verschafft und dem Glauben an Gott, dessen Altäre die Revolution mit Blut besudelt hat. Die öffentliche Enthauptung zum Tode Verurteilter verstößt gegen die Menschenwürde und gegen das Fünfte Gebot. Sie wird mit sofortiger Wirkung abgeschafft, und Maître Samson geht mit seiner Guillotine in den verdienten Ruhestand. Ich habe ihm einen Platz auf einer Fregatte reserviert, die morgen nach Cayenne ausläuft, damit er dort, wo der Pfeffer

wächst, über die Perfektionierung des Massenmords nachdenken kann. Die schöne Aischa wird ihn begleiten, denn
für Aufwiegler und Unruhestifter ist in einem geordneten
Gemeinwesen kein Platz.«

(Pfiffe und Buhrufe, Applaus)

»Ich stehe in Ihrer Schuld, Bürger«, fügte Toussaint
Louverture, dem Beifall Schweigen gebietend, an meine
Adresse hinzu, »denn Sie haben mich mit meinen afrika-
nischen Brüdern vereint, die ich nie mehr wiederzusehen
glaubte, als ich mein Heimatland Dahomey an Bord eines
Sklavenschiffs für immer verließ. Zum Dank für die Er-
füllung dieses Herzenswunschs ernenne ich Sie zu meinem
Privatsekretär!«

(Stürmischer Applaus)

»Dir, lieber Vetter«, fuhr er fort, an Adandozan gewandt, der mit seinem Hofstaat auf der Ehrentribüne
saß, »habe ich die Verwaltung einer Zuckerrohrplantage
übertragen, die früher der französischen Krone gehörte,
heute aber Volkseigentum ist. Mein Neffe Moïse«, er zeigte
auf den Knaben, der dem Henker zur Hand gegangen war
und mir das Leben gerettet hatte, »wird dem König von
Dahomey als Berater zur Seite gestellt, damit dieser unsere
Sprache lernt und begreift, daß es nützlicher ist, Mais und
Zuckerrohr zu pflanzen, als Köpfe abzuschlagen!«

(Hochrufe und langanhaltender Beifall, der in den Gesang der Marseillaise übergeht.)

6 Die Historiker stimmen darin überein, daß Dessalines
ein Mann des Krieges und Toussaint Louverture ein
Mann des Friedens war, doch in den drei Jahren, die
ich ihm als Sekretär diente, war es umgekehrt: Toussaint
Louverture führte ununterbrochen Krieg, entweder mit
Worten, will sagen mit Briefen und Proklamationen, die
er mir, am Schreibpult stehend oder unter Bäumen auf
und ab schreitend, diktierte, oder mit schwerer Artillerie,
wobei er weder das Leben seiner Soldaten noch die eigene

Gesundheit schonte. Nachdem er die spanischen und britischen Truppen, die im Norden und Westen von Saint Domingue gelandet waren, um Frankreich die lukrative Kolonie zu entreißen, mit List und Gewalt von dort vertrieben hatte, knöpfte er sich die Vertreter der Regierung vor: allen voran den von der Nationalversammlung entsandten Zivilkommissar Sonthonax, dessen Popularität ihm gefährlich zu werden drohte, seitdem dieser die Abschaffung der Sklaverei verfügt und Gewehre an die Plantagenarbeiter verteilt hatte mit den Worten: *Hier habt ihr eure Freiheit!* Toussaint Louverture ernannte Sonthonax zum Abgeordneten von Saint Domingue und setzte ihn gegen seinen Willen an Bord eines nach Frankreich auslaufenden Schiffes, mit der scheinheiligen Begründung: »Erzählen Sie von den Wundern, deren Augenzeuge Sie waren, und bleiben Sie ein eifriger Verteidiger der Ideale, die wir gemeinsam verfechten. Sollten die Feinde der Republik es wagen, Sie zu verleumden, dann machen Sie ihnen klar, daß wir ebenso fest entschlossen sind, unsere Freiheit zu verteidigen, wie unsere Feinde zu zerschmettern!«

Der nächste Rivale, dessen er sich ebenso elegant entledigte, war sein enger Vertrauter und militärischer Vorgesetzter General Laveaux, der Toussaint Louverture in die französische Armee aufgenommen und zum Brigadegeneral befördert hatte. »Mein General, mein Vater, mein guter Freund!« schrieb er am 17. August 1796: »Da ich mit Betrübnis voraussehe, daß Ihnen in dieser unglücklichen Kolonie, für deren Bewohner Sie Ihre Gesundheit und das Glück Ihrer Familie opfern, Unannehmlichkeiten bevorstehen, deren Zeuge ich nicht sein möchte, wünschte ich, Sie würden zum Deputierten gewählt, damit Sie die Freude haben, Ihr Vaterland wiederzusehen, und geschützt sind vor den Parteikämpfen in Saint Domingue. Sie sind die festeste Stütze unserer Freiheit, und der Name Laveaux bleibt für immer in mein Herz eingeschreint. Wie sehr bewundere ich Ihre Liebe zu den Negern!«

Die spezifische Mischung aus Drohung und Schmeichelei, die aus diesen Zeilen spricht, war *mein* Werk, denn als gewissenhafter Sekretär beschränkte ich mich nicht darauf, das niederzuschreiben, was Toussaint Louverture mir in die Feder diktierte, sondern lenkte seine Absichten und Pläne unmerklich in die Richtung, die ich ihnen geben wollte. Ich riet ihm, alle Regierungsvertreter nach Frankreich abzuschieben, weil sich nur so die Freiheit der Sklaven dauerhaft sichern lasse, gleichzeitig aber den Ausgewiesenen in anonymen Briefen zu unterstellen, sie hätten ihm geraten, sich vom Mutterland loszusagen und alle in der Kolonie verbliebenen Weißen zu ermorden. Damit wollte ich das Direktorium in Paris aus der Reserve locken und dazu zwingen, Soldaten in Marsch zu setzen, um den Revolutionsspuk mit gezielten Schüssen zu beenden. Mein machiavellistisches Kalkül war durch ökonomische Interessen motiviert: Auf diese Weise hoffte ich, meine von Landarbeitern besetzten Plantagen zurückzuerhalten, um sie nach Wiedereinführung der Sklaverei profitabel bewirtschaften zu können.

Nachdem er seine Rivalen schachmatt gesetzt hatte, annektierte Toussaint Louverture, ohne Rücksprache mit der Regierung, den Ostteil der Insel, den Spanien im Frieden von Basel an Frankreich abgetreten hatte. Damit die schwarzen Jakobiner mit dem Entdecker Amerikas keinen Voodoozauber treiben konnten, hatten katholische Priester die sterblichen Überreste von Christoph Kolumbus nach Kuba transferiert; daß der Marmorsarkophag nicht die Gebeine des Vaters, sondern die seines Sohnes Diego enthielt, wußten die frommen Patres nicht. Obwohl die Annexion Hispaniolas unblutig verlief, weigerte sich die französische Regierung, das *fait accompli* anzuerkennen. Inzwischen – genauer gesagt am 18. Brumaire des Jahres VIII – hatte nämlich ein Kriegsheld die Macht ergriffen, der keinen Zweifel daran ließ, daß er gewillt war, andere Saiten aufzuziehen. Sein Name war Napoleon Bonaparte, und unter dem Einfluß seiner Frau Joséphine, die Land in den Kolonien besaß, zog er eine gewaltige Flotte zusammen, bemannt mit 30000 Soldaten, deren Kommando er seinem Schwager Leclerc übertrug. Ziel dieser Streitmacht war, das alte Kolonialregime wiederherzustellen, um Frankreichs Lagerhäuser und Kontore, wie vor der Revolution, bis zum Bersten mit Baumwolle, Zucker und Kaffee zu füllen.

7 Von der Beschlußfassung bis zur Ausführung des Plans zur Rückeroberung von Saint Domingue vergingen anderthalb Jahre, die Toussaint Louverture auf seine Weise nutzte. Er konsolidierte seine Macht durch ein drakonisches Arbeitsgesetz, das jeden männlichen Bewohner, der außerhalb einer Plantage angetroffen wurde, zu Zwangsarbeit oder zum Kriegsdienst verurteilte; ledige Frauen hatten keinen Zutritt mehr zu den Kasernen, und die des Lesens und Schreibens unkundigen Bürger wurden gezwungen, Ausweise bei sich zu tragen, die alle sechs Monate von der Polizei erneuert werden mußten – gegen Zahlung einer Gebühr, die für die meisten unerschwinglich war. Meinem Rat folgend, lud Toussaint Louverture die ins Ausland emigrierten Plantagenbesitzer ein, nach Saint Domingue zurückzukehren, und versprach ihnen die Erstattung ihres von Rebellen zerstörten oder vom Staat konfiszierten Eigentums. Gleichzeitig ließ er sich von einem nur aus Weißen bestehenden Parlament zum Gouverneur auf Lebenszeit ernennen, mit dem Recht, seinen Nachfolger selbst zu bestimmen und Verschwörungen gegen die Staatssicherheit rücksichtslos niederzuschlagen, ohne sich dafür vor der Justiz rechtfertigen zu müssen.

Diese Maßnahmen verfolgten ein doppeltes Ziel: die Verteidigungskraft zu stärken und die seit Jahren brachliegenden Felder zu bestellen, um den Erlös der Zuckerrohrernte zum Ankauf von Waffen zu benutzen. Für den wirtschaftlichen Aufschwung der Kolonie war ihm jedes

Mittel recht, einschließlich des Anwerbens von Sklaven, die mit dem Versprechen späterer Freilassung nach Saint Domingue gelockt und zur Fronarbeit auf den Plantagen gezwungen wurden.

Hellsichtigen Beobachtern entging es nicht, daß Toussaint Louverture vom Befreier zum Unterdrücker geworden war: Unter dem Vorwand, die Rückkehr des Ancien Régime zu verhindern, hatte der schwarze Napoleon das alte Kolonialregime wiederhergestellt, einschließlich seines schlimmsten Auswuchses, der Sklaverei – nur mit dem Unterschied, daß die neuen Kolonialherren, anders als ihre Vorgänger, weder Schuldgefühle noch ein schlechtes Gewissen dabei hatten.

Mit genau diesen Worten hat Moïse, der Neffe von Toussaint Louverture, den Widerspruch zwischen guter Absicht und böser Tat, der jeder institutionalisierten Revolution zugrunde liegt, auf den Punkt gebracht. Seine Einwände trafen auf offene Ohren, denn als Berater des Königs von Dahomey hatte Moïse dessen Sprache erlernt und die Klagen der Minister, die wie Sklaven auf den Feldern schuften mußten, seinem Oheim hinterbracht. Toussaint Louverture wies die Beschwerden zurück mit dem Argument, die Afrikaner sollten ihm dankbar sein: Er habe sie aus der Sklaverei befreit, und sie müßten wissen, daß es keine Freiheit ohne Arbeit gibt; Minister heiße bekanntlich Diener, und es schade den Lakaien des Königs nicht, sich die Finger schmutzig zu machen. Damit goß er Öl ins Feuer der schwelenden Unzufriedenheit und machte seinen Neffen zum Katalysator der Kritik. Andere sagen, Aischa, die sich der Deportation nach Cayenne durch Flucht entzog, habe mit Hetzreden die Aufsässigkeit der Landarbeiter geschürt, worauf diese an der Seite ihrer afrikanischen Brüder in den Streik getreten seien. Adandozan, als ehemaliger König vom Arbeitsdienst befreit, verriet seine Landsleute und informierte Toussaint Louverture über den von seinem Neffen angezettelten Aufruhr.

Auf Geheiß seines Onkels wurde Moïse wegen Hochverrats verhaftet und nach kurzem Prozeß von einem Exekutionskommando erschossen. Später scheint Toussaint Louverture Gewissensbisse verspürt zu haben, denn die langatmige Deklaration, die er mir nach Vollstreckung des Urteils diktierte, nährt, ohne es zu wollen, ebenjene Zweifel, die sie wortreich zu widerlegen versucht:

Toussaint Louverture, Oberbefehlshaber der Armee und Generalgouverneur von Saint Domingue, an alle zivilen und militärischen Behörden:

»Seit der Revolution habe ich alles getan, um das Wohlergehen der Kolonie zu sichern. Selbst im Umgang mit erbitterten Gegnern habe ich Blutvergießen vermieden und diejenigen als Brüder willkommen geheißen, die unter feindlicher Flagge gegen mich kämpften. Meinen Generälen und Offizieren habe ich eingeschärft, daß ihr Verhalten um so untadeliger sein muß, je höher sie über ihren Mitbürgern stehen, und daß der Rang, den sie bekleiden, nicht persönlichem Ehrgeiz, sondern ausschließlich dem Allgemeinwohl zu dienen hat.

Das ist es, was ich meinem Neffen Moïse im Beisein seiner Kameraden mehr als einmal gesagt habe. Anstatt meine Mahnungen ernst zu nehmen, ließ Moïse sich von perversen Leidenschaften lenken und wurde zum Spielball ungezügelter Triebe. Er ist elend zugrunde gegangen, und das gleiche Schicksal erwartet alle, die seinem Beispiel nacheifern.

In wiederholten Proklamationen habe ich auf die Pflicht der Eltern hingewiesen, ihre Kinder in der Furcht und Liebe Gottes zu erziehen, da die christliche Religion Grundlage jeder Gemeinschaft ist. Doch wie sträflich vernachlässigen Mütter und Väter die Aufzucht ihrer Kinder! Sie wachsen auf ohne Liebe zur Arbeit und ohne Moral, mit heftiger Abneigung gegen jegliche Art von Zwang. Und weil negative Einflüsse schwer auszumerzen sind, werden sie zu Herumtreibern, Dieben und Prostituierten, bereit, jedem Aufwiegler und Unruhestifter Gehör zu schenken. Der gleiche Vorwurf richtet sich gegen die Landarbeiter auf den Plantagen. Seit der Revolution haben Agenten ausländischer Mächte ihnen eingeredet, Freiheit sei das Recht, ihren Lastern zu frönen. Diese Irrlehre wurde von allen Drückebergern, Faulpelzen und Herumtreibern begeistert aufgenommen. Es ist höchste Zeit, kriminelle Subjekte, die ihr Fehlverhalten nicht selbst korrigieren, streng zu bestrafen.

Niemand, gleich unter welchem Vorwand, ist befreit von der Arbeit. Alle arbeitsfähigen Personen sind verpflichtet, auf dem Land zu wohnen, das sie bebauen, ihre Kinder zu beaufsichtigen und diese, allein oder unter Anleitung von Priestern, in den Geboten der Religion zu unterweisen.

Nur so bilden wir nützliche und achtbare Bürger heran, und nur so bleibt der Kolonie eine Wiederholung der Schrecknisse erspart, deren Andenken niemals aus unser aller Gedächtnis gelöscht werden darf.

Im Hauptquartier von Cap Français, am 4. Frimaire des Jahres X der Einen und Unteilbaren Französischen Republik. *Toussaint Louverture*«

8 Moïse starb, wie er gelebt hatte, mit einem engelsgleichen Lächeln auf dem Gesicht. Als ich mich über ihn beugte, um das Eintreten des Todes festzustellen, wie es mir als Protokollant der Hinrichtung oblag, entrang sich ein Seufzer seiner von Kugeln zerfetzten Brust, ein unartikulierter Ton, der ebensogut ein Fluch wie ein Segenswunsch sein konnte: Es war die mit dem letzten Atemzug eingesogene Luft, die pfeifend aus seiner durchschossenen Lunge entwich. Ich wollte ihm die Augen zudrücken, da spürte ich einen Kältehauch im Nacken, als habe sich eine Schlangenhaut um meinen Hals gelegt, und als ich mich umwandte, sah ich eine Python oder Boa Constrictor, vielleicht war es auch eine Äskulapnatter, die raschelnd im Laub verschwand. Ich folgte dem Weg,

den die Schlange mir anzeigte, und weil Anzug und
Schuhe mich am schnellen Ausschreiten hinderten, legte
ich meine europäischen Kleider ab und lief barfuß durchs
Unterholz. Kandelaberkakteen griffen mit stachligen
Armen nach mir, Dornsträucher und Lianen peitschten
meine nackte Haut, in die scharfgezackte Bätter blutende
Wunden ritzten, und um schneller vorwärts zu kommen,
segelte ich wie eine Fledermaus im Zickzack durch die
Luft, bis ich auf einer von Fackeln erhellten Lichtung zum
Stillstand kam. Was ich für Baumstämme gehalten hatte,
waren Grabkreuze, der Wald war ein Friedhof, auf dem
Menschen im Kreis herumtanzten, Kinder und Greise,
von denen ich nicht wußte, ob es Lebende oder aus ihren
Gräbern auferstandene Tote, Geister Verstorbener oder
Zombies waren. Aischa leitete das Bacchanal, sie zeichnete
mit Maismehl geometrische Muster auf den Boden, dann
nahm sie mich an der Hand und führte mich in die Mitte
des magischen Zirkels, um den die Tänzer sich gegen den
Uhrzeigersinn drehten, zu einem rotgestrichenen Pfahl,
der das Dach des Gebäudes oder das Himmelsgewölbe
trug – das war mir nicht klar. »Ich stehe auf dem Dach
der Welt und sehe den Himmel nicht«, murmelte ich vor
mich hin, während eine Python oder Boa Constrictor mich
wie eine Geliebte umschlang und zwischen den Windun-
gen ihres Leibes zerdrückte. Und das war die Umarmung,
nach der ich mich ein Leben lang gesehnt hatte.

Postskriptum

Es gibt kein perfekteres Todesgerät«, sagte Meister Samson und trat aus dem Schatten der Guillotine, deren
Seilzüge er geölt und mit Schmierseife eingefettet hatte,
»das die Strenge des Gesetzes besser mit den Forderungen der Menschlichkeit vereint. Man sollte jedoch die
Zeremonie verbessern und alles, was ans Ancien Régime
erinnert, daraus verbannen. Der Karren, mit dem man die

Delinquenten zur Richtstätte fährt; ihre auf dem Rücken gefesselten Hände, der schwarze Talar, mit dem sich der Beichtvater vermummt – dieser mittelalterliche Hokuspokus paßt nicht zu einer modernen, aufgeklärten Nation. Außerdem ist es politisch unklug, Volksfeinden und Verrätern religiösen Beistand zu gewähren, denn der zum Tode Verurteilte könnte den Priester zum Mitwisser einer Verschwörung machen, die dieser unter Berufung auf das Beichtgeheimnis den Behörden nicht offenbart.«

HAITI ERZÄHLEN
(3)

> »Und wie ich wieder hier herauskommen?« fragte Julien
> scherzend und ahmte die Kreolensprache nach.
> Eine der Kammerzofen im Haus war aus Saint Domingue
> gebürtig.
> »Du durch Tür gehen«, versetzte Mathilde, von seinem
> Einfall begeistert.
> *Stendhal, Rot und Schwarz*

1 Nicht nur die Gründungsväter der Republik Haiti waren *marrons,* entlaufene Sklaven, die ihr Schicksal selbst in die Hand nahmen: Auch die Wissenschaftler, Künstler und Schriftsteller, die sich in diesen Teil der Welt verirrten, waren Abenteurer, die ihr Heil in der Flucht suchten – *Helden des Rückzugs* auch sie. Das gilt zum Beispiel für Moreau de Saint-Méry, der vor dem jakobinischen Terror nach Philadelphia floh, wo er 1797 eine bis heute unübertroffene, zweibändige Monographie veröffentlichte mit dem Titel *Description topographique, physique, civile, politique et historique de la partie française de l'isle de Saint-Domingue:* eine durch ihren Totalitätsanspruch verblüffende, enzyklopädische Fleißarbeit, die alles verfügbare Wissen der damaligen Zeit zusammenfaßt und am Vorabend des Unabhängigkeitskrieges noch einmal den Glanz des alten Kolonialregimes heraufbeschwört. Moreau de Saint-Méry, Abgeordneter der Konstituante, den Napoleon später zum Gouverneur von Parma berief, war so durchdrungen von den Ideen der Französischen Revolution, daß er die Übereinstimmung der Kolonialherrschaft (einschließlich der Sklaverei!) mit deren Prinzipien zu beweisen versuchte, eine Quadratur des Kreises, die nicht gelingen konnte.

Oder – eine andere Art von *marron* – Moreau de Saint-Mérys Zeitgenosse und politischer Kontrahent Billaud-Varenne, Chefankläger im Nationalkonvent und Leiter des berüchtigten Wohlfahrtsausschusses, der Danton aufs Schafott schickte und die Bitte einer zum Tode Verurteilten um baldige Hinrichtung abwies mit den Worten: »Bürgerin, es ist noch nicht lange genug, daß du den Tod wünschst« – ähnlich wie nach 1968 war das Duzen obligatorisch unter Robespierre. Nach dessen Sturz wurde Billaud-Varenne zur »trockenen Guillotine« nach Cayenne verbannt, wo er die ihm von Napoleon angebotene Amnestie ablehnte mit der Begründung, anders als im alten Rom sei der Erste Konsul nicht vom Volk gewählt. Der Wyschinski der Französischen Revolution blieb sich selbst treu: Aus Protest gegen die Restauration der Monarchie ging er 1816 ins Exil nach Port-au-Prince, wo er allen, die es hören wollten und nicht hören wollten, erzählte, in Paris habe man nicht genug Aristokraten guillotiniert und in Haiti zu wenig Weiße umgebracht. Präsident Pétion ernannte ihn zum Ehrenbürger der jungen Republik und schenkte ihm ein Haus am Stadtrand, wo der Mann, der Tausende von Todesurteilen unterschrieben hatte, sein Leben aushauchte in den Armen einer aus Cayenne mitgebrachten Schwarzen namens Virginie. Vor seinem Tod übergab Billaud-Varenne das Manuskript seiner Memoiren zu treuen Händen einem Veteranen der Schlacht von Waterloo, den es nach Haiti verschlagen hatte: Dieser lieh die Papiere einem Freund, der sie gerne lesen wollte, und seitdem fehlt von ihnen jede Spur.

Oder – ein anderer Fall von *marronage* – der Amateurzoologe Michel-Étienne Descourtilz, der, um das Erbe seiner verstorbenen Tante anzutreten, im Troß der Napoleonischen Armee nach Saint Domingue gelangte und hier, während der Bürgerkrieg zum Rassenkampf eskalierte, naturwissenschaftliche Studien betrieb:

»Unter der Rinde eines morschen Baums entdeckte ich einen Skorpion, dessen Weibchen ich am Vorabend gefangen und in Spiritus eingelegt hatte. Das Tierchen wand sich hilflos zwischen meinen Fingern und tobte seine Wut an einer Vogelspinne aus, gegen die ich den Skorpion zum Kampf antreten ließ. Mit doppeltem Zangengriff schlitzte er der Spinne den Bauch auf und riß ihr die Eingeweide heraus, während die Vogelspinne ihn mit ihrem giftigen Stachel durchbohrte und der Skorpion zuckend verendete.«

Offenbar unbewußt hat der Autor den Vernichtungskrieg der französischen Armee gegen die aufständischen Sklaven, in dem es keine Sieger, sondern nur Verlierer gab, auf die Tierwelt projiziert. An anderer Stelle überträgt Descourtilz tierische Eigenschaften auf Menschen, ohne zu bemerken, daß es sich um kreolische Folklore handelt oder um einen Fall von Jägerlatein: »Der Regierungsbevollmächtigte, Monsieur Roume, erzählte mir von einem Spanier, aus dessen Stirn zwei Hörner wuchsen, die er unter einer dichten Perücke verbarg. Nur sein Kammerdiener, der ihn jeden Morgen frisierte, war in das Geheimnis eingeweiht. Als der Diener starb, ließ der Spanier sich die aus seiner Stirn ragenden Hörner von einem Chirurgen absägen. Das *corpus delicti* wird heute im Naturalienkabinett von Madrid gezeigt.«

Von Descourtilz führt ein direkter Weg zu dem schwedischen Botaniker Eckman, den die Universität Uppsala im Sommer 1914 nach Südamerika in Marsch setzte, um die brasilianische Flora zu studieren. Statt in Rio de Janeiro landete Eckman in Havanna – der Ausbruch des Ersten Weltkriegs machte seine Reisepläne zu Makulatur. Zehn Jahre lang durchstreifte er Kuba zu Pferd und zu Fuß, bis er irgendwann Mitte der zwanziger Jahre die Apotheke meines Großvaters an der Place Geffrard in Port-au-Prince betrat. Meine Tante Lucienne, damals noch ein kleines Mädchen, erzählte mir später, sie habe sich hinter der Theke versteckt beim Anblick des stoppelbärtigen Fremden mit dem sonnenverbrannten Gesicht, der ein Herbarium mit gepreßten und getrockneten Pflanzen auf der Schulter trug, aber sie habe instinktiv begriffen, daß es sich um einen bedeutenden Menschen handelte, der sein Leben der Wissenschaft weihte. Mein Großvater, selbst Botaniker, nahm Eckman gastfreundlich bei sich auf, nachdem er ihn zum Friseur geschickt, von Kopf bis Fuß neu eingekleidet und ihm eine Zahnbehandlung spendiert hatte. Später begleitete Eckman ihn auf Exkursionen ins Landesinnere, wo die beiden zahlreiche, nur auf Hispaniola vorkommende Spezies von Baumfarnen und Orchideen entdeckten, die seither ihre Namen tragen. Das Herbarium mit den von Eckman klassifizierten Pflanzen liegt heute im Naturkundemuseum von Uppsala, und der Nachlaß meines Großvaters wird im botanischen Garten von Kingston, Jamaika, aufbewahrt. In Anerkennung der von Eckman geleisteten Arbeit ließ der Diktator der Dominikanischen Republik, Generalissimus Rafael Leonidas Trujillo, einen Platz in der historischen Altstadt von Santo Domingo nach diesem benennen, der noch heute Plaza Eckman heißt.

In seinem Roman *Lord Jim* hat Joseph Conrad dem Rajah von Sarawak James Brooke, einem englischen Abenteurer, der den malaiischen Archipel von Piraten säuberte, ein literarisches Denkmal gesetzt. Lesern der Werke von Conrad, der mit richtigem Namen Korzeniowski hieß, sind diese Zusammenhänge bekannt. Doch kaum jemand weiß, daß Queen Victoria 1861 Brookes Privatsekretär Sir Spencer Saint John, Autor eines naturwissenschaftlichen Werks über die Urwälder Borneos, als britischen Botschafter von Ost- nach Westindien, sprich Haiti, entsandte. Trotz seiner rassistischen Vorurteile gilt Spencer Saint Johns Buch *Hayti, the Black Republic* zu Recht als Klassiker, weil er nicht nur die politischen Wirren nach dem Sturz von Kaiser Soulouque, sondern auch die Riten des Voodookults, einschließlich eines Falls von Kannibalismus, anschaulich geschildert hat.

Die Fortschreibung dieser Tradition gelang Graham Greene mit *The Comedians* (1966, deutsch: *Die Stunde der Komödianten*), einem Schlüsselroman über die Schreckensherrschaft von »Papa Doc« Duvalier, von dem noch die Rede sein wird. Auch William B. Seabrook gehört hierher, ein amerikanischer Reiseschriftsteller, dessen gierige Sensationshascherei die öffentliche Wahrnehmung des Voodoo bis heute prägt. Sein 1931 ins Deutsche übersetztes Buch *Geheimnisvolles Haiti – Rätsel und Symbolik des Wodu-Kultes* wurde mehrfach neu aufgelegt. Ethnologische Studien wie Melville Herskovits' *Life in a Haitian Valley* oder das Standardwerk von Alfred Métraux *Le Vaudou haitien* hatten keine Chance gegen Seabrooks Zerrbild von Haiti, das auch zahlreichen Horrorfilmen über Zombies zugrunde liegt. Demgegenüber erscheinen die im Grenzbereich von Ethnologie und Literatur angesiedelten Haiti-Texte von Hubert Fichte, die dieser als Ethnopoesie bezeichnete, trotz oder wegen ihrer kulturellen Mißverständnisse geradezu als seriös, ähnlich wie die Feldforschungen der afro-amerikanischen Erzählerin Zora Neal Hurston, die als Schülerin von Herskovits haitianische Voodooriten vor Ort studierte (*Tell My Horse*, 1938, Reprint 1981). Das gilt auch für Maya Deren, eine aus Rußland stammende, vom Surrealismus inspirierte Tänzerin und Filmemacherin, die mit *Divine Horsemen* (London – New York 1953; deutsch: *Der Tanz des Himmels und der Erde*, Wien 1992) vielleicht das beste Buch über Voodoo geschrieben hat. Daß Maya Deren, ähnlich wie der Schweizer Anthropologe Alfred Métraux, als Spätfolge ihrer Initiation unter mysteriösen Umständen starb, paßt eher in einen Zombie-Film als in einen reflektierenden Essay. Ich könnte an dieser Stelle eine Plejade weiterer Autoren und Titel aufzählen, aber ich will es bei der Drohung bewenden lassen.

2 Es hilft nichts, und es führt kein Weg daran vorbei: Ich muß vom Voodoo berichten, genauer gesagt, von meinen Erfahrungen mit dem geheimnisumwitterten Kult, der bei Licht betrachtet gar nicht so geheimnisvoll ist. Vaudou, Vodún oder Wodu – ich ziehe die traditionelle Schreibweise vor, obwohl sie phonetisch ungenau und historisch fragwürdig ist, aber das vierfache O paßt gut zum Okkultismus und Obskurantismus, von dem hier die Rede ist. Am besten fange ich am Ende an, mit meinem Auftritt in einer Fernseh-Show, in der es angeblich um Voodoo ging. Die Showmasterin, Frau Schreinemakers, hatte einen Scharlatan aus New York einfliegen lassen, der sich, obwohl er kein Wort Kreolisch sprach, als Voodoopriester ausgab und mit Horror-Requisiten, wie man sie auf Halloween-Partys trägt, darunter ein Plastikschädel mit rotglühenden Augen, billigen Hokus-

pokus veranstaltete. Als ich erklärte, daß ich zahlreiche Voodoozeremonien besucht, dabei aber nichts Übernatürliches
erlebt hätte, war Frau Schreinemakers enttäuscht, und als
ich hinzufügte, die Zaubertricks des Scharlatans verhielten
sich zu richtigem Voodoo etwa so wie eine Zimmerpalme
zu einem tropischen Regenwald, wurde sie wütend, weil ich
ihr die Show vermasselte. Nach der Sendung rief spät in der
Nacht eine Zuschauerin bei mir an und wollte wissen, ob ich
Voodoopriester sei. Die Antwort, ich sei kein ethnologischer
Feldforscher, sondern ein deutscher Schriftsteller, der sich
mit dem Kult beschäftigt habe, befriedigte die Anruferin
nicht. Sie sagte, sie habe ein Problem, über das sie gerne
unter vier Augen mit mir sprechen würde; der Unterschied
zwischen einem Voodooexperten und einem Voodoopriester
sei nicht so groß, und vielleicht könne ich ihr bei der Lösung
ihres Problems behilflich sein. Ich legte genervt den Hörer
auf. Kurz danach klingelte erneut das Telefon. Nach drei
weiteren Anfragen von Hörerinnen, die meine Dienste als
Voodoopriester in Anspruch nehmen wollten, zog ich das
Telefonkabel aus der Wand. »Chance für fixen Jungen«, heißt
es in einer Zeitungsannonce, die Willie seiner Frau Winnie
in Becketts Stück *Glückliche Tage* vorliest, und diese Chance
hatte ich leichtfertig vertan, denn die Anruferinnen hatten
betont, die Arbeit als Voodoopriester solle nicht zu meinem
Schaden sein und werde großzügig honoriert. Dummerweise
hatte ich mir weder ihre Namen noch ihre Telefonnummern
notiert, und ich fühlte mich wie zwanzig Jahre zuvor, als es
den Ostblock noch gab, in einem Moskauer Hotelzimmer.
Dort hatte nach Mitternacht das Telefon geklingelt und eine
weibliche Stimme hatte auf englisch gefragt: »Do you want
to fuck?« – »No, thank you«, murmelte ich schlaftrunken
und legte den Hörer auf. Danach wurde ich hellwach, sprang
aus dem Bett und kleidete mich an, um das Angebot, das
ich so vorschnell abgewiesen hatte, einer genaueren Prüfung
zu unterziehen. Aber die Lobby war leer, die Telefonkabine
nicht mehr besetzt, die Dezhurnaja, eine Babuschka mit geblümtem Kopftuch, war neben ihrem Samowar eingeschlafen,

und vor der geschlossenen Drehtür schritt ein martialisch wirkender Milizionär in Stiefeln und schwarzer Pelzmütze auf und ab. Der Zeitpfeil fliegt nur in eine Richtung, und nie mehr würde ich erfahren, was mir in dieser Nacht entgangen war.

3 Meine erste Begegnung mit dem Voodookult fand Ostern 1968 statt. Während aufgebrachte Demonstranten das Berliner Springer-Hochhaus belagerten, um die Auslieferung der Bild-Zeitung zu verhindern, flog ich von Miami nach Port-au-Prince, wo mich ein zerschlissenes Transparent mit der Aufschrift VIVE L'AN X DE LA RÉVOLUTION DUVALIÉRISTE am Flughafen begrüßte: *Es lebe das Jahr zehn der duvalieristischen Revolution!* Obwohl die Weltrevolution auf der Tagesordnung stand, hatte ich noch nie etwas gehört von der duvalieristischen Revolution. Meine Kenntnis der Dritten Welt beschränkte sich auf die Lektüre der Schriften von Che Guevara und Mao Tse-tung, und ich wußte so gut wie nichts über Dr. François Duvalier, genannt Papa Doc – außer, daß es sich um eine *Marionette des US-Imperialismus* handeln sollte, was so nicht stimmt. Papa Doc, der Hitler und Stalin zu seinen Vorbildern zählte, hatte den US-Botschafter des Landes verwiesen und die Ermordung von John F. Kennedy mit Sekt gefeiert; erst unter Kennedys Nachfolger Lyndon B. Johnson hatten sich die Beziehungen wieder entspannt, weil Washingtons Hauptsorge der politischen Eindämmung Fidel Castros galt. Damals verirrten sich nur wenige Touristen und noch weniger Journalisten nach Haiti; Papa Docs Terrorregime hatte das Land vom Rest der Welt abgeschnitten. Nach Regelung der Erbschaftsangelegenheit, derentwegen ich nach Port-au-Prince gekommen war, lud der deutsche Botschafter uns zur Besichtigung des Staudamms von Péligre ein; weil die Turbinen versandet waren, lieferte das mit Bonner Hilfe gebaute Kraftwerk schon damals keinen Strom. Der Name des Botschafters ist mir entfallen, ich erinnere mich nur noch an eine palmstrohgedeckte Lehmhütte, in der uns der Ortskommandant willkommen hieß: An der weißgetünchten Wand hing ein Photo des damaligen Bundespräsidenten Lübke neben einem Porträt von Papa Doc, der mit seiner dickwandigen Brille wie ein Uhu aussah, der er auch war: Nach Mitternacht gingen seine Mordkommandos auf Menschenfang. Beim Picknick am Seeufer störten uns die zu unserem Schutz abkommandierten Tontons Macoutes, die so begehrlich auf Bierflaschen und Sandwiches schielten, daß wir sie zum Essen einladen mußten. Wie alle Mitglieder der Miliz trugen sie Zivilkleidung an Stelle von Uniformen und dunkle Brillen als Wahrzeichen des Totengottes Baron Samedi, dessen Oberpriester Papa Doc war.

Am nächsten Morgen besuchte ich einen Voodootempel in einem Vorort von Port-au-Prince, vermutlich in Carrefour, denn in meiner Erinnerung ging die Fahrt am Meer entlang. Der Chauffeur der Botschaft – vielleicht war es auch der Chauffeur meines Onkels Toto – setzte mich ab vor einem *Houmfort,* in dessen *Péristyle* der *Laplace* mich empfing: drei kreolische Wörter, die, frei übersetzt, Tempel, Vorhalle des Tempels und Wächter oder Küster bedeuten. Der Chauffeur hatte der *Mambô* – so heißen die Priesterinnen im Volksmund – mein Kommen avisiert: ein sprechendes Detail, denn die Oberschicht, aus der meine haitianische Verwandtschaft stammt, gibt vor, nichts zu wissen über Voodoo, und bleibt beim Versuch der Kontaktaufnahme auf Dienstboten angewiesen, für die der Kult zum Alltag gehört. Um sich nicht zu verraten, behaupten viele Angehörige der Bourgeoisie, die heimlich selbst Voodoo praktizieren, sie hätten das Wort nie gehört – aber davon wußte ich damals noch nichts. Die Wände des Tempels waren mit farbigen Fresken bemalt, Darstellungen der Voodoogötter Damaballah Oueddo und Erzulie Fréda – vielleicht war es auch der Meeresgott Agoué und die Wassernixe Maman Zimbie. Ich fand keine Zeit, die Bilder genauer zu betrachten, weil der Eintritt der Priesterin mir den Atem verschlug. Sie war blendend schön in ihrem bis zum Boden herabhängenden Seidenkleid, das mit dem matten Glanz ihrer Haut kontrastierte, die mir schwärzer als schwarz erschien. Wie viele Mambôs hatte sie ein pupurrotes

Tuch um den Kopf gewunden, und ihr durchdringender Blick war ein Laserstrahl, dessen kaltes Feuer jeden versengte, der ihr zu nahe trat. Ich bekam einen unfreiwilligen Orgasmus, als die Mambô mir die Hand um die Hüften legte und mich in den Altarraum führte, wo sie Kerzen anzündete und Litaneien zu murmeln begann – Inkantation ist das bessere Wort dafür. Wachs tropfte auf den als Kerzenständer dienenden Totenschädel herab, kein Plastikspielzeug, sondern ein echter Totenkopf, und die Priesterin zeigte auf verstaubte Tonkrüge unter dem Altar, die, wie sie sagte, die Seelen Verstorbener enthielten. Ich weiß nicht mehr, in welcher Sprache sie redete, aber in meiner Erinnerung war es kein Französisch, sondern Kirchen- oder Küchenlatein, bis die Mambô wie ein Bauchredner mit Männerstimme zu sprechen begann, in einer Phantasiesprache namens *Congo,* von der ich kein Wort verstand:

Eh! Eh! Bomba! Hen! Hen!
Canga, bafio té
Canga, Moun de lé
Canga, do Ki là
Canga, do Ki là
Canga li!

4 Meine eigentliche Initiation fand zehn Jahre später statt. Genaugenommen waren es zwei verschiedene Initiationsriten: Beim ersten Mal wurde ich mit der Liebesgöttin Erzulie Fréda, beim zweiten Mal mit dem Totengott Baron Samedi vermählt, und beide Male habe ich nichts davon gemerkt. Das Wort Vermählung steht hier nicht von ungefähr: Ich nahm an, ich sei zu einer Hochzeit eingeladen, ohne zu wissen, daß *mariage* im Kontext einer Voodoozeremonie die Weihe eines Adepten bedeutet, der mit einem *loa,* einem Gott oder Geist, vermählt wird, und daß *ich* der Bräutigam war. Erst viel später begriff ich das Geschehen jener Nacht, aber während ich, vom Whisky benebelt, auf einem Klappstuhl saß – dem ausländischen Gast wurde Scotch kredenzt, und die Einheimischen tranken Tafia, rohen Zuckerrohr-

schnaps –, verstand ich nichts von dem, was um mich herum geschah. Ein *gwo nèg* – so nennt man in Haiti Leute, die durch einen Pakt mit dem Teufel, sprich: der Regierung, zu Reichtum gekommen sind, der sich schon an ihrem Leibesumfang zeigt – drehte sich wie ein tumber Tor im Kreis, mit täppischen Schritten, die seine übergroßen Schuhe noch schwerfälliger machten. Er trug einen dunklen Anzug mit Krawatte, steifen Hut und einen Managerkoffer, der mit einer verschließbaren Kette an seinem Handgelenk befestigt war. Es war kurz vor Mitternacht, und die Zeremonie war schon seit Stunden im Gang; immer wilder schlugen die Trommeln, und der *gwo nèg* wirbelte wie ein tanzender Derwisch um seine eigene Achse herum, bis er mit Schaum vor dem Mund zusammenbrach, die Augen in ihren Höhlen verdreht, so daß nur noch das Weiß der Augäpfel zu sehen war, und wie ein Vogel zu zwitschern begann. Loko, der Geist des Mapoubaums, der in Westafrika Iroko heißt, hatte Besitz ergriffen von ihm, vielleicht war es auch der Schlangengott Damballah, der in dem heiligen Baum residiert. Die Priesterin, eine alte Vettel mit rotem Kopftuch und blauem Baumwollkleid, nahm meine Hand und streifte mir einen Ring über den Finger, während der *gwo nèg* seinen Koffer aufklappte und einen maschinegeschriebenen Text verlas, in dem von Sainte Radegonde und Erzulie Fréda die Rede war, mehr verstand ich nicht von seinem Kauderwelsch. Die Mambô stopfte mir Hochzeitskuchen in den Mund und besprühte mich mit süßlichem Eau de Cologne, und der Priester blies mir Zigarrenrauch in die Nasenlöcher und bespuckte mich mit Tafia, den er mit Luft vermischt in die Backentaschen sog. Dann wurde ich zum Altarraum getragen und in ein Hochzeitsbett gelegt, das einem mit Kissen ausstaffierten Sarg ähnelte. Dort muß ich eingeschlafen sein, denn ich habe keine Erinnerung mehr an die Ereignisse jener Nacht. Als ich die Augen aufschlug, lag ich angezogen auf dem Bett, und nur das an meinen Kleidern haftende süßliche Parfüm bewies, daß das Ganze mehr als ein wirrer Traum gewesen war.

5 Anstatt Mysterien auszuplaudern, die in Wahrheit gar keine sind, möchte ich die Atmosphäre einer Voodoo-zeremonie schildern, die ganz und gar unspektakulär ist, weil das Numinose hier nicht abgehoben vom normalen Leben, sondern, wie in anderen pantheistischen Religionen, in den Alltag eingebettet ist. Die Beschwörung der Voodoo-Götter *(service loa)* erinnert weniger an eine heilige Handlung als an ein Volksfest, ein Open-air-Konzert oder eine Jam-Session, bei der jeder mitmachen darf, der singen, tanzen oder ein Instrument spielen kann. Pickende Hühner und streunende Hunde gehören ebenso dazu wie vorwitzige Kinder und neugierige Nachbarn, die kurz hereinschauen, ohne sich für die Voodoozeremonie zu interessieren, deren Anfang und Ende offen sind. Aber die Beliebigkeit täuscht, denn wie bei einer Jazz-Improvisation ist der Freiheitsgrad nicht absolut, sondern relativ, da die Struktur vorgegeben ist: Nichtskönner und Dilettanten entlarven sich selbst, und ich habe es oft erlebt, daß das Voodoo-Orchester aussetzte, weil ein Trommler den Rhythmus zur Anrufung eines *loa* falsch vorgegeben hatte. Der Ablauf ist vorprogrammiert, und während langer Pausen und monotoner Sequenzen, in denen nichts zu passieren scheint, baut sich Druck auf, der sich explosionsartig entlädt und bei Akteuren und Publikum zu einer Art kollektivem Orgasmus führt. Gemeint ist der an epileptische Anfälle erinnernde Augenblick der Trance, in dem eine überirdische Kraft, sei es Gott oder Geist, von einem der Teilnehmer Besitz ergreift und auf einer Tänzerin oder einem Tänzer – es kann auch ein unbeteiligter Zuschauer sein – wie auf einem Pferd zu reiten beginnt. Zora Neal Hurston hat deshalb ihre Feldstudie über den haitianischen Voodoo *Tell My Horse* genannt, eine wörtliche Übersetzung des Kreolischen *pale chwal ou,* denn im Zustand der Besessenheit bzw. des Gerittenwerdens sprechen die Adepten »in Zungen«, wie es auch in anderen Religionen üblich ist: Zwischen Voodoo und Animismus, Schamanismus, Sufismus oder der durch Erweckungsprediger geschürten Ekstase besteht kein prinzipieller Unterschied.

Das Schauspiel der individuellen oder kollektiven Trance ist beeindruckend, manchmal sogar furchteinflößend, wenn die Teilnehmer mit Tierstimmen oder in fremden Sprachen, die sie nie gelernt haben, zu reden beginnen, barfuß auf Glasscherben oder glühenden Kohlen tanzen oder sich wie Schlangen an Säulen und Pfeilern hochwinden. All das habe ich mit eigenen Augen gesehen, und doch hatte ich dabei nie das Gefühl, etwas Übernatürliches oder Unerklärliches zu erleben, eher den Eindruck, daß die Ekstase, ähnlich wie die Hypnose, psychische und physische Kräfte mobilisiert, über die ein Mensch im Normalzustand nicht verfügt. Sportliche und andere Höchstleistungen werden auf ähnliche Weise erzielt, und die Massenhysterie weiblicher Teenager bei einem Rockkonzert erinnert ebenso an Voodoozeremonien wie die suggestive Wirkung der *Vexations* von Eric Satie, einer musikalischen Komposition, die aus der 840maligen Wiederholung ein und derselben Tonfolge besteht – der Pianist Armin Fuchs geriet dabei in Trance.

6 Haitianischer Voodoo ist ein LSD-Trip ohne LSD. Ich weiß nicht, ob LSD süchtig macht, aber Voodoo kann süchtig machen, und ähnlich wie bei unbedachtem LSD-Konsum gibt es Horrortrips, aus denen kein Weg mehr zurück ins normale Leben führt. Dabei denke ich nicht bloß an Zombies, die mit Gift aus der Galle des Kugelfischs, eines der bestgehüteten Geheimnisse des Voodookults, in todesartige Lethargie versetzt werden, aus der sie nur mit Salz geweckt werden können. Die Angst vor Zombies ist in Haiti so weit verbreitet, daß die Bauern des Landesinneren verstorbenen Verwandten Stricknadeln ins Herz stoßen, um sicherzugehen, daß diese nicht von den Toten wiederauferstehen und Sklavenarbeit verrichten müssen: So besehen, steckt im Zombie-Glauben eine historische Erinnerung an die Greuel der Sklaverei.

Meine intensivste Begegnung mit Baron Samedi, dem Herrn der Friedhöfe, fand in der Nacht vor Allerheiligen statt, französisch La Toussaint, englisch Halloween genannt, die auch außerhalb von Haiti der Beschwörung der Toten dient. Es muß Anfang der achtziger Jahre gewesen sein: Auf dem Rückflug von Cayenne machte ich in Port-au-Prince Station und besuchte, um meinen kranken Fuß zu kurieren, eine Voodoozeremonie. Am Tag zuvor hatte ich beim Versuch, ein im Schlamm steckengebliebenes Auto anzuschieben, mit einem Riesenblutegel Bekanntschaft gemacht, der sich auf einer Urwaldpiste in Französisch-Guyana an meinem Fußknöchel festsaugte. Mein einheimischer Führer drückte eine brennende Zigarette auf ihm aus, und das wie ein Aal sich windende Tier verschwand auf Nimmerwiedersehen im Morast. Am nächsten Morgen schwoll der Fuß zu Elefantengröße an; ich konnte kaum noch auftreten und ging am Stock, als ich den Voodootempel in der Nähe des Friedhofs von Pétionville betrat. Die Zeremonie hatte gerade begonnen; die Gehilfen des Priesters streuten Friedhofserde auf die Tanzfläche, und weißgekleidete Hounssis – so heißen die weiblichen Adepten des Kults – trampelten barfuß auf dem mit Knochensplittern übersäten Boden herum, auf den der Houngan mit Maismehl magische Figuren zeichnete. Ich weiß nicht, wie mir geschah, aber auf dem Höhepunkt des Lärms, während die Trommeln sich zum Crescendo steigerten und ein vom Kriegsgott Papa Ogoun besessener Tänzer mit einem verrosteten Säbel um sich schlug, muß ich eingeschlafen sein. Als ich die Augen öffnete, stand Baron Samedi vor mir mit altmodischem Zylinder und Frack, unter dem sich die Körperformen einer Frau abzeichneten: Sein Gesicht war zur Hälfte schwarz und zur Hälfte weiß geschminkt, und er ließ einen Spazierstock zwischen den Fingern kreisen, während er mit Stentorstimme, in tiefem Baß, auf mich einredete. Im Voodoo-Pantheon ist der Tod eine komische Figur, bei deren Anblick den Zuschauern das Lachen im Hals steckenbleibt, schreckenerregend, vulgär und obszön zugleich, ein androgyner Clown oder Transvestit, der einem Vampirfilm der zwanziger Jahre entsprungen zu sein scheint. Ich verstand kein Wort von dem Rap-Gesang, den Baron Samedi mur-

melte, weiß nur noch, daß er mit dem Knauf seines Spazierstocks dreimal gegen meinen Fußknöchel schlug. Hinterher
fühlte ich mich wie neugeboren, die Entzündung schwoll ab,
der Schmerz verflog, und ich konnte ohne Schwierigkeiten
wieder auftreten, als der Chauffeur das Zeichen zum Aufbruch gab.

Ich weiß nicht, ob es eine Spontanheilung war, Hypnose
oder Autosuggestion, aber ich hatte nicht das Gefühl einer
übernatürlichen Einwirkung. Doch auch das stimmt nicht
ganz, wenn man bedenkt, was in den darauffolgenden Näch-
ten mit mir geschah: Ich wurde von Alpträumen heimgesucht,
die nur schwer in Worte zu fassen sind, obwohl ich sie noch
heute mit peinigender Klarheit vor mir sehe: Monstren mit
Greifenköpfen und Wildschweinhauern, berstende Leiber,
aus denen stachlige Reptilien und gepanzerte Amphibien
quollen, Gewaltexzesse und Foltern, bei deren Anblick mir
das Blut in den Adern gefror. Jahre später, angesichts der
Gemälde von Hieronymus Bosch im Madrider Prado, hatte
ich das Gefühl eines Déjà-vu – so als habe der mittelalterliche
Maler dieselben, durch Drogen oder Hexerei hervorgerufe-
nen Halluzinationen gehabt wie ich. Und es dauerte Wochen,
Monate, Jahre bis ich die Dämonen gebannt und mich schrei-
bend von der Horrorvision befreit hatte: *Simultane Abwehr
und Beschwörung eines Gespensts* hat Kafka im Gespräch
mit Gustav Janouch diesen Vorgang genannt.

7 Im folgenden möchte ich von Freunden erzählen, die
durch allzu lange und allzu intensive Beschäftigung mit
Haiti um den Verstand gebracht wurden – buchstäblich und
nicht im übertragenen Sinn: Der Verfasser dieser Zeilen
schließt sich ausdrücklich mit ein. *Let Us Now Praise Famous
Men* heißt der schöne Titel eines Buches aus der Zeit des *New
Deal,* zu dem James Agee Texte und Walker Evans Photo-
graphien beisteuerten, und der Reiz des Buches lag darin,
daß die *Famous Men* keine Prominenten, sondern gewöhnliche Zeitgenossen waren: Arbeitslose aus den Vorstädten
von Detroit, Farmer des Mittleren Westens, die katastrophale

Dürren oder Kursverluste an der Börse um Haus und Hof gebracht hatten, ballspielende Kinder und in Schaukelstühlen wippende Alte auf Holzveranden im Süden der USA. So auch hier: Die Helden meiner Geschichte sind keine Ausnahmemenschen, sondern normale Sterbliche – Pater Ferdi zum Beispiel, der mit bürgerlichem Namen Philippi hieß und aus dem Saarland stammte, wo er heute in einem katholischen Altenpflegeheim seinen Lebensabend verbringt – Diagnose: Alzheimer und/oder Schizophrenie. Als ich ihm 1992 zum ersten Mal begegnete, lebte er schon seit fünfunddreißig Jahren in Haiti. 1957, kurz nach der Wahl von »Papa Doc« Duvalier, hatte ein aus Hamburg kommender Frachter ihn am Hafen von Port-au-Prince abgesetzt, wo niemand auf ihn wartete. Pater Philippi hatte Hebräisch und Arabisch studiert, um sich auf den geplanten Einsatz in Palästina vorzubereiten, aber wegen der Suezkrise hatte sein Orden umdisponiert und ihn als Missionar nach Haiti geschickt, obwohl er nur gebrochen Französisch und kein Wort Kreolisch sprach. Er hielt vergeblich Ausschau nach einem Empfangskomitee und überschlug im Kopf den bescheidenen Geldbetrag, den er im Brustbeutel bei sich trug, als eine Prostituierte ihm von hinten zwischen die Beine griff. Mit Händen und Füßen versuchte der Pater, ihr klarzumachen, daß er sein Keuschheitsgelübde ernst nahm, aber die Frau sah in erster Linie den Mann in ihm und ließ sich durch seine frommen Reden nicht umstimmen. Statt dessen hakte sie ihn unter und führte ihn mit sanfter Gewalt ins Hinterzimmer einer Absteige, wo sie wie eine bußfertige Maria Magdalena vor ihm niederkniete und mit den Zähnen den Reißverschluß seiner Hose öffnete. Erst als sie beim Aufknöpfen seines Hemdes auf ein hölzernes Kruzifix stieß, das Pater Philippi an einem Goldkettchen um den Hals trug, hatte die Hure ein Einsehen. Sie bat ihn, ihr das Kruzifix zu schenken und das Goldkettchen mit dazu, zwei Wünsche, die Ferdi ihr auf der Stelle erfüllte. Die Unterstellung, daß es dabei zum Austausch von Körperflüssigkeiten gekommen sei, hat er stets mit Nachdruck dementiert. Dann nahm die Prostituierte ihn an der Hand und führte ihn zum

Büro des Erzbischofs in der *Procure,* wo man ihm ein Dach über dem Kopf zuwies und ein Bett für die Nacht.

Ich weiß nicht, auf welchem Weg Pater Philippi von Port-au-Prince in den Nordwesten Haitis gelangt ist, sogar der Name seines Ordens ist mir entfallen, aber als ich ihn kennenlernte, arbeitete er schon seit Jahrzehnten in jener staubtrockenen Gegend, wo sich Füchse und Hasen gute Nacht sagen, die es auf Hispaniola nie gab. Nicht weit von dort, in Môle Saint Nicolas, soll am 6. Dezember 1492 die *Santa Maria* geankert haben, und der Legende zufolge hat mein Namensvetter Christoph Kolumbus am sandigen Ufer ein christliches Kreuz aufgepflanzt. 180 Jahre danach wateten knapp zweitausend elsässische Siedler an Land, die dem Werben des Marineministers Choiseul gefolgt waren und glaubten, sie seien in Kanada, das Frankreich im Siebenjährigen Krieg an England abtreten mußte; dem Vernehmen nach hatten sie Schlittschuhe im Gepäck. Nach wochenlanger Quarantäne auf der Teufelsinsel, damals noch Île du Salut genannt, wo ein Teil der Auswanderer an Seuchen zugrunde ging, wurden sie auf Geheiß des Königs nach Saint Domingue verschifft. Heute zeugen nur noch ein paar zerfallene Grabsteine vom Schicksal der Elsässer, die innerhalb von nur einer Generation spurlos verschwunden sind. Die rissige Erde von Môle Saint Nicolas, wo außer Dornbüschen nichts gedeiht, hat sie aufgesogen wie den Regen, der alle Jubeljahre einmal fällt und, ohne eine Spur zu hinterlassen, auf dem trockenen Boden verdampft.

Im April 1961 spielte sich eine andere Art von Tragödie hier ab: Der Schriftsteller Jacques Stephen Alexis, Autor des in viele Sprachen übersetzten Romans *Compère Général Soleil* (deutsch: *Es brennt wie Dornen im Blut*) und Mitbegründer von Haitis kommunistischer Partei, landete, von Kuba kommend, mit einer Handvoll Guerilleros in Môle Saint Nicolas. Vorher hatte er auf dem *Kongreß der 81* in Moskau für die Einheit der kommunistischen Bewegung plädiert und die durch den Auszug Chinas und Albaniens geschockten Sowjetführer zu Tränen gerührt. Nikita Chruschtschow bedankte sich, indem er Jacques Stephen Alexis einen Koffer voll Dollar übergab, mit denen dieser einen Invasionsversuch finanzieren und Papa Doc entmachten wollte. Aber es kam anders. Anstatt sich in die Berge zurückzuziehen, hielt Alexis revolutionäre Reden und verteilte Geld an die örtliche Bevölkerung, so lange, bis ein Boot mit schwerbewaffneten Tontons Macoutes im Hafen landete, die den in Paris gefeierten Literaten festnahmen und bestialisch folterten; bevor sie ihn halbtot ins Meer warfen, stachen sie Alexis die Augen aus. Dabei gab es in Môle Saint Nicolas weder Elektrizität noch Telefon, und es hatte sechsunddreißig Stunden gedauert, bis die Nachricht von der versuchten Invasion in Port-au-Prince eingetroffen war.

Ohne die jahrzehntelange, aufopferungsvolle Arbeit von Pater Philippi, der in den Bergen des Landesinneren Waisenhäuser und Schulen errichtete, in denen mittags warmes Essen ausgegeben wurde, wären viele Menschen im Nordwesten Haitis vom Hungertod bedroht. Sonntags nach der Messe verteilte er Kondome an Kirchenbesucher mit den Worten: »Der Heilige Vater in Rom darf nichts davon wissen, aber der liebe Gott drückt ein Auge zu, denn er weiß, wie arm die Leute hier sind!« Er lud mich ein, in seiner Kirche zu predigen, und wies meine Einwände, ich sei kein gläubiger Christ, als kleinkarierte Bedenken zurück. Die Predigt wurde ein voller Erfolg; die Zuhörer klatschten frenetisch Beifall, und als Ferdi sie fragte, worüber der *père blanc* gesprochen habe, stellte sich heraus, daß sie nichts verstanden hatten. Zum Abschied gab er mir zweitausend Dollar in kleinen Scheinen mit auf den Weg, die ich dem Bischof von Port-de-Paix überbringen sollte, ein Kurierdienst, der Pater Philippi zu gefährlich war, weil ihm nicht nur Diebe und Mörder, sondern auch Voodoopriester nach dem Leben trachteten. Mit dem Aufruf, die für Voodoogläubige heiligen Mapou-Bäume zu schonen, anstatt sie zu Holzkohle zu verarbeiten, hatte er sich die Houngans und Bocors zu Feinden gemacht. Die Rache der Magier ließ nicht auf sich warten: Bei meinem nächsten Besuch erfuhr ich, die Kirchenleitung habe Pater Philippi aus Haiti abgezogen, weil er verrückt geworden sei. Der asketische Mönch, der das Armutsgelübde seines Ordens ernst nahm und sich nur von Aldi-Konserven ernährte, hatte für 50 000 Dollar Computerzubehör und Unterhaltungselektronik in den USA bestellt: Ein Voodoofluch, kreolisch *Ouanga*, der nur mit einem Gegenzauber unwirksam gemacht werden kann, hatte ihn um den Verstand gebracht. Nach Auskunft katholischer Nonnen geht es Ferdi in dem Pflegeheim, wo er derzeit lebt, *den Umständen entsprechend gut*. Doch er erinnert sich nicht mehr daran, jemals in Haiti gewesen zu sein.

8 Während meiner Aufenthalte in Port-au-Prince flatterten seltsame Vögel an mir vorbei: Mr. Universum zum Beispiel, selbsternannter Präsident eines nicht mit der UNO identischen Weltstaats, der allabendlich hofhielt an der Bar des Grand Hôtel Oloffson. Seine Behauptung, Haiti habe ein ungenutztes Wirtschaftspotential in Form von Briefmarken, die für einen Bruchteil des in den USA üblichen Portos in die ganze Welt verschickt werden könnten, weckte den Unternehmergeist der um die Theke gescharten Alkoholiker. Das Projekt habe nur einen Schönheitsfehler, fügte Mr. Universum hinzu: Der Name Haiti habe einen negativen Klang, weil er an Boat People, Voodoo und Aids erinnere, und die Inselrepublik müsse dringend umbenannt werden. Wie wäre es mit Paradise Island zum Beispiel? Was Mr. Universum nicht wußte, war, daß Paradise Island schon existiert: So heißt eine vom Hinterland abgeschottete Bucht in der Nähe von Cap Haitien, wo einmal in der Woche ein Kreuzfahrtschiff anlegt, dessen Passagiere am Strand baden, Rumcocktails trinken und Souvenirs kaufen, ohne zu wissen, auf welcher Karibikinsel sie sich befinden…

Oder jener Entomologe aus München, der Anfang der neunziger Jahre, während Todesschwadronen Jagd machten auf Anhänger des von der Armee gestürzten Staatschefs Aristide, im bergigen Landesinneren Tausendfüßler, Vogelspinnen und Skorpione fing, mit denen er Tierhandlungen überall in Europa belieferte. Herr Wagner – so hieß der Mann – hatte kein schlechtes Gewissen bei diesem Geschäft, denn die Ausfuhr lebender Insekten war vom Landwirtschafts-ministerium genehmigt und fiel nicht unter das von der UNO verhängte Embargo gegen Haitis Militärregime.

In diesem Zusammenhang könnte von dem kanadischen Botschafter die Rede sein, der seiner Frau den Laufpaß gab, weil er sich in seine schwarze Köchin verliebte, eine über-gewichtige Matrone, die ihn nicht mit kreolischer Kochkunst, sondern durch Voodoozauber an sich fesselte: *Ouanga né-gresse* heißt der Fachausdruck dafür. Oder von seinem deut-schen Kollegen, der als Botschafter abberufen werden mußte, nachdem er einer Bundestagsdelegation die Überbevölkerung Haitis so erklärt hatte: »Die Männer können immer und die Frauen wollen immer. Das ist das Problem!« Was in Port-au-Prince zustimmendes Gelächter hervorrief, wurde in Bonn als rassistisch und sexistisch gebrandmarkt, denn der Bot-schafter hatte das Pech, einem PDS-Abgeordneten begegnet zu sein, der eine private Äußerung an die Presse weitergab…

Oder soll ich lieber von Bernard erzählen, der mir nach der Flucht von Baby Doc, als Haitis Regierungen schneller wechselten als die Jahreszeiten, erstmals begegnet ist? Ich erinnere mich nicht mehr an die Umstände unserer Bekannt-schaft, die bald zu Freundschaft wurde, obwohl oder weil wir durch Welten voneinander getrennt sind, denn Bernard war das Gegenteil eines Literaten oder Journalisten, der die Welt durch die Brille ihrer sprachlichen Verwertbarkeit betrachtet: ein Praktiker, der mit beiden Beinen im Leben stand, jener Typus des Selfmademan, der nach dem Krieg die Ärmel hoch-gekrempelt und Trümmerfelder in blühende Landschaften verwandelt hatte. Bernard, der eigentlich Bernd hieß, hatte als Schuldeneintreiber in den siebziger Jahren ein Vermögen gemacht. Trotz dieses anrüchigen, vielleicht sogar ehrenrühri-gen Gewerbes haftete ihm die Bonität eines Bremer Kauf-manns an, der sein Handwerk von der Pike auf gelernt hat. Das verdiente Geld legte er in Immobilien an, die lukrative

Profite abwarfen, und schon mit Ende dreißig war Bernard Millionär. Er lebte bescheiden in einer Mietwohnung, und der einzige Luxus, den er sich gönnte, war eine Segelyacht, mit der er durchs Mittelmeer schipperte. Ein Segeltörn führte ihn in die Karibik, und beim Landgang in Haiti war er so schockiert über Elend und Unterentwicklung, daß er sein Leben zu ändern und einen Teil des Geldes, das er mit Glück und Geschick erworben hatte, einem guten Zweck zuzuführen beschloß. Er gründete eine Hilfsorganisation, krempelte die Ärmel hoch und legte beim Bau dringend benötigter Straßen und Schulen in entlegenen Landesteilen persönlich mit Hand an; auch Häuser für Hurrikanopfer wurden unter seiner Bauaufsicht aus dem Boden gestampft.

So etwa hat Bernard mir die Geschichte erzählt, in einer stickig heißen Nacht in Bombarde, einem elenden Kaff im Nordwesten Haitis, während ich mir mit Zigarrenrauch die Moskitos vom Leibe zu halten versuchte. Bernard, dem die Mückenstiche nichts anhaben konnten – wie die Einheimischen war er gegen Tropenkrankheiten immun –, machte kein Hehl daraus, daß es neben der öffentlichen auch eine private Agenda gab, die sein humanitäres Engagement motivierte. Bernard war schwul, genauer gesagt: er war ein bekennender Homosexueller, und in Haiti hatte er jene Erfüllung gefunden, die er vorher, in Zypern und Marokko, vergeblich gesucht hatte – Befriedigung ist ein zu schwaches Wort dafür. »Es wandelt niemand ungestraft unter Palmen«, heißt es in Goethes *Wahlverwandtschaften,* »und die Gesinnungen ändern sich gewiß in einem Lande, wo Elefanten und Tiger zu Hause sind.« Das zum geflügelten Wort gewordene Zitat bewies seine Wahrheit auch hier. Jedes Paradies birgt eine Schlange, und obwohl es auf Hispaniola keine giftigen Reptilien gibt, meine ich damit nicht den HIV-Virus, sondern ein Berufsrisiko, gegen das kein Kraut gewachsen ist: ein in Tropenromanen und Filmen geschildertes Phänomen, früher *Verbuschung* genannt, die schleichende Verwahrlosung eines Menschen, der zu lange in der Dritten Welt gelebt hat und sich äußerlich und innerlich seiner Umgebung angleicht.

Ich erinnere mich, als sei es gestern gewesen, an jene stickig heiße Nacht in Bombarde, das früher Bombardopolis hieß. Ich wälzte mich in der palmstrohgedeckten Hütte – vielleicht war es auch eine von der Sonne aufgeheizte Wellblechbaracke – auf einem durchgelegenen Feldbett hin und her, als im Dunkeln ein Streichholz aufflammte. Délice – so hieß Bernards Lebensgefährte, den er als seinen *superviseur* bezeichnete – fragte mich flüsternd, ob es wahr sei, daß Verstorbene nach ihrem Tod in Streichhölzer verwandelt würden und daß mit jedem Streichholz, das jemand entzündet, eine Seele im All verglüht. Ich hätte ihn umarmen können, weil mir die Frage so gut gefiel, und ich hätte es gerne getan, denn Délice war genauso attraktiv wie sein Vorname. Es hätte genügt, im Finstern die Hand auszustrecken, doch statt dessen hörte ich mich sagen, das Ganze sei ein dummer Aberglaube und Streichhölzer hätten mit den Seelen Verstorbener nichts zu tun. Was mich davon abhielt, dem Impuls nachzugeben, war nicht bloß Angst vor Aids, sondern eine vage Ahnung der Schwierigkeiten, die Bernards Veranlagung nach sich zog. Vielleicht fürchtete ich mich auch, die Überlegenheitspose des weißen Mannes aufzugeben, denn ich ließ kein gutes Haar am Voodookult und redete Délice seinen Aberglauben aus. Er hörte mir mit offenem Mund zu – mir ist, als hätte ich im Dunkeln seine Zähne schimmern sehen, doch ich wehrte die erotische Versuchung erfolgreich ab.

Seine offen eingestandene Homosexualität brachte Bernard nicht nur mit Gastwirten und Hoteliers, Polizei und Behörden in Konflikt – sie unterminierte den Respekt, den seine Mitarbeiter ihm bekundeten. Diese wechselten im Lauf der Jahre, aber das Problem blieb das gleiche: Ob sie nun Délice hießen, Adonis oder einfach nur Bob – die *superviseurs* wurden zunehmend renitent und führten die ihnen erteilten Aufträge zuerst schlampig und dann gar nicht mehr aus, denn die sexuelle Abhängigkeit des Chefs von seinen Untergebenen untergrub dessen Autorität. Hinzu kamen Rivalitäten und Eifersüchteleien, wie sie in Harems üblich sind, denn jedesmal, wenn Bernard eines Boys überdrüssig wurde und einen anderen nachrücken ließ, machte er sich den Ex-Favoriten zum Feind. Während er in Deutschland Spenden eintrieb, fuhren die Angstellten zuerst seinen Jeep, dann seinen Landrover und schließlich seinen LKW zu Schrott. Daß man ihm Geld und Paß aus dem Hotelzimmer stahl, war schon schlimm genug, aber als Diebe in sein Büro einbrachen und das Ersatzteillager leer räumten, obwohl sie mit der Beute nichts anfangen konnten, war das Maß voll. Und als der Polizeichef ein als Gebühr getarntes Bestechungsgeld verlangte, bevor er sich bereit fand, ein Protokoll aufzusetzen, hatte Bernard die Nase voll und schmiß den Kram hin. Er packte seine Siebensachen und verließ Hals über Kopf Haiti, wo er zwölf Jahre lang Hunderten armer Familien das Überleben ermöglicht hatte. Daß er nie dorthin zurückkehrte, hatte noch einen anderen Grund, der mit der eingangs erwähnten *Verbuschung* zusammenhängt: Haiti hatte ihn zum Alkoholiker gemacht. Bernard ertränkte seinen privaten und beruflichen Streß mit Barbancourt-Rum und torkelte abgerissen und unrasiert nachts auf den Straßen herum. Er hielt seine Zunge nicht im Zaum und brachte durch zügellose Reden lokale Machthaber und korrupte Behörden gegen sich auf. Einem heterosexuellen *Womanizer* hätte all das genauso passieren können, aber die Homosexualität machte Bernard doppelt angreifbar und gab seinem Leben eine Wendung, die der Tragik nicht entbehrt. Und wenn er nicht an Aids gestorben ist, lebt Bernard noch heute in seiner Bremer Mietwohnung, weil, wie er stets zu sagen pflegte, privat genutztes Wohneigentum mehr kostet, als es einbringt.

9 Wenn von Dänen in Haiti die Rede ist, klingt dies ähnlich surreal wie die Begegnung einer Nähmaschine mit einem aufgespannten Regenschirm auf einem Seziertisch. Die Königreiche Skandinaviens haben keine Botschaften in Port-au-Prince, aber das stimmt nicht ganz: Norwegen hat sich im Dauerstreit zwischen Regierung und Opposition als Vermittler engagiert, und Dänemark hat den Filmemacher und

Tour-de-France-Reporter Jørgen Leth in Anerkennung seiner Verdienste zum Honorarkonsul von Jacmel im Süden Haitis ernannt. Doch die Geschichte, die ich erzählen will, spielt vor dieser Zeit. Irgendwann Mitte der neunziger Jahre – das genaue Datum ist mir entfallen – ging ein dänischer Frachter im Hafen von Jacmel vor Anker. Früher hatten Schiffe der Hapag-Lloyd hier angelegt, aber das war ein Menschenalter her, und seitdem hatte sich kein Passagierdampfer mehr an die Südküste Haitis verirrt. Der Pier war verfallen, und das Wahrzeichen von Jacmel war ein rostiger Schiffsrumpf, der seit Jahren in der Brandung dümpelte und nur bei Ebbe zum Vorschein kam. Trotzdem gab es eine Hafenpolizei, und deren Beamte staunten nicht schlecht, als der Frachter *Kong Frederik*, Heimathafen Odense, in die Bucht einlief. Zollbeamte kamen an Bord und durchsuchten Kabinen und Laderaum, weil sie hinter der in den Begleitpapieren ausgewiesenen Fracht – gebrauchte Kühlschränke aus Miami – Verbotenes vermuteten: Rauschgift zum Beispiel, das sich beschlagnahmen und gewinnbringend weiterverkaufen ließ. Obwohl die Beamten jeden Winkel des Schiffes durchwühlten, fanden sie nichts und kehrten unverrichteter Dinge an Land zurück, um ihrem Vorgesetzten Bericht zu erstatten, während der Kapitän der *Kong Frederik* sich im Hôtel de la Place einquartierte und allein zu Abend aß. Darüber, was dann passierte, gehen die Berichte auseinander: Ob der Kapitän eine Diskothek oder Bar besucht hat oder auf der Straße angesprochen wurde – Tatsache ist, daß er die Nacht nicht allein verbrachte, denn als er morgens die Augen aufschlug, lag eine nackte Frau neben ihm, deren Bekanntschaft gemacht zu haben, er sich nicht erinnerte. Noch dazu war die Frau tot. Auf der Polizeiwache verwickelte der Kapitän sich in Widersprüche: Er gab vor, den Namen der Frau nicht zu kennen, räumte aber auf Befragen ein, Coca-Cola mit ihr getrunken zu haben: »We just had a Coke.« Diese Worte gaben den Ausschlag, denn bekanntlich ist Coke ein Synonym für Kokain, und der Däne war damit überführt, die Prostituierte mit einer Überdosis Rauschgift getötet zu haben.

Obwohl er kein Französisch sprach, unterschrieb er das ihm vorgelegte Protokoll, ohne zu begreifen, daß es ein Mordgeständnis enthielt.

Die nächsten drei Monate – so lange dauerte es, bis die Nachricht von seiner Verhaftung in Port-au-Prince eintraf – verbrachte der Kapitän zusammen mit Dieben und Mördern in der Gemeinschaftszelle eines aus dem 18. Jahrhundert stammenden Forts. Nach Intervention der deutschen Botschaft, die die Interessen Dänemarks vertrat, wurde er auf Antrag eines ortsansässigen Anwalts in eine Einzelzelle verlegt und aus einem nahe gelegenen Restaurant mit sauberem Wasser und warmem Essen versorgt. Sechs Wochen später wurde er nach Port-au-Prince überstellt, wo man ihn wegen eines Formfehlers vorzeitig aus der Haft entließ. Der Rechtsanwalt hatte geltend gemacht, daß für die Strafverfolgung von Ausländern nicht die Justizbehörden von Jacmel, sondern nur die Gerichte der Hauptstadt zuständig seien. Nach seiner Rekonvaleszenz – im Gefängnis hatte er sich mit Malaria infiziert – verließ der Däne Haiti mit dem Versprechen, den nächsten Urlaub hier zu verbringen, denn, so sagte er in einem Interview, während der Haft habe er das Land und seine Menschen lieben und fließend Kreolisch gelernt.

10 Das Leben hält sich nicht an die Regeln der künstlerischen Ökonomie, denn auch die nächste Geschichte handelt von einem Dänen und spielt in Jacmel, genauer gesagt: auf der Holzveranda der *Pension Alexandra,* deren Stützpfeiler sich im Lauf der Jahre so tief gesenkt haben, daß der Bretterboden eine schiefe Ebene bildet. Die *Pension Alexandra,* eine aus England importierte Villa im viktorianischen Stil, wurde Anfang des 20. Jahrhunderts von einem Deutschen erbaut, der durch Kaffee-Export zu Geld gekommen war. Von der abschüssigen Veranda aus blickt man auf eine von Palmwipfeln umrahmte Bucht, in der das schon erwähnte Schiffswrack dümpelt. Obwohl die Zimmer weder Duschen noch Toiletten haben und nicht abschließbar sind, ist die Pension ein Geheimtip für mutige Reisende, denen es nichts ausmacht, eine Dreiviertelstunde auf einen Rum-cocktail zu warten, für den vorher beim Libanesen Eis geholt werden muß. Hier traf ich im Frühjahr 2002 einen im Schaukelstuhl wippenden Dänen, der seinen Namen mit Jens Jensen angab – vielleicht hieß er auch Knud Knudsen – und meine Frage, wie es ihm in Haiti gefalle, auf eine Weise beantwortete, die mich neugierig machte. *Very original,* murmelte der Däne in seinen Dreitagebart: »Haiti ist sehr originell – für meinen Geschmack ein bißchen zu originell.« Wie sich herausstellte, sprach er fließend Deutsch, denn als Pfarrer hatte er die in Dänemark lebende deutsche Minderheit betreut. Die evangelische Kirche hatte ihn nach Labrador und Grönland geschickt, wo dringend ein Seelsorger gebraucht wurde, und um sich von Hochzeiten und Kindstaufen im ewigen Eis zu erholen, machte er Urlaub in der Karibik, genauer gesagt: Er war der Einladung des Freundes eines Freundes gefolgt, der in Port-au-Prince eine Firma namens *Viking Constructions* betrieb. Was sich hinter diesem Label verbarg, ob es sich um Einbauschränke oder um Wikinger-schiffe handelte, auf denen haitianische Boat People nach Florida segelten, war dem Pastor nicht klar: Die Firma war weder im Telefonbuch noch im Handelsregister eingetragen, und es dauerte eine Ewigkeit, bis das Taxi ihn vor einem Büro-container absetzte, der, wie sich später herausstellte, in der an den Flughafen grenzenden Freihandelszone stand: Eine Visitenkarte mit dem Logo der *Viking Constructions* klebte an der Tür.

Nach langer Wartezeit, in der das Taxometer weiterlief, erschien der Firmenchef und entschuldigte sich wortreich: Er habe das Fax bekommen, könne sich aber um den Besucher nicht kümmern, da er mit Arbeit überlastet sei. Zum Ausgleich stellte er ihm seinen Chauffeur zur Verfügung, der dem Fremden die Sehenswürdigkeiten von Port-au-Prince zeigen sollte. Der Däne hatte irgendwo gelesen, daß es in Haiti eine interessante Kunstszene gab; es war noch früh am Tag, und er äußerte den Wunsch, ein Museum oder eine Gemäldegalerie zu besichtigen. Der Chauffeur – nennen wir ihn Wilner – setzte ihn eine halbe Stunde später vor einer Schmiedewerkstatt ab, wo gebrauchte Ölfässer zu Kerzenleuchtern, Handtuchhaltern und Blechskulpturen verarbeitet wurden. Nachdem der Däne die Arbeit der Kunsthandwerker bewundert hatte, die ihm auch unter Recycling-Aspekten lobenswert erschien, wiederholte er die Bitte, eine Gemäldegalerie zu besuchen, aber der Chauffeur behauptete, das Museum sei zu, und fuhr ihn statt dessen zu einer am Hafen gelegenen Kunstschmiede, die sich von der vorigen in nichts unterschied: Auch hier wurden ausrangierte Ölfässer zu Blechskulpturen verarbeitet. Nach der Besichtigung des dritten Schmiedeateliers protestierte der Däne und forderte den Chauffeur auf, ihn zum *Marché de fer* zu bringen, einer ursprünglich für Saigon bestimmten Markthalle, die statt am Ufer des Mekong in Haiti gestrandet war. Unter dem grünen Kuppeldach herrschte Dämmerlicht, das die zu Pyramiden aufgeschichteten Früchte und die von Fliegen umsummten Fleischbänke den Blicken entzog, während der Geruch sich um so stärker bemerkbar machte. Im Vorbeigehen bemerkte der Däne, daß das, was er suchte, in greifbarer Nähe lag: Eine mit Gemälden vollgestopfte Galerie, deren Besitzer ihn einlud, näherzutreten, während der Chauffeur ihn in ein Schmiedeatelier zu zerren versuchte. Der Däne riß sich los und betrat die Galerie, deren Kunst bei näherer Betrachtung nicht hielt, was sie versprach; es handelte sich um wertlosen Touristenkitsch.

Als der Däne eine halbe Stunde später die Markthalle verließ – so lange dauerte es, bis er die aufdringlichen Verkäufer abgeschüttelt hatte –, war sein Chauffeur verschwunden, und eine glutäugige Mulattin mit Piratentuch um den Kopf forderte ihn mit zweideutigen Gesten auf, ihr zu folgen. Es war ihm nicht klar, ob es sich um eine Voodoopriesterin oder eine Prostituierte handelte, vielleicht um beides zugleich, denn die Frau führte ihn auf Schleichwegen in einen geschlossenen Hof und von dort über eine baufällige Treppe zu einer verriegelten Tür, hinter der gedämpftes Stöhnen zu hören war. Nach dreimaligem Klopfen wurde geöffnet, und der Däne staunte nicht schlecht, als er seinen Chauffeur gefesselt am Boden liegen sah, bewacht von einem hünenhaften Mann, der dem Entführten ein Messer an die Kehle setzte. Die Frau teilte ihm flüsternd mit, der Hüne sei ein Orchesterchef, dem der Chauffeur seine Baßgitarre gestohlen habe; trotz unwiderleglicher Beweise weigere er sich, das Diebesgut herauszurücken, und es gebe nur ein Mittel, sein Leben zu retten: indem der Däne 300 Dollar, den Gegenwert der gestohlenen Gitarre, in bar hinterlege; andernfalls müsse der Dieb qualvoll sterben.

Der Pfarrer durchschaute das abgekartete Spiel. Er sagte, der Chauffeur sei ein abgefeimter Betrüger, und je grausamer man ihn foltere, desto besser. Statt sich auf weitere Diskussionen einzulassen, verließ er das Haus und war kein bißchen überrascht, auf der Straße ein mit laufendem Motor wartendes Auto anzutreffen. Am Steuer saß der Chauffeur, der ihn ohne ein Wort der Erklärung zu seinem Hotel zurückbrachte.

»Nach diesem Erlebnis«, sagte der Däne, »kehrte ich der Hauptstadt den Rücken und fuhr mit dem Bus nach Jacmel, weil es hier weniger Diebe geben soll als in Port-au-Prince. Aber das ist nicht wahr«, fügte er, im Schaukelstuhl wippend, hinzu, denn während der Siesta hat der Kellner mir meine Ray-Ban-Brille stibitzt!« Und er zeigte auf einen etwa sechzehnjährigen Jungen, der eine verspiegelte Sonnenbrille auf der Nase trug.

Soviel zum Thema Dänen in Haiti, eine unendliche Geschichte, die selbst in starker Verkürzung mehr Platz beansprucht, als sie verdient. Der Vollständigkeit halber sei noch erwähnt, daß ich der Bitte des Pfarrers nach Wiederbeschaffung der gestohlenen Sonnenbrille nicht entsprach.

Siebtes Kapitel

»Es gibt Menschen, die man als Durchgang
von Speisen, Vermehrer von Kot und Füller
von Abtritten bezeichnen muß, weil sich
durch sie keine Tugend ins Werk setzt und nichts
übrigbleibt als gefüllte Latrinen.«
Leonardo da Vinci, Philosophisches Tagebuch

1 »Zuerst hat das State Department uns einen Schwarzen geschickt, dann einen Schwulen und zuletzt eine
Frau«, sagte Petit Pierre. »Wann schickt Washington endlich wieder einen richtigen Botschafter nach Quisqueya?«
Es war früh am Morgen, sechs Wochen nach den zuletzt
geschilderten Ereignissen, aber vielleicht war alles auch
schon sechs Monate her, denn in dem Land, von dem hier
die Rede ist, tritt die Zeit auf der Stelle, geht rückwärts
oder steht ganz still, um plötzlich ruckartig vorwärts zu
springen nach dem Motto: Zwei Schritte vor und drei
Schritte zurück. Stammte dieser Satz von Lenin? Oder
aus einem Tango von Carlos Gardel?
Petit Pierre saß mit hochgekrempelten Hosen auf dem
Bett, die nackten Füße in einer mit Seifenlauge gefüllten
Emailleschüssel, während eine Maniküre, bei der es sich
auch um eine Pediküre oder Prostituierte handeln konnte,
eine Bardame oder eine Hosteß, ihm mit einer goldenen
Schere die Fingernägel schnitt. Der Luxus täuschte, denn
seit ihrem letzten Zusammentreffen war Petit Pierre ver-
armt, die Regierung hatte ihm die Apanage gestrichen,
und er war aus der Graham-Greene-Suite des Grand Hôtel
Oloffson umgezogen ins Hinterzimmer eines Bordells, das
sehr zu Unrecht Palace Hotel hieß. Die Auffahrt wurde
von einem Autowrack versperrt, und Besucher mußten
sich einen Weg bahnen zwischen einer Müllhalde und
einem offenen Abwasserkanal, um anschließend Spieß-

H. C. Buch, Tanzende Schatten

ruten zu laufen durch ein Spalier von Nutten, die im dunklen Korridor lauerten und ihnen kichernd zwischen die Beine griffen.

»Ich weiß, wovon ich spreche«, fuhr Petit Pierre fort und streichelte gedankenverloren den Nacken der vor ihm knienden Hosteß, die mit den Zähnen einen Knopf oder Faden von seinem Hosenbund riß. »Ich weiß, wovon ich spreche, denn ich war früher selbst Diplomat, Botschafter der Republik Quisqueya bei allen Menschen, die guten Willens sind.« Und er zeigte auf ein über dem Bett hängendes Diplom mit der Aufschrift MANKIND IS OUR BUSINESS, das der Rotarier-Club seinem langjährigen Mitglied Aubelin Jolifleur für dessen Verdienste um die Förderung des internationalen Kulturaustauschs und die Promotion des Tourismus verliehen hatte. »Wir Quisqueyaner haben keine Vorurteile gegen Minderheiten, ein schwarzer US-Botschafter ist uns ebenso willkommen wie ein Homosexueller oder eine Frau. Ich weiß, wovon ich rede, denn ich bin zwar nicht schwul, aber schwarz, und wie die meisten Quisqueyaner arbeite ich beidhändig, wie man auf kreolisch sagt, und habe eine doppelte Identität, je nachdem als Mann oder als Frau. Bisexuell ist das richtige Wort dafür.«

Bei diesen Worten blickte die Hosteß auf und wollte wissen, ob sie ihm die Fingernägel lackieren solle. »Nur die Fußnägel«, sagte Petit Pierre und nahm den rechten Fuß aus der mit Seifenlauge gefüllten Waschschüssel, während sie eine Kollektion von Nagellacken vor ihm ausbreitete, aus der er den passenden Farbton auswählte. »Meine Lieblingsfarben sind Lila und Beige, aber zur Feier des Tages habe ich mich für eine heitere Note entschieden, weil meine Freundin, die Botschafterin der USA, heute ihren Abschiedsempfang gibt. Rosa paßt besser zu ihr – findest du nicht auch? Das State Department hat gestern einen Nachfolger ernannt und *Bourik Chagé* damit zur lahmen Ente gemacht – oder zum hinkenden Esel, um im Bild zu bleiben!«

Petit Pierre brach in gackerndes Gelächter aus. Die Pediküre schlug wie ein Schuhputzjunge mit dem Rücken der Bürste gegen den Rand der Waschschüssel, und er hob den linken Fuß aus der Seifenlauge. »Fast hätte ich es vergessen«, setzte er hinzu, während die junge Frau mit einem Tuch die Zwischenräume seiner Zehen reinigte. Er bückte sich und zog eine zusammengerollte Leinwand unter dem Bett hervor, die er kniend auf dem versifften Teppichboden ausbreitete. Es war ein großformatiges Gemälde von Wilson Bigaud, auf dem das diplomatische Corps bei einem Gala-Empfang im Präsidentenpalast zu sehen war, vielleicht am ersten Januar, Quisqueyas Nationalfeiertag, oder bei der Hochzeit des Staatschefs auf Lebenszeit Big Chief Garçon mit der Tochter des Mitsubishi-Vertreters Bennet. Wie bei der in Xian ausgegrabenen Tonfigurenarmee des Gelben Kaisers war jeder der über hundert Gäste individuell porträtiert, in Anzug oder Abendkleid, Uniform oder geistlichem Ornat: Schmuckstücke und Orden waren mit der gleichen Sorgfalt gemalt wie die Blumengebinde und Canapés auf dem Büffet. Das Bild war eine Augenweide, naiv und raffiniert zugleich: Nur der übergewichtige Staatschef und seine leichtgewichtige Gattin wirkten starr und tot – wie Zombies aus einem Horrorfilm. »Dieses Gemälde ist meine Altersvorsorge«, sagte Petit Pierre. »Der kanadische Botschafter hat 50 000 Dollar dafür geboten, aber einem guten Freund wie dir überlasse ich es zum halben Preis!«

2 B. trat aus dem dunklen Korridor auf die Straße, geblendet vom Licht des Tages, vor dem er unwillkürlich die Augen zusammenkniff. Es war noch früh am Morgen, aber der von der Sonne aufgeweichte Asphalt sandte Hitzewellen aus, die sich mit den Abgasen der dicht an dicht stehenden Autos zu einem Amalgam vermischten, das die Konturen der Häuser im Dunst verschwimmen ließ. Schräg gegenüber lag das Centre d'Art, gegründet von einem Mäzen namens De Witt Peters, der die damals noch jungen Meister der quisqueyanischen Kunst zum Malen inspiriert hatte, indem er ihnen Leinwände, Pinsel und Farben zur Verfügung stellte. Die meisten von ihnen waren arm verstorben, ohne vom Boom ihrer Bilder profitiert zu haben. Daneben das Kino Rex, wo André Breton Ende 1945 einen Vortrag gehalten hatte über die Prinzipien der surrealistischen Revolution, der eine surrealistische Revolution auslöste: Breton wurde zur *Persona non grata* erklärt, Schüler und Studenten streikten, die Arbeiter der Hauptstadt schlossen sich ihnen an, und die Regierung trat zurück. Gegenüber vom Kino Rex stand auf einer Verkehrsinsel, angestrahlt von einer Laterne, unter der sich nach Einbruch der Dunkelheit Schüler und Studenten versammelten, um ihre Lehrbücher zu büffeln, eine von B.s Großvater gestiftete Parkbank mit der verblaßten Aufschrift *Pharmacie Buch 1929*; trotz der Weltwirtschaftskrise liefen die Geschäfte damals gut, denn aus Angst vor Tropenkrankheiten konsumierten die Besatzungstruppen Unmengen von Aspirin und Chinin. Nur zwei Ecken weiter lag das Holiday Inn, wo B. sich am 29. November 1987 auf den gekachelten Fußboden geworfen hatte, als ein Rollkommando der Armee die in der Lobby versammelten Journalisten unter Feuer nahm: »¡Nos matan – sie töten uns!« hatte eine mexikanische Journalistin ins Telefon geschrien, aber das Ganze entpuppte sich als Fehlalarm, nur Glas ging zu Bruch, anders als kurz zuvor in der Ruelle Vaillant, wo als Zivilisten verkleidete Soldaten die im Schulhof Schlange stehenden Wähler von Militärlastwagen aus unter Feuer genommen und den dominikanischen Kameramann Carlos Grullón mit einem Bauchschuß getötet hatten.

Zu viele Erinnerungen hier! Am liebsten hätte B. sich zu dem Toten gelegt, den er im Vorbeifahren am Straßenrand hatte liegen sehen: Opfer eines Verkehrsunfalls, eines politischen Mordes oder einer Abrechnung unter Drogengangstern – wer weiß? Sein Mund war geöffnet zu einem lautlosen Schrei, und der Tote hielt den steif gewordenen rechten Arm schützend vors Gesicht, während zwei Polizisten ihn an den Beinen hochhoben und zu einem mit blinkenden Rücklichtern wartenden Kastenwagen schleiften; nur ein dunkler Blutfleck blieb auf dem mit Glaswürfeln übersäten Asphalt zurück.

B. stellte sich versuchsweise vor, er werde zwischen verwesenden Leichen in einem defekten Kühlhaus deponiert, um anschließend auf der Müllkippe von Titanyen »entsorgt« zu werden: So hieß die Schädelstätte am Rand der Nationalstraße eins, wo streunende Hunde sich um die Gebeine der anonymen Toten stritten. Am liebsten hätte B. sich unter die Straßenjungen eingereiht, die mit schmutzigen Lappen vor den Windschutzscheiben der Autos herumwedelten und diesen die Weiterfahrt versperrten, bis der Fahrer oder die Beifahrerin ihnen eine abgegriffene Münze oder einen zusammengeknüllten Geldschein durchs spaltoffene Fenster reichte. Früher hatten die Straßenkinder Autoabgase oder Leim geschnüffelt; jetzt rauchten sie Crack, denn seit dem Amtsantritt des demokratisch gewählten Präsidenten hatten sich die auf Mangrovensümpfen errichteten Elendsviertel La Saline und Cité Soleil in Drogenumschlagplätze verwandelt, in die Journalisten und Polizisten keinen Fuß mehr setzten – es sei denn, sie gehörten selbst zur Drogenmafia.

Es war sein einundvierzigster oder zweiundvierzigster Besuch in Quisqueya. Irgendwann hatte B. aufgehört, seine Reisen zu zählen, denn er wußte zuviel über dieses Land. Zu jedem Namen, jedem Datum und jedem Ort hatte er eine Geschichte parat, und irgendwann hatte er es aufgegeben, das Rätsel der quisqueyanischen Identität zu lösen, die aus lauter Absurditäten und Abstrusitäten bestand, aus unbewiesenen Behauptungen, schreienden Übertreibungen und haarsträubenden *faits divers*, ein exotischer Kolportageroman, der sich selbst fortschrieb und wie eine Spirale um seine eigene Achse drehte – Endlosschleife war das richtige Wort dafür. Die zwanghafte

Beschäftigung mit Quisqueya hatte alle seine Energien aufgezehrt und eine Leere in seinem Leben hinterlassen, die durch nichts auszufüllen war: Vielleicht war dies der Grund, warum B. nicht loskam von dem obskuren Objekt seiner Begierde, das den Schweiß der Edlen nicht wert war, die Leben und Gesundheit riskierten beim Versuch, dieses von Gott und seinen Bewohnern verfluchte Land zu ergründen. B. haßte Quisqueya, und doch kehrte er, wie ein Täter an den Tatort, immer wieder dorthin zurück.

»Zuviel Geschichte hier«, dachte er beim Anblick der Staatsgründer Toussaint Louverture Dessalines Christophe Pétion, die einträchtig, wenn auch in respektvollem Abstand zueinander, auf ihren Denkmalsockeln standen, obwohl sie sich zu Lebzeiten bekämpft und ihren Gegnern ans Messer geliefert hatten. »Zuviel Geschichte hier!« Mord war nur eine Handbewegung in diesem Teil der Welt, wo zwischen Treueschwüren und Verrat kein Widerspruch bestand und das Volk frenetisch jubelnd *Der König ist tot, lang lebe der König!* rief, weil die Politik ein Königsdrama und die Geschichte eine Kette von Staatsstreichen war, die selten so unblutig verliefen wie beim letzten Mal. B. blieb stehen vor dem Monument des entlaufenen Sklaven, *le marron inconnu*, ein sprungbereiter Athlet mit gestrecktem Bein und angezogenem Knie, der vibrierend vor Energie in sein Muschelhorn blies, eine Meeresschnecke, deren rosa Fleisch müde Männer zu sexuellen Höchstleistungen anspornte, während das Signal des Muschelhorns die Sklaven zum bewaffneten Aufstand rief: Der Feuerschein der brennenden Zuckerrohrfelder soll bis nach Kuba zu sehen gewesen sein. Der Architekt Albert Mangonès, ein Freund seines verstorbenen Vaters, hatte die Skulptur geschaffen im Auftrag des Diktators Big Boss Papa, der das Volk von seinen Tontons Macoutes massakrieren ließ, aber das war lange her, und wie jede Kunst, die diesen Namen verdient, hatte die Bronzestatue die Bedingungen ihrer Entstehung transzendiert und den Namen des Auftraggebers aus dem Gedächtnis getilgt.

Zuviel Geschichte hier! B. ging auf den Präsidentenpalast zu, dem er sich früher, unter den argwöhnischen Blicken der Palastwache, nur auf Rufweite hatte nähern dürfen; jetzt aber wurde die Zufahrt von Schuhputzjungen belagert, die einladend mit den Deckeln ihrer Werkzeugkästen klapperten, ein kakophones Konzert, dessen Rhythmus ihm in die Beine fuhr, so daß er unfreiwillige Tanzschritte vollführte. Die Schuhputzjungen lachten, aber die Bodyguards hinter dem verschlossenen Gittertor, die über die Sicherheit des demokratisch gewählten Präsidenten wachten, verstanden keinen Spaß und forderten per Walkie-Talkie Verstärkung an. Vielleicht hielten sie B. für den Vorboten eines Volksaufstands: Ein Menschenalter zuvor hatte eine aufgebrachte Menge den Präsidenten, als dieser mit der Staatskasse unter dem Arm aus dem Palast zu fliehen versuchte, auf die Gitterstäbe gespießt und so lange auf ihn eingeprügelt, bis nur noch sein an der Oberlippe klebender Schnurrbart übrigblieb, den der neue Stadtkommandant mit militärischen Ehren beisetzen ließ, nachdem US-Marines den Aufstand mit in die Luft gefeuerten Schüssen beendet hatten. Zuviel Geschichte hier!

Er lief die *rue pavée* entlang, zur Kolonialzeit die einzige gepflasterte Straße der Stadt, vorbei am Büro des AFP-Korrespondenten Christian Lemoine, Algerienfranzose und Anhänger von Big Boss Papa, der ihn seit Jahren mit dem Ausruf begrüßte: »Ich lade dich zum Austernessen ein!«, ohne seinen Worten je Taten folgen zu lassen.

Der Zugang zur Apotheke von B.s Großvater an der Place Geffrard wurde durch Händlerinnen blockiert, die im Schatten der Arkaden Altkleider verkauften; früher hatten ein paar in die Luft geworfene Kupfermünzen genügt, um die Menge zu zerstreuen, und nur selten hatte der Großvater zu seinem Spazierstock greifen müssen, kreolisch *Cocomacaque* genannt, um die Bettler und Krüppel zu verjagen, die in der Hoffnung auf einen Obolus die Tür belagerten. Seit die Apotheke geschlossen und der Rolladen auch tagsüber heruntergelassen war, hatten Marktfrauen das Trottoir in Besitz genommen, so daß das Aufschließen des Eisentors erst nach zeitraubenden Verhandlungen möglich war. Beim Betreten des dämmrigen Kontors, in dem Staubwedel auf der Theke tanzten und Spinnweben sich wie schlaffe Segel im Luftzug bauschten, bekam B. einen Hustenanfall: Er fühlte sich wie ein Archäologe, der eine altägyptische Grabkammer öffnet, und machte, vom Fluch des Pharaos verfolgt, auf der Stelle kehrt, während vom Licht geblendete Fledermäuse und Nachtfalter an ihm vorbei ins Freie flatterten.

3 »Ich habe schlecht geschlafen«, sagte Matante Erzulie, »das heißt, ich weiß nicht mehr, ob ich gut oder schlecht geschlafen habe. Der Karnevalswind macht mich nervös!« Sie zeigte von der Balustrade nach draußen, wo ein Windstoß Plastiktüten über die Straße trieb, Schülerinnen unter die Röcke der Schuluniformen fuhr, eine Fahne von der Fahnenstange und einen Papierdrachen von der Leine riß, bevor er in einer Staubwolke, einer Windhose besser gesagt, die sich wie ein tanzender Derwisch um ihre eigene Achse drehte, hinter dem nächsten Hügelkamm verschwand. »C'est un vent moqueur«, setzte sie auf französisch hinzu, »ein Wind, der sich über die Leute lustig macht, die Felder austrocknet, die fruchtbare Erde in Staub verwandelt und statt Kühlung noch mehr Hitze bringt. Hier, sieh selbst!« Und sie streckte ihre mit Leberflecken übersäte Hand durch das Balkongitter nach draußen und fing ein paar Tropfen lauwarmen Regens auf, der aus niedrig ziehenden Wolken sprühte.

Die Köchin Babekan trug das Mittagessen auf. Es gab Reis mit Kongobohnen, das Lieblingsgericht seines Vaters, und zum Nachtisch hatte Babekan eine Torte gemacht. Vielleicht verwechselte sie ihn mit seinem Großonkel

Franz, der Page am Hof des deutschen Kaisers und, der Familienüberlieferung zufolge, ganz versessen auf Torte war. Nein, nicht versessen – verfressen. Erzulie schien seine Gedanken erraten zu haben. »Mein Neffe Franz«, sagte sie, »oder muß es Großneffe heißen? Dieser Franz von Lilien war dermaßen verwöhnt, daß er während seines Aufenthalts in Port-à-Piment jeden Tag eine frische Torte verlangte und auch bekam. Das muß nach dem großen Krieg in den zwanziger Jahren gewesen sein!« – »Du irrst dich«, hörte B. sich sagen. »Franz hat die Kadettenanstalt in Lichterfelde absolviert und ist vor Verdun gefallen. Also hat er Quisqueya vor dem Ersten Weltkrieg besucht!« – »Ich habe ihn in verschiedenen *époques* gekannt«, sagte Matante Erzulie in einer Mischung aus französisch und deutsch. »Warum hat man dich und deinen Vater umgebracht?« fügte sie unvermittelt hinzu. – »Wie bitte? Mein Vater starb im Bett. Und ich sitze leibhaftig hier am Tisch. Niemand hat uns umgebracht!« – »Das sagst du, aber ich habe es anders gehört. Dein Vater fuhr mit seiner Familie nach Italien, und dort hat man euch alle umgebracht!« – »Demnach bin ich schon lange tot. Und wer, glaubst du, hat mich umgebracht?« – »Das weiß ich nicht.« Erzulie rührte schweigend in ihrer Kaffeetasse, in die sie zwei Eßlöffel Zucker geschüttet hatte. »Es werden kolossal viel Menschen umgebracht. Das ist die heutige Zeit!«

Das Mittagessen hatte B. müde gemacht, aber er konnte keinen Schlaf finden und wälzte sich ruhelos auf der Matratze hin und her. Matante Erzulies Worte drehten sich wie Mühlsteine in seinem Kopf. Handelte es sich um Symptome von Altersdemenz, oder sprach eine höhere oder tiefere Weisheit aus ihr? Erzulie war vierundneunzig oder fünfundneunzig Jahre alt; genau wußte sie es selber nicht, und er nahm sich vor, ihr Geburtsdatum im Familienstammbuch nachzusehen. Er zog sich den Augenschutz übers Gesicht, den die Stewardeß während des Fluges an die Passagiere verteilt hatte, und lauschte auf das Geräusch der Jalousie, die jedesmal, wenn draußen ein Lastwagen vorbeifuhr, rhythmisch zu scheppern begann. *Li gaga nèt,* dachte B. auf kreolisch – sie ist verrückt geworden! Dann fiel ihm ein, daß Erzulie in der deutschen Botschaft einen Paß beantragt hatte, weil sie keinen gültigen Ausweis besaß, und daß sie sich in einer Sänfte die Treppe hatte hochtragen lassen – huldvoll winkend wie eine Königin. »Elle avait une portée de reine«, hatte Petit Pierre gesagt, der sie bei dem Behördengang begleitete. B. nahm sich vor, den Chauffeur, nein: die Sekretärin der Botschaft nach Erzulies Geburtsjahr zu fragen. Mit diesem Vorsatz schlief er ein.

Im Traum sah er eine mit Papieren gefüllte Kiste vor sich, die der Direktor des Nationalarchivs, Monsieur Gardère, ihm zum Verkauf anbot, obwohl es sich um Staatseigentum handelte, das unverkäuflich war. Am Tag nach Pearl Harbor hatte die Republik Quisqueya den Achsenmächten den Krieg erklärt und die Apotheke seines Großvaters mit allem Inventar konfisziert. Seitdem ruhte die Kiste mit der Aufschrift *Pharmacie Buch* im Keller des Nationalarchivs und hatte alle Rohrbrüche, Feuersbrünste und Umzüge der letzten fünfzig Jahre unversehrt überstanden, während anderswo Kriege tobten und Weltreiche untergingen. B. wühlte in den vergilbten Papieren, deren trockener Staub ihm den Atem benahm, unschlüssig, ob er den Nachlaß seines Großvaters kaufen sollte oder nicht. In einem Briefumschlag mit dem Aufdruck eines New Yorker Hotels entdeckte er eine Rechnung für ein Seidenkostüm, das seine Mutter vor sechzig Jahren bei Saks auf der Fifth Avenue gekauft und im Sommer vor ihrem Tod ihrer Putzfrau geschenkt hatte. »Was du ererbt von deinen Vätern hast, erwirb es, um es zu besitzen«, murmelte B. im Halbschlaf vor sich hin. Der von den Papieren aufgewirbelte Staub trieb ihm Tränen in die Augen, und er mußte so heftig niesen, daß er aus seiner Siesta erwachte.

Siebtes Kapitel

4 »Ich bringe eine schlechte Nachricht und zwei gute«, sagte die amerikanische Botschafterin – in dieser Variante hörte B. den Satz zum ersten Mal. Über ihrem Schreibtisch hing ein Sternenbanner, flankiert von Farbphotos des Außenministers und des 43. Präsidenten der Vereinigten Staaten – vielleicht war es auch der 42. – ein Kalender mit der Aufschrift *Black History Month* und eine Computergrafik mit der Aufforderung, sich beim Verdacht auf ansteckende Krankheiten beim *Medical Officer* zu melden.

»Die schlechte Nachricht ist, daß Quisqueya seit der Rückkehr des demokratisch gewählten Präsidenten vom kolumbianischen Drogenkartell unterwandert worden ist. *Narcotraficantes* heißt der Fachausdruck dafür – mein Spanisch ist rudimentär, aber dieses Wort habe ich mir gemerkt, weil es poetischer klingt als Drogenhändler – finden Sie nicht auch? Nach seiner Rückkehr aus dem Exil hat der Präsident die durch Putschversuche belastete Armee abgeschafft, und das diplomatische Corps hat ihm applaudiert und seinen Mut und Weitblick gelobt. Das war ein Fehler, obwohl die neugeschaffene Polizeitruppe gründlich auf ihren Job vorbereitet worden war. Was niemand bedacht hatte, war die Tatsache, daß all die schönen Reden über Rechtsstaat und Demokratie nichts nutzen, wenn die Regierung der Polizei kein Gehalt bezahlt. In diese Lücke sind die Kolumbianer hineingestoßen – mit Erfolg. Heute sind die Slums der Hauptstadt Hochburgen des Medellin-Kartells, das mit harter Hand für Ordnung sorgt. Die Drogenbarone haben ein Herz für die Armen – sie haben Schulen, Kindergärten und Suppenküchen eröffnet. Gehen Sie lieber nicht nach Cité Soleil – die Mafia mag es nicht, wenn Reporter dort herumschnüffeln!«

»Und die guten Nachrichten?«

»Die erste gute Nachricht ist, daß ich Quisqueya verlassen muß, weil meine Vorgesetzten der Meinung sind, daß ich zuviel Sympathie entwickle für dieses arme, geschundene Volk. Man wirft mir Klientelismus vor, eine Todsünde für Diplomaten, und zur Strafe hat das State Department mich nach Kinshasa versetzt.«

»Ich kenne Kinshasa, und ich weiß nicht, ob ich Ihnen mein Beileid aussprechen oder Sie beglückwünschen soll!«

»Die zweite gute Nachricht ist, daß die Drogenmafia sich aus Quisqueya zurückziehen will.«

»Wieso, wenn ich fragen darf?«

Die Botschafterin schnippte von der Jalousie eine Kakerlake, die im Kältestrom der Klimaanlage erfroren war.

»Versetzen Sie sich einmal probeweise in die Lage des Medellin-Kartells: Was würden Sie tun, wenn Sie Millionen in die Armenviertel von Port-à-Piment investiert hätten, und ihr Geld verschwindet spurlos in den Taschen korrupter Beamter, die Luxusvillen, was sage ich: Feenschlösser auf den umliegenden Hügeln errichten? Wissen Sie, wie der kreolische Volksmund die wie Pilze aus dem Boden schießenden Residenzen nennt? *Neu Avalon!* Und nicht nur das Geld, auch das nach Quisqueya geschmuggelte Kokain versickert in dunklen Kanälen, nachdem die Polizei es beschlagnahmt hat. Man sagt, daß die Slumbewohner in Cité Soleil ihre Hauswände damit weißen und Kokain als Babynahrung verfüttern!«

»Darf ich eine indiskrete Frage stellen: Sind Sie die Botschafterin der Vereinigten Staaten oder die Pressesprecherin des Medellin-Kartells?«

»Meine Vorfahren kamen aus Sizilien in die USA, und als Diplomatin habe ich gelernt, mich in fremde Denkweisen einzufühlen. Klientelismus – Sie wissen schon!«

Das Mobiltelefon klingelte.

Das Gesicht der Botschafterin war aschfahl, als sie den Hörer auflegte.

»Einer unserer Mitarbeiter ist in Schwierigkeiten. Es handelt sich um einen unserer zuverlässigsten Informanten, und die Sache ist ernst – zu ernst, um Witze darüber zu machen!«

»Kenne ich den Mann?«

»Dazu darf ich nichts sagen. Ich verlasse jetzt für sechzig Sekunden mein Büro. Sie brauchen nur die Starttaste zu drücken – alles weitere ergibt sich von selbst. Aber hinterlassen Sie keine Spuren auf meinem Computer – das könnte mich meinen Job kosten!«

»Ich dachte, den sind Sie schon los!«

5 Carrefour hieß ein ehemaliger Rotlichtbezirk am südlichen Stadtrand von Port-à-Piment: Früher, unter Big Boss Papa, als sich noch Touristen nach Quisqueya verirrten, fuhr man spätabend im Taxi hierher, um Sandwiches zu essen, Bier zu trinken und in spärlich beleuchteten Bars zu tanzen. »Meine Kunden kamen aus den besten Kreisen, und in meiner Pension ging es immer anständig zu«, hatte Madame Odette erklärt, als B. auf den Spuren von Graham Greene ihr am Meeresufer gelegenes Établissement besuchte: »Alles, was Mr. Greene schreibt, ist erstunken und erlogen. Es gab keinen käuflichen Sex, und die mit ausgestopften Flamingos dekorierte Bar existierte nur in seiner Phantasie!«

Die durch Carrefour führende Ausfallstraße war als Verkehrshindernis berüchtigt: Die Kreuzung war ständig von Abwässern überschwemmt, und eine endlose Autokolonne quälte sich im Schneckentempo durch Schlammlöcher, in denen Lastwagen und Sammeltaxis bis zur Stoßstange versanken, von Anwohnern, die sich über die Abgas- und Lärmbelästigung ärgerten, mit Steinen und Flaschen beworfen.

An diesem Morgen war alles anders. Die entgegenkommenden Passanten hatten lachende, verschwitzte Gesichter, und ein kleiner Junge schwenkte eine wie Dachpappe aussehende Trophäe über dem Kopf. Erst bei näherem Hinsehen erkannte B., daß es sich um verbranntes Fleisch handelte. Der Taxichauffeur weigerte sich, weiterzufahren, und nachdem er ihn entlohnt hatte, setzte B. den Weg zu Fuß fort. Ein Geruch wie von einer Grillparty lag in der Luft. Vielleicht hatte die Stadtverwaltung ein Barbecue-Fest organisiert, um die aufgebrachten Anwohner zu beruhigen, und der kleine Junge gehörte zu den Glücklichen, die ein Stück Fleisch ergattert hatten. Aber da war noch ein anderer Geruch, der Übelkeit erregende Gestank von verbranntem Gummi und verschmortem Plastikmüll. Die AFP-Photographin Chantal Reynaud kam ihm entgegen, gelb, nein grün im Gesicht. Auf seine Frage, was passiert sei, schüttelte sie angewidert den Kopf.

B. bereute es, nicht rechtzeitig kehrtgemacht zu haben, denn der Anblick, der sich ihm bot, hatte sich in Bruchteilen von Sekunden seinem Gedächtnis eingeätzt – dieses Bild würde er nie wieder los. Der Mensch, der hier, einen Autoreifen um den Hals, mit Benzin übergossen und lebendig verbrannt worden war – ob Mann oder Frau, jung oder alt, war nicht mehr festzustellen –, war mit Kautschuk und kochendem Teer zu einer schwärzlichen Masse verschmort, aus der gelbe Knochen ragten. B. spürte ein flaues Gefühl im Magen und schlug sich den Hemdkragen vors Gesicht, um den Geruch nicht einatmen zu müssen. Sein Blick blieb an einer Mitgliedskarte der FRAP hängen, die wie ein archäologisches Fundstück in den Blasen schlagenden Asphalt eingebacken war, ausgestellt auf den Namen Toto Bonange. Er bückte sich und hob den Parteiausweis vom Boden auf. Er haßte Gewalt, doch diesmal, dachte B., während er, seinen Brechreiz unterdrückend, den Tatort verließ, diesmal hatte es den Richtigen getroffen.

6 »Der quisqueyanische Karneval ist eine bitterernste Angelegenheit«, sagte Petit Pierre, der B. im Vestibül des Hotels Roi Christophe gegenübersaß, wie immer weißgekleidet und in eine Wolke von Eau de Cologne gehüllt, gegen die ein altersschwacher Ventilator vergeblich ankämpfte. »Zwar geht es bei uns nicht so bierernst zu wie in Deutschland – ich weiß, wovon ich rede, denn mein

Freund Valéry Giscard d'Estaing hat mich nach Aachen eingeladen, als man ihm dort den Orden *Wider den tierischen Ernst* verlieh. Er riet mir, einen Smoking anzuziehen, dazu eine Narrenkappe oder einen Fez, und jedesmal rhythmisch zu klatschen, wenn das Karnevalsorchester einen Tusch spielte.«

Petit Pierre, der sonst nie Alkohol trank, nippte angewidert an seinem Rum-Soda.

»Hierzulande ist der Karneval ein Politikum: 1930 stürzte der von den USA eingesetzte Marionettenpräsident, als das Volk auf den Straßen der Hauptstadt eine Meringue sang, deren Refrain *Panama m' tombé* lautete – mein Panamahut ist gefallen! Und 1963, zum Empfang einer OAS-Delegation, die ein von ihm befohlenes Massaker untersuchen sollte, proklamierte Big Boss Papa einen außerplanmäßigen Mardi Gras, und am nächsten Tag waren die mit Blut besudelten Straßen von singenden und tanzenden Menschen erfüllt.«

»Wie erklären Sie das? Sind die Quisqueyaner zynisch oder einfach nur dumm?«

Petit Pierre rührte, um die Kohlensäure daraus zu entfernen, mit einem Strohhalm in seinem Drink.

»Weder das eine noch das andere. Der Meringue-Rhythmus ist ein Fanal, bei dem man alles stehen- und liegenläßt und zu tanzen beginnt, nicht für ein paar Stunden, sondern rund um die Uhr, in sengender Sonne und bei strömendem Regen, bis zum Umfallen. Wenn sie aus ihrem Delirium erwachen, sind die Leute verkatert und zu Tode erschöpft und fragen sich, welcher Dämon sie geritten hat. Das närrische Treiben ist gefährlich, weil die Stimmung dort am heißesten ist, wo die Menge am dichtesten steht und sich Bauch an Bauch, Hintern an Hintern reibt – eine kollektive Kopulation, wenn Sie so wollen. Kinder und Alte werden im Gedränge erdrückt und totgetrampelt, oder jemand ersticht auf offener Straße einen Nebenbuhler, mit dem seine Freundin oder Frau ihn betrügt – einfach so!«

Petit Pierre strich sich mit dem Handrücken über die Kehle.

»Ein Menschenleben war hierzulande nie viel wert, aber in letzter Zeit ist der Preis so tief gefallen, daß das Geschäft sich nicht mehr lohnt.«

»Und wer ist schuld an dieser Entwicklung?«

»Für alles, was schiefläuft, machen wir das Ausland verantwortlich: Frankreich oder die USA, die UNO oder die OAS, und die Probleme der Gegenwart führen wir auf das Erbe der Kolonialzeit zurück. Oder, falls Sie eine religiöse Begründung bevorzugen, auf eine Prophezeiung der portugiesischen Nonne Fatima, der zufolge...«

»Ich weiß Bescheid.«

»Dazu der folgende Witz: Jacques Chirac, Bill Clinton und Titid treffen sich in der Hölle. Der französische Präsident will wissen, ob der neue Beaujolais schon eingetroffen ist, und telefoniert drei Minuten lang mit dem Quai d'Orsay. ›Ferngespräche nach Paris kosten eine Million Francs pro Minute‹, sagt Satan, und Jacques Chirac gibt ihm widerstrebend das letzte Geld aus der Staatskasse. Danach ist Bill Clinton an der Reihe. Er telefoniert drei Minuten mit Hillary Clinton in New York und anschließend sechs Minuten mit Monica Levinsky in Washington. Satan berechnet neun Millionen Dollar für das Ferngespräch, Bill Clinton zückt seine Kreditkarte und unterzeichnet einen Scheck. Titid stülpt vergeblich die Hosentaschen um und fördert nichts zutage außer einem Quarter und einem Dime. Trotzdem erlaubt Satan ihm, in Port-à-Piment anzurufen, und er telefoniert stundenlang mit dem Premierminister, der ihm erzählt, daß alles beim alten ist: Ein Zombie regiert im Präsidentenpalast, das Volk wird von Dieben und Mördern terrorisiert, und die Preise für Benzin und Lebensmittel sind so hoch wie der Prozentsatz der Arbeitslosen und Aids-Kranken. Titid legt seufzend den Hörer auf. ›Was bin ich schuldig‹, fragt er mit rotem Kopf. ›35 Cent. Telefongespräche von Hölle zu Hölle kosten nur Ortstarif.‹«

Siebtes Kapitel   249

7 B. stand auf einer aus Holz gezimmerten Tribüne, unter einem Transparent mit der Aufschrift SCHALOM 2004. Das Jubiläumsjahr lag noch Monate entfernt, aber die 200-Jahr-Feier der Unabhängigkeit warf ihre Schatten voraus. Der Staatschef hatte den Karneval unter das Motto des Friedens gestellt, ein geschickter Schachzug, mit dem er seinen politischen Gegnern, bei denen es sich um abtrünnige Gefolgsleute und enttäuschte Anhänger der Regierungspartei handelte, unfriedliche Absichten unterschob. Die Tribüne bebte gefährlich, jedesmal wenn ein LKW der Stadtreinigung oder der Feuerwehr durch die Kopf an Kopf stehende Menge fuhr, die sich singend und tanzend über die Straße wälzte, vorbei an dem mit Karikaturen der Staatsgründer geschmückten Präsidentenpalast, auf dessen Bewacher, Polizisten in beigen Overalls, ein Hagel leerer Dosen niederging. B. stand eingezwängt zwischen Carmen und Daphne, den Freundinnen eines deutschen Entwicklungsexperten, der die sündhaft teuren Plätze auf der Tribüne für sie reserviert hatte; nur Diplomaten und Quisqueyaner aus der Diaspora konnten sich die Logenplätze leisten, das Volk mußte mit der Straße vorliebnehmen und hatte kein Geld für Bier oder Coca-Cola, Hähnchenschenkel und Pommes frites, die in Garküchen gebraten und von fliegenden Händlern verkauft wurden. Es roch nach Sojaöl, Alkohol und Erbrochenem, und die Ausdünstungen der Speisen mischten sich mit dem Gestank aus einer Toilette, vor der Mütter mit Kindern Schlange standen, während sich ein paar Meter weiter, unter den Büschen des Parks, Liebespaare und Betrunkene im Schlamm wälzten. Carmen und Daphne bewegten sich träge im Takt der Musik, und der deutsche Entwicklungsexperte schrie ihm ins Ohr, daß seine Frau ihn verlassen habe und unter Mitnahme ihres Kindes aus der gemeinsamen Wohnung ausgezogen sei. Der Rest des Satzes ging unter im plötzlich anschwellenden Lärm, ein Ruck lief durch die Zuschauer, begleitet von gellendem Geschrei, als die Vorhut des Karnevalszuges um

H. C. Buch, Tanzende Schatten

die Ecke bog. Ein mit Luftballons geschmückter Wagen des Ministeriums für Jugend und Sport kam in Sicht, dann der Wagen des Internationalen Komitees vom Roten Kreuz, dessen als Ärzte und Schwestern verkleidete Insassen Kondome in die Menge warfen, gefolgt von Angestellten der nationalen Trinkwasserversorgung und der städtischen Friedhofsverwaltung, die auf der Laderampe eines LKW mit Schaufeln und Eimern scheppernden Lärm veranstalteten. Ein Platzregen von Getränkedosen, Knallfröschen und Konfetti ging auf die Straße nieder, und beim Versuch, eines der in Plastik eingeschweißten Kondome zu ergattern, krochen Krüppel und Bettler zwischen den Stoßstangen der Autos hin und her.

Die Musik der miteinander konkurrierenden Karnevalsorchester wurde durch Lautsprecher bis zur Schmerzgrenze verstärkt; B. stopfte sich Ohropax in die Ohren und fragte sich, wie die im Zug mitlaufenden Kinder, unter ihnen von ihren Geschwistern getragene Säuglinge, den Lärm überstanden, ohne Gehörschäden zu erleiden oder unter die Räder der Lastwagen zu geraten, die sich wild hupend ihren Weg bahnten, während Polizisten mit Schlagstöcken auf Zuschauer einprügelten, die nicht schnell genug die Straße frei machten. Daphne forderte B. auf, mit ihr zu tanzen, vielleicht war es auch Carmen, die ihren vibrierenden Hintern gegen seinen Unterleib drückte, aber es war unmöglich, der Einladung nachzukommen, weil eine üppige Matrone, die durch Drogen aufgeputscht oder von einem Voodoogott besessen war, sich mit dem ganzen Gewicht ihres Leibes zwischen sie warf. Umstehende fingen die Frau auf, aber sie lachte nur und wackelte mit ihren schweren Brüsten und ihrem fetten Hintern, der um eine außerhalb des Körpers befindliche Achse zu rotieren schien, bevor sie erneut Anlauf nahm und sich auf ihn stürzte wie eine Selbstmörderin, die vom Dach eines Hochhauses springt. Die Wucht des Aufpralls benahm ihm den Atem, die Frau war klatschnaß, ihr Schweißgeruch, in den sich ein anderes, typisch weibliches Aroma mischte, kam ihm bekannt vor, und B. erinnerte sich, bei einer Voodoo-Zeremonie mit einer Mambô getanzt zu haben, die ihn behext oder verzaubert hatte. Vielleicht hatte die Priesterin ein Aufputsch- oder Betäubungsmittel in seinen Rum gemixt, denn hinterher hatte er die Besinnung verloren und quälende Alpträume gehabt, die ihn noch wochenlang heimsuchten. »Sexueller Notstand«, sagte der deutsche Entwicklungsexperte und zog ihn unter der Besessenen hervor, die röchelnd auf ihm lag: »Nichts wie weg von hier!«

B. wußte nicht, ob er wach war oder träumte, während er sich wie ein Brustschwimmer, nein: Mähdrescher mit raumgreifenden Bewegungen durch die Menge pflügte, die sich wie ein Weizenfeld vor ihm öffnete und hinter ihm wieder schloß. In einiger Entfernung sah er den Kopf von Christophine auf den Ähren tanzen, die ihm mit rudernden Armen signalisierte, daß sie sich in Gefahr befand. *Bourik Chagé* versperrte B. den Weg, nicht die Botschafterin, sondern ein leibhaftiger Esel, der mit Bocksprüngen seine Ladung abzustreifen versuchte. Aber obwohl das Tier störrisch den Kopf zur Seite warf, mit Vorder- und Hinterhufen ausschlug und mit dem Schwanz die Luft peitschte, gelang es ihm nicht, seinen Reiter abzuschütteln, bei dem es sich um Wilbur Gray oder Toto Bonange zu handeln schien – vielleicht um beide zugleich. »Du bist eine Angsttänzerin, als Herbstzeitlose verkleidet / Im Kreis von toten Kriegern beschwingt dich Knochenmusik« – dieser Vers, auf dessen Herkunft er sich nicht besinnen konnte, drehte sich wie ein Mühlstein in B.s Kopf. Als er Christophine endlich eingeholt hatte, hielt er nicht seine Geliebte im Arm, sondern Matante Erzulie, die im Sterben lag oder schon gestorben war; eine Gasse öffnete sich in der Menge, und unter respektvollem Raunen der Umstehenden bettete B. die alte Dame, die plötzlich leicht wie ein Schmetterling war, in einen Schneewittchensarg, der neben einer frisch ausgehobenen Grube aufgebockt stand. Beim Blick in Babekans tränenüber-

strömtes Gesicht wußte er, daß Erzulies Tod kein böser
Traum gewesen war. »Während des Karnevals schweben
alle auf einer Wolke«, hatte Petit Pierre zum Abschied zu
ihm gesagt. »Aber wenn die Masken fallen und das künstliche Licht erlöscht, schlagen sie mit voller Wucht auf den
Betonboden der Realität.«

8 Die Beisetzung fand in aller Stille statt. Die Verstorbene hatte verfügt, daß keine Traueransprachen
gehalten werden sollten: Matante Erzulie hatte gerne und
viel geredet, und vielleicht war dies der Grund, warum sie
die Deutungshoheit über ihr Leben niemand anderem
abtreten wollte. Petit Pierre hielt sich nicht an die letzt-
willige Verfügung und setzte, neben dem offenen Grab
stehend, mit den Worten »Elle avait une portée de reine«
zu einer von rhetorischen Girlanden umschlungenen Fest-
ansprache an, die ein Stromausfall vorzeitig beendete: Ein
metallisches Knacken war zu hören, gefolgt von leerem
Rauschen zum Zeichen, daß das Mikrophon seinen Geist
aufgab. Obwohl Petit Pierre, als sei nichts geschehen,
unverdrossen weitersprach, gingen seine Worte im pietät-
vollen Gemurmel der Trauergemeinde unter, die über
knirschende Kieswege dem Ausgang zustrebte, wo Babekan sie, eine Thermoskanne mit Kaffee in der Hand, mit
verweintem Gesicht erwartete.

B. dachte nach über die täglich wiederkehrenden Handlungen, aus denen ein durchschnittliches Menschenleben
besteht, und kam auf die Zahl 32850 – Schaltjahre und
frühe Kindheit nicht mitgerechnet, in der Matante Erzulie von ihrer Amme versorgt worden war: 32850mal
hatte die Verstorbene sich an- und ausgezogen, Hände
und Gesicht gewaschen, Haare gekämmt und Zähne ge-
putzt. 32850mal hatte sie die Sonne auf- oder untergehen
sehen, und das war mehr, als das Schicksal den meisten
Bewohnern dieses Planeten zugestand; vielleicht war es
auch Gott, der jedem mit der Suppenkelle sein Maß zu-

teilte an verrinnender Zeit. Beim Gedanken an den mit
einer Suppenkelle hantierenden Weltenschöpfer lachte B.
leise auf und fühlte sich einverstanden mit Erzulies Tod,
als ihm jemand den Lauf einer Pistole zwischen die Schul-
terblätter drückte. »Keine Angst«, sagte eine Stimme,
die ihm bekannt vorkam, »es ist nur mein ausgestreckter
Zeigefinger«, und als B. sich umwandte, blickte er ins
Gesicht von Wilbur Gray, der wie ein Mafiakiller einen
Borsalino-Hut und eine dunkel getönte Brille trug.

»Unkraut vergeht nicht«, sagte der CIA-Resident,
»aber der Tod erwischt immer die Falschen: Ihre Freundin
Georgette zum Beispiel alias Christophine, die kürzlich
an Aids verstorben ist. Vermutlich hat sie sich mit einer
verseuchten Spritze infiziert. Dabei war sie so jung und
hübsch. Wie singt Bob Dylan doch so schön: ›She speaks
good English and takes everybody to her room.‹ – Aber
ich habe Ihnen noch gar nicht zum Tod Ihrer Tante kon-
doliert!«

Wilbur Gray reichte ihm die Hand, ein schlaffer Händedruck, durch den B. sich beschmutzt vorkam. Das einzig
Feste war der Siegelring an seinem Mittelfinger, ein hoch-
karätiger Diamant, so scharf geschliffen, daß man Glas
damit schneiden – oder jemandem die Kehle aufschlitzen
konnte. B. wischte sich die Handfläche an der Hose ab.
»Ich habe Ihre Matante gut gekannt«, setzte der CIA-
Mann hinzu. »Eigentlich habe ich kein Recht, diese
intime Anrede zu benutzen, denn Erzulie mochte mich
nicht, weil ich zuviel über sie wußte.«

»Wovon sprechen Sie?«

»Von der Personalakte Ihrer Tante beim OSS, dem
Vorläufer der CIA. Ihr Kodename war Cobra, und sie
arbeitete beidhändig, wie man auf kreolisch sagt, und
hat unsere Gegner ebenso geschickt an der Nase herum-
geführt wie uns.«

»Was meinen Sie damit?«

»Deutsche U-Boote, die in entlegenen Buchten landeten,
um Proviant an Bord zu nehmen, und deren Ankunft sie

erst meldete, wenn sie wieder das Weite gesucht hatten. ›Kein Grund zur Sorge‹, sagten die quisqueyanischen Bauern, die von dem Handel profitierten: ›Die Deutschen luden Bananen an Bord, und ihr Schiff ging sofort unter.‹ Kurz zuvor hatte Präsident Lescot den Achsenmächten den Krieg erklärt mit den Worten: ›Unsere Bombenflugzeuge werden den Himmel über Tokio und Berlin durchpflügen und –‹«

»Das habe ich schon mal gehört!«

»Später arbeitete Ihre Tante für den militärischen Abwehrdienst CIC. Das war zur Zeit des Mauerbaus in Berlin, als von Castro entsandte Guerilleros in Quisqueya landeten, um Big Boss Papa zu stürzen. Einer von ihnen war Erzulies Verlobter Achille Maillard.«

»Ich glaube Ihnen kein Wort!«

»Das haben meine Vorgesetzten auch gesagt, bevor sie mich nach Key West versetzten. Nicht in den einstweiligen, sondern in den endgültigen Ruhestand. Aber vorher ist es mir gelungen, Toto lebend hier herauszuschleusen. Toto Bonange war unser bester Mann, und es war nicht einfach, ihm eine neue Identität zu verpassen. Seine FRAP-Mitgliedskarte können Sie als Souvenir behalten. *History is bunk*, wie Churchill zu sagen pflegte – oder hat Roosevelt das gesagt?«

9 Hertz, Avis, Budget, Dollar-Rent-A-Car – die Mietwagenschalter waren geschlossen, als B. nach Mitternacht durch eine Schiebetür, die automatisch aufglitt und sich hinter ihm wieder schloß, das unter dem Flughafen gelegene Parkhaus betrat. Die Boeing 747 war mit zweistündiger Verspätung in Miami gelandet, und bei der Gepäckkontrolle hatte man ein fest verschnürtes Paket in seinem Koffer entdeckt, das ein verdächtig riechendes Pulver enthielt: Vergeblich hatte B. dem aus Nicaragua stammenden Zollbeamten klarzumachen versucht, daß es sich um getrocknete Pilze handelte, die Babekan ihm als

Geschenk mitgegeben hatte, weil ein Leben ohne Djondjon in ihren Augen nicht vorstellbar war. Selbst wenn die fragliche Substanz kein Rauschgift sei, hatte der Zollbeamte ihm erklärt, habe B. nicht das Recht, landwirtschaftliche Produkte undeklariert in die Vereinigten Staaten einzuführen. B. war zu müde, um mit dem Nicaraguaner zu streiten, und verlangte dessen Vorgesetzten zu sprechen, der den Disput zu seinen Gunsten entschied mit dem Hinweis, nur frisches Fleisch, Obst und Gemüse unterlägen dem Einfuhrverbot.

Am Ende des Korridors brannte trübes Licht über dem Schalter der Mietwagenagentur Alamo, und während B. das ihm vorgelegte Formular ausfüllte, dachte er an den Waldläufer Davy Crockett, der die Festung Alamo zusammen mit James Bowie, dem Erfinder des Bowiemessers, gegen die Übermacht des mexikanischen Generals Santa Ana verteidigt hatte – bis zum letzten Blutstropfen. Davy Crockett und James Bowie waren die Helden seiner Kindheit gewesen, und obwohl er keine mit Waschbärschwanz verzierte Pelzmütze auf dem Kopf und kein Bowiemesser am Gürtel trug, kam er sich wie ein Trapper und Waldläufer vor, während er den Mietwagen über die von Peitschenmasten erhellte Stadtautobahn zur Calle Ocho lenkte, auch Little Havanna genannt: ein ehemaliger Rotlichtbezirk, wo es die ganze Nacht hindurch warmes Essen gab. B. bestellte ein Sandwich Cubano, das besser schmeckte als im heruntergewirtschafteten Kuba, und trank eine fingerhutkleine Tasse sündhaft süßen Kaffees. Hinterher fühlte er sich wunderbar gestärkt und erfrischt, und weil zu dieser nachtschlafenden Zeit keine Autos unterwegs waren, nahm B. sich vor, auf dem Highway Number One in südlicher Richtung weiterzufahren, um im Morgengrauen am Zielort einzutreffen. Nach einer halben Stunde – das Stadtgebiet von Miami lag eben erst hinter ihm – ließ die Wirkung des Kaffees nach. Er warf zwei 25-Cent-Münzen in einen Zählautomaten, eine elektronische Barriere öffnete sich, und gähnend steuerte er den Wagen auf einen Parkplatz am Strand. JOHN PENNECAMP CORAL REEF STATE PARK las B. mit zufallenden Augen und sank in ohnmachtähnlichen Schlaf, in dem ein Alligator laut schmatzend die Reifen des geparkten Autos fraß, was ihn nicht im geringsten störte, sein Wohlbefinden sogar noch steigerte, denn B. erinnerte sich, irgendwo gelesen zu haben, Kautschuk sei für Krokodile eine Delikatesse. Aber was war der Unterschied zwischen einem Alligator und einem Krokodil? Diese Frage konnte er selbst in wachem Zustand nicht beantworten, noch weniger im Schlaf.

Vogelgesang weckte ihn. B. badete im Meer. Er watete durch knietiefes Wasser, in dem von der Dünung bewegtes Seegras trieb, zu einem vorgelagerten Riff und ließ sich hinaustreiben bis zu einer mit roter Signalflagge gekennzeichneten Boje, die anzeigte, daß Weiterschwimmen verboten war. B. duschte kalt und fuhr in ein Drive-In Restaurant, wo er der Sprechanlage seine Wünsche mitteilte und, ohne sein Auto zu verlassen, das bestellte Frühstück ausgehändigt bekam: ein Vorgang, der einer gewissen Eleganz nicht entbehrte, wie B. sich wider Willen eingestand. Das Lächeln der Puertoricanerin, die ihm mit den Worten *Have a nice day, honey!* einen Styroporbecher Kaffee und eine Papiertüte mit Bagels ins Wageninnere reichte, hatte diesen Sinneswandel bewirkt, denn wie die meisten Europäer hatte er Vorurteile gegen Fast Food. Die Fahrbahn verengte sich zu einer zweispurigen Straße, die wie ein römisches Aquädukt eine Lagune überquerte; links und rechts Mangroven, auf deren Luftwurzeln Kormorane hockten, dahinter Sandbänke und offenes Meer, über dem Möwen und Pelikane schwebten.

In einem Laden für Fischereibedarf kaufte B. die Tatwaffe, einen Anglerdolch mit stählernem Griff, um den zappelnden Fisch mit einem Nackenschlag zu töten, ihm den Bauch aufzuschlitzen, die Innereien zu entfernen und mit der gezackten Klinge die Haut abzuschuppen. Irgendwo hatte er gelesen, daß ein richtiger Mann einen Baum pflanzen, ein Kind zeugen und einen Faschisten töten sollte – stammte dieser Gedanke von George Orwell oder von Ernest Hemingway?

B. hatte immer schon einen Menschen töten wollen, aber so einfach hatte er es sich nicht vorgestellt. Wilbur Gray kehrte ihm den Rücken zu. Er saß auf einem Bootssteg und angelte. Vielleicht aß er auch ein Sandwich oder las ein Buch. Auf einem Beistelltisch stand ein Tablett mit einem Cocktailshaker und einer Zeitung, auf der ein Revolver lag, ein 45er Colt genauer gesagt. Der Lauf der Waffe wies auf die Schlagzeile, in der von quisqueyanischen Boat People die Rede war, deren Schiff in Sichtweite der Küste gekentert war. Seit seiner Pensionierung schien Wilbur Gray um Jahre gealtert zu sein. Seine abstehenden Ohren sahen wächsern und durchsichtig aus, als sei er schon lange tot. Nur die aus den Ohrmuscheln wachsenden, vom Wind bewegten Haare deuteten darauf hin, daß es sich nicht um eine Mumie oder einen Zombie handelte, sondern um einen alten Mann in Betrachtung des Meeres, über dem blutrot die Sonne unterging.

B. langte nach dem Revolver, ließ die Trommel einrasten und richtete die Waffe auf den CIA-Agenten, der überrascht aufblickte. Er schien weniger erschrocken als erleichtert zu sein, froh, daß die Ungewißheit zu Ende war. »Wie haben Sie meinen Aufenthaltsort herausgefunden? Und wer schickt Sie? In wessen Auftrag handeln Sie? Titid? General Cédras? Oder Polizeichef Michel François? Nein, keiner der drei – ich ahne, wer dahintersteckt. Das FBI hat Sie in Marsch gesetzt, weil ich zuviel weiß über die Verbindungen zwischen Drogenmafia und Polizei. Der Feind meines Feindes ist mein Freund, Sie wissen schon! Nur eines verstehe ich nicht: Wieso hat man ausgerechnet Sie beauftragt, einen Amateur, der hoffnungslos überfordert ist mit diesem Job? Also, wer hat Sie auf mich angesetzt? Das Medellin-Kartell oder die CIA?«

»Keiner von beiden«, hörte B. sich sagen und spannte den Abzugshahn. »Gott schickt mich!«

Wilbur Gray bog sich vor Lachen. Erst jetzt bemerkte B., daß der CIA-Mann im Rollstuhl saß, aber die Einsicht kam zu spät, sein Zeigefinger krümmte sich um den Abzug, und es war nicht klar, ob Wilbur Gray einen Bauchschuß abbekommen hatte oder sich den Bauch vor Lachen hielt.

»Das ist der beste Witz, den ich je gehört habe, und ich weiß nicht, worüber ich mehr lachen soll, über meinen ungeladenen Revolver oder über Ihre Bekehrung zum Christentum. Der liebe Gott persönlich hat Ihnen die Waffe in die Hand gedrückt: ›Hier, nimm das – klick klick!‹« Der Lachkrampf ging über in einen Hustenanfall.

»Spaß beiseite«, fuhr der CIA-Agent fort, nachdem er tief durchgeatmet hatte. »Ich lade Sie zu einem Sundowner ein, siebzehn Jahre alter Rum mit Eis und Limone, passend zum Sonnenuntergang. Danach zeige ich Ihnen ein Gutachten über den Geisteszustand Ihres Freundes, des Priester-Präsidenten, aus den Archiven des Vatikans – *top secret*, versteht sich – und erzähle Ihnen alles, was Sie über Quisqueya nie haben wissen wollen!«

Achtes
Kapitel

»Wer alles will, will sich vor allen mächtig
Indem er siegt, lehrt die andern streiten
Bedenkend macht er seinen Feind bedächtig
So wachsen Kraft und List nach allen Seiten ...«
Goethe, Des Epimenides Erwachen

1 Die Französische Revolution war mir als wandernder
Schatten gefolgt, und wie beim Wettlauf von Hase
und Igel rief sie an jeder tropischen Küste, an der ich
aus meinem Beiboot an Land watete, triumphierend ihr
»Ik bün alldo!« Mit Revolution meine ich die rasante
Beschleunigung von Raum und Zeit, die nicht nur den
Kalender auf den Kopf stellte, sondern auch die Geographie durcheinanderwirbelte: Die Alte wurde zur Neuen
Welt, Paris und Saint Domingue tauschten die Plätze,
die Septembermorde in den Tuilerien und die Hinrichtung des Königs wiederholten sich auf den Straßen von
Cap Français, das in Cap Républicain und später in Cap
Haïtien umbenannt wurde. Auf die Tragödie folgte die
Farce und auf diese der Furz, aber so weit sind wir noch
nicht, denn die Epoche der Umbenennungen war noch
nicht vorbei, der September hieß weiterhin Vendémiaire,
der Oktober Brumaire, und nachdem er am 18. Brumaire
des Jahres VIII die Revolution für beendet erklärt hatte,
setzte Napoleon Bonaparte seine Kriegsflotte in Marsch,
um Toussaint Louverture, diesen mit einer Gala-Uniform
geschmückten Affen, mit ein paar in die Luft gefeuerten
Schüssen ins Meer zu treiben, wie der Korse, der sich zum
Konsul ernennen und später zum Kaiser krönen ließ,
seiner Gattin Joséphine erklärte, deren Familie bekanntlich Land und Sklaven in den Kolonien besaß. Doch ich

habe mich allzuweit vom Ausgangspunkt meiner Geschichte entfernt, deren Ursprünge ebenso im Dunkel liegen wie das katastrophale Ende, auf das sie zusteuert, eine Nacht, die weder der Scheinwerfer der Aufklärung noch die Taschenlampe des Historikers zu erhellen vermag. Das Dichterwort *Wirklich, ich lebe in finsteren Zeiten!* hatte schon damals Gültigkeit.

Während die Bevölkerung von Saint Domingue wie das von der Schlange hypnotisierte Kaninchen auf die Ankunft der Flotte wartete – die Schwarzen voller Angst vor der Wiedereinführung der Sklaverei, die Weißen in der Hoffnung auf Rückgabe ihres konfiszierten Eigentums –, blieb Toussaint Louverture nicht untätig. Im Schatten eines uralten Mapoubaums, unter dem schon die Kaziken Gericht gehalten hatten – vielleicht schlängelte sich deshalb eine Python durchs Geäst –, empfing der Gouverneur seine Untergebenen Dessalines und Christophe, mit denen er die nach der Landung der Invasoren einzuschlagende Strategie besprach, nicht auf französisch oder kreolisch, sondern in der Fon-Sprache Dahomeys, damit kein Unbefugter seine Weisungen verstand. *Vorsicht, Feind hört mit!* Was Toussaint Louverture nicht bedachte, war die seit Adam und Eva bekannte Tatsache, daß Schlangen von Natur aus falsch und verschlagen sind. Der Geist des Bösen inkarnierte sich in dem Tier – vielleicht war es auch die Seele seines Neffen Moïse, der auf seinen Befehl füsiliert worden war –, und jedesmal, wenn er mit dem Ruf *Freiheit oder Tod!* die Unterredung beendete, glitt die Schlange geräuschlos vom Baum herab und wisperte mir die geheimen Instruktionen ins Ohr, die der Generalgouverneur seinen Untergebenen erteilte und die ich durch vertrauenswürdige Boten ans Oberkommando der vor der Küste kreuzenden Flotte übermittelte. Demzufolge plante der schwarze Napoleon, seinen weißen Gegenspieler schachmatt zu setzen mit einer Taktik der verbrannten Erde, die schon der Sklavenrevolte von 1791 zum Sieg verholfen hatte: Toussaint Louverture befahl

seinen Offizieren, alle Brunnen zu vergiften, die Zuckerrohrfelder anzuzünden, die Städte niederzubrennen und
sich an der Spitze ihrer Truppen in die Berge zurückzuziehen, um hier den Beginn der Regenzeit abzuwarten,
die mit Gelbfieber und Malaria die Reihen der Angreifer
lichten würde. Anschließend hätten seine schwarzen Grenadiere – die Bezeichnung Neger hatte die Revolution aus
dem Wörterbuch gestrichen – mit den durch Krankheiten
dezimierten Invasionstruppen leichtes Spiel. Aber weder
Admiral Villaret-Joyeuse, ein ehemaliger Aristokrat, den
nur Robespierres Sturz vor dem Schafott gerettet hatte,
noch General Leclerc, der Oberbefehlshaber der Armee,
nahmen meine Warnungen ernst: Letzterer glaubte, es
handle sich um eine Falschmeldung, mit der Toussaint
Louverture, dem er keinerlei Denkfähigkeit zubilligte,
ganz zu schweigen von militärischer Strategie, die Landung der Flotte verhindern wolle. So bewies Leclerc, der
sich in Anspielung auf Christoph Kolumbus Generalkapitän nennen ließ, noch vor Beginn des Feldzugs seine
Inkompetenz, was Spekulationen nährte, Napoleon hätte
seinen ungeliebten Schwager nach Saint Domingue geschickt, um nach dessen Tod die inzestuöse Beziehung
mit seiner Schwester Pauline wiederaufzunehmen –
Gerüchte aus der Giftküche der britischen Propaganda,
denen außer mir niemand Glauben schenkte.

2 »*Der erste Konsul an die Einwohner von Saint Domingue:* Welches auch euer Heimatland und die
Farbe eurer Haut sei, ihr seid alle Franzosen, ihr seid alle
frei und vor Gott und Menschen gleich. Frankreich ist
wie Saint Domingue zur Beute selbstsüchtiger Parteien
geworden und hat sich durch innere Kämpfe und auswärtige Kriege zerfleischt. Aber jetzt hat sich alles geändert, ganz Europa ist Frankreich mit Wohlwollen zu-
getan und hat ihm Frieden und Freundschaft gelobt, alle
Franzosen umarmen einander in Liebe und haben der

Revolution abgeschworen, um Freunde und Brüder zu sein. Empfangt auch ihr eure Mitbürger voller Innigkeit und heißt sie als Freunde und Brüder willkommen!

Die Regierung schickt euch den General Leclerc; er führt bedeutende Streitkräfte mit sich, um euch beizustehen im Kampf gegen die Feinde der Republik. Wenn jemand zu euch sagt: ›Diese Streitkräfte sind dazu bestimmt, uns die Freiheit zu rauben‹, so antwortet ihm: ›Die Republik wird niemals zulassen, daß sie uns geraubt werde!‹

Sammelt euch um den Generalkapitän; er bringt euch Wohlstand und Frieden. Sammelt euch um ihn. Wer seine Waffen gegen Frankreich erhebt, ist ein Vaterlandsverräter, und der Zorn der Republik wird ihn vernichten, wie die Flamme das trockene Zuckerrohr verzehrt.

Gegeben in Paris, im Regierungspalast, am 17. Brumaire im Jahre X der Einen und Unteilbaren Republik. Der Erste Konsul *Bonaparte*«

Die Proklamation hatte zweieinhalb Monate gebraucht, um den Atlantischen Ozean zu überqueren, da die französische Flotte in der Biskaya in einen Sturm geriet und wertvolle Zeit verlor, um vorausgefahrene Schiffe einzuholen und auf zurückgefallene zu warten. Genauso erging es mir mit Toussaint Louverture, der, durch britische Agenten über Bonapartes Pläne informiert, eine hektische Aktivität entfaltete und sich durch Verabredungen, die er nicht einhielt, meinen Nachstellungen entzog, als habe er geahnt, daß sein treu ergebener Sekretär ein Spion und Verräter war. Obwohl der schwarze Napoleon besser Kreolisch als Französisch sprach und nicht ohne fremde Hilfe lesen und schreiben konnte, verfügte er über einen messerscharfen Verstand, gepaart mit tiefsitzendem Mißtrauen gegenüber Freunden und Untergebenen, denen er, durch Erfahrung gewitzt, jede mögliche Schandtat zutraute. »Wir sind verloren«, sagte Toussaint Louverture, als ich ihn nach tagelanger Verfolgungsjagd endlich einholte, »ganz Frankreich kommt nach Saint Domingue, um uns zu unterwerfen!«

Wir ritten mit verhängten Zügeln über das Vorgebirge von Samana, mit Blick auf die gleichnamige Bucht, in der eine Armada von Kriegsschiffen kreuzte, angeführt von einer Fregatte, über deren vom Wind geschwellten Segeln die Trikolore flatterte. Zur gleichen Zeit sammelte sich das zweite Flottenkontingent, mit 15000 Grenadieren der Grande Armée an Bord, vor der Reede von Cap Français. Ein Donnerschlag war zu hören, und erst als aufgewühlte Erde mir um die Ohren spritzte und mein Pferd sich wiehernd auf die Hinterbeine stellte, begriff ich, daß es sich nicht um ein fernes Gewitter handelte, sondern um eine Kanonenkugel, die mich fast vom Sattel gefegt hätte. »Machen Sie Leclerc klar«, sagte Toussaint Louverture, ohne sich aus der Ruhe bringen zu lassen, »daß er mit mir ganz Saint Domingue verliert. Wir haben die Waffen ergriffen für die Freiheit unserer Hautfarbe, und Frankreich hat kein Recht, uns in die Sklaverei zurückzustoßen. Unsere Freiheit gehört ihm nicht mehr, sie ist unser Eigentum, das wir bis zum letzten Blutstropfen verteidigen!«

Am nächsten Morgen übergab ich dem Adjutanten des Generalkapitäns, Oberst Vincent, einen Brief, den Toussaint Louverture mir am Vorabend diktiert hatte, rastlos auf und ab schreitend, mit auf dem Rücken verschränkten Händen und tief in die Stirn gezogenem Hut: Im Schein der untergehenden Sonne sah er aus wie ein vom Tode auferstandener Wiedergänger Bonapartes, dessen Haut sich im Grab schwarz verfärbt hatte – der Glaube an Zombies, lebende Tote, war schon damals verbreitet, und nicht zum ersten Mal dachte ich, der weiße und der schwarze Napoleon seien ein und dieselbe Person. Das Schreiben hatte folgenden Wortlaut:

»Toussaint Louverture an Leclerc:

Bürger General! Sie sind gekommen, um sich durch die Gewalt der Kanonen zu meinem Nachfolger aufzuwerfen. Warum haben Sie mir den Brief des Ersten Konsuls erst drei Monate nach seinem Datum aushändigen lassen? Und warum rücken Sie unsere verfassungsmäßigen Rechte und Freiheiten durch die Eröffnung von Feindseligkeiten in ein schiefes Licht? Diese Rechte, Bürger General, erlegen mir Pflichten auf, die gebieterischer sind als die Stimme der Natur. Ich bin bereit, der Freiheit meines Volkes die eigenen Kinder zu opfern, und schicke Ihnen meine auf Staatskosten erzogenen Söhne zurück, damit Sie nicht glauben, Bürger General, daß ich durch familiäre Rücksichten an Frankreich gebunden bin!

Ihr Vorgehen steht im Widerspruch zu den Worten des Ersten Konsuls. Sie sind wie ein Donnerschlag in Saint Domingue eingefallen und haben mir Ihren Auftrag nur durch Kampfhandlungen zu erkennen gegeben. Der Erste Konsul kündigt mir Frieden an, und Sie führen Krieg gegen mich. Dabei kann ich nicht vergessen, daß ich ebenfalls Waffen trage. Wenn Sie aufrichtig Frieden wünschen, Bürger General, brauchen Sie nur den Vormarsch Ihrer Truppen zu stoppen. Das ist der beste Weg, um die aufgebrachten Gemüter zu beruhigen und die Kolonie vor der Zerstörung zu bewahren!

Gruß und Achtung *Toussaint Louverture*«

Nach der Lektüre dieses Briefes bekam Leclerc einen Wutanfall – so hat Oberst Vincent es mir später erzählt. Er schloß sich in seine Kajüte ein und war stundenlang für niemanden zu sprechen, nicht einmal für den Admiral, der vergeblich an der verschlossenen Tür rüttelte. Vielleicht dämmerte dem Generalkapitän in diesem Augenblick, daß die Rückeroberung von Saint Domingue kein Sonntagsspaziergang war und keine Treibjagd auf Füchse und Hasen, die vor den Grenadieren der Grande Armée in Panik Reißaus nehmen und unter gefällten Bajonetten um Gnade winseln würden. Und vielleicht beschlich ihn zum ersten Mal der Verdacht, daß der Erste Konsul ihn mit einem Himmelfahrtskommando betraut hatte, um einen Konkurrenten loszuwerden, der sich in der Schlacht von Hohenlinden, unter dem Kommando seines Rivalen General Moreau, ehrenhaft ausgezeichnet hatte, was Leclerc in Napoleons Augen nicht unbedingt empfahl. Erst als seine Gattin ihn mit tränenerstickter Stimme um eine Unterredung bat, öffnete der Generalkapitän die Tür und fand in Paulines Armen (vielleicht war es auch ihr üppiger Busen oder ihr von dem Bildhauer Canova modellierter Schwanenhals) die verlorene Tatkraft zurück: ein lebender Beweis für die elektrisierende Wirkung des Namens Bonaparte – heute sagt man Charisma dazu.

Nach dem bewährten Motto: *Getrennt marschieren, vereint schlagen,* befahl Leclerc, Kurs zu nehmen auf Cap Français, aber das war leichter gesagt als getan: Die Schiffe mußten gegen Wind und Wellen kreuzen – an der Nordküste Hispaniolas weht im Winter eine steife Brise, die schon das Flaggschiff des Kolumbus, die *Santa Maria*, zum Kentern gebracht hatte, und die Flotte erreichte erst mit einwöchiger Verspätung den Sammelpunkt: Wertvolle Zeit, die den Feinden Frankreichs zugute kam – an der Treulosigkeit von Toussaint Louverture hegte General Leclerc keinen Zweifel mehr.

Am nächsten Morgen schickte er seinen Adjutanten Oberst Vincent mit der Weisung an Land, sich auf keinerlei Diskussionen einzulassen und den Kommandanten von Cap Français, einen ehemaligen Schiffskoch namens Christophe, in ultimativem Ton zur Übergabe der Stadt aufzufordern. Nach Einbruch der Dunkelheit – Vincent mußte stundenlang in einem von der Mittagssonne aufgeheizten Vorzimmer warten, wo er vor Hitze fast die Besinnung verlor – überbrachte der Oberst ihm einen Brief, den der Stadtkommandant nicht selbst verfaßt haben konnte, weil er des Lesens und Schreibens unkundig war und mehr von der Zubereitung von Saucen als von militärischen und politischen Fragen verstand. Wahrscheinlich, mutmaßte Leclerc, hatte der Drahtzieher der Verschwörung, Toussaint Louverture, ihm den Brief in die Feder diktiert – daß *ich* meine Hand im Spiel gehabt hatte, wußte er nicht.

»Ich habe die Ehre, Ihnen mitzuteilen«, schrieb Christophe, »daß ich Ihnen die meinem Kommando unterstellte Stadt erst ausliefern kann, wenn ich den Befehl dazu von Toussaint Louverture erhalten habe, der mich auf diesen Posten berufen hat. Ich möchte gern glauben, daß ich es mit Franzosen zu tun habe und daß Sie Befehlshaber der sogenannten Expeditionsarmee sind, aber zuvor muß ich die Weisungen des Gouverneurs abwarten, zu dem ich einen Adjutanten geschickt habe, um ihm Ihre Ankunft zu melden. Sollten Sie Ihre Drohung wahrmachen und Gewalt anwenden, werde ich Ihnen jenen Widerstand entgegensetzen, der eines Generals würdig ist, und sollte das Los der Waffen Ihnen günstig sein, werden Sie die Stadt nur in Rauch und Asche betreten, und auf ihren glühenden Trümmern werde ich weiter gegen Sie kämpfen! Cap Français, den 12. Pluviôse X, *Christophe*«

Nach der Lektüre des Texts bekam Leclerc erneut einen Wutausbruch. Er habe es satt, sagte er, mit dem geöffneten Briefumschlag wedelnd – es war stickig schwül in der Kajüte, und nach der Hitze des Tages war Vincent einer Ohnmacht nahe –, er habe es satt, sich von Lakaien, die sich als Herren aufspielten und von Frankreich nur die Galle, aber nicht den Geist geerbt hätten, auf der Nase herumtanzen zu lassen. »Wir haben die Jakobinerherrschaft in Paris nicht beendet, um ihr einen festen Stützpunkt in Saint Domingue zu verschaffen«, rief der Generalkapitän und trat auf Vincent zu, der erschrocken zurückwich. Und er klatschte seinem Adjutanten die flache Hand ins Gesicht, um eine Stechmücke zu töten, die sich an dessen schweißnasser Stirn festgesaugt hatte. »Machen Sie Christophe klar«, setzte Leclerc hinzu, während Vincent sich mit dem Taschentuch das Blut von der Stirn tupfte, »daß ich über genügend Streitkräfte verfüge, um jeden Aufruhr im Keim zu ersticken. Bei Tagesanbruch gehen 15000 Grenadiere an Land, und sein Schicksal ist besiegelt, wenn er mir die Stadt mitsamt den Küstenbatterien nicht kampflos übergibt.«

Im selben Augenblick war ein Donnerschlag zu hören, gefolgt von einer Serie naher und ferner Detonationen, und Vincent traute seinen Augen nicht, als er durchs feucht beschlagene Bullauge eine Rakete über der nachtdunklen Bucht aufsteigen sah, deren Lichtschein sich auf den Wellen spiegelte, bevor sie ins Wasser einschlug und zischend erlosch. Hatte Toussaint Louverture sich eines Besseren besonnen und ließ ein Feuerwerk abbrennen, um die Franzosen als Freunde willkommen zu heißen? Oder verweigerte Christophe ihm den Gehorsam und handelte auf eigene Faust? Der Himmel über Cap Français war taghell erleuchtet, ein Reigen von Raketen stieg von den Dächern auf, und erst als glühende Holzscheite auf Deck niederprasselten und beißender Qualm ihm in die Nase stieg, begriff Vincent, was die Stunde geschlagen hatte: Die Rebellen hatten die Bewohner aus ihren Häusern verjagt und die Stadt angezündet; bevor sie sich in die Berge zurückzogen, sprengten sie das Pulvermagazin und machten die zurückgelassenen Geschütze unbrauchbar.

»Toussaint Louverture ist der Nero unserer Zeit«, sagte Leclerc, der, ohne sich um die ringsum aufflackernden Brände zu kümmern, mit ausgezogenem Fernrohr an der Reling stand und die vom Widerschein der Flammen erhellte Küste beobachtete. »Ich wüßte gar zu gerne, was in seinem Affenhirn jetzt vorgeht. Vermutlich sitzt er dort drüben in der Dunkelheit und wärmt sich die Pfoten an der Feuersbrunst, die seine Soldateska zu unserem Empfang entfacht. Hier, sehen Sie selbst!« Und er reichte seinem Adjutanten das Fernrohr. Aber außer dem nachtschwarzen Himmel, durch den wie Leuchtkäfer Funken stoben, war nichts zu erkennen, und Vincent drehte vergeblich an der Sehschärfe, bis er es sich angesichts der glühenden Decksplanken anders überlegte und zu einem mit Wasser gefüllten Eimer griff. Es war höchste Zeit, denn das Feuer umschwelte die Stiefel des Generalkapitäns und loderte an seinem Feldherrnmantel empor, ohne daß Leclerc die sich nähernde Gefahr zur Kenntnis nahm.

3 Am nächsten Morgen zog die Armee im Triumphzug in Cap Français ein: Das Paris der Antillen hatte
sich in einen rauchenden Trümmerhaufen verwandelt,
der die marschierenden Regimenter mit grauer Asche
überzog; nur in Lumpen gekleidete Elendsgestalten waren
in der zerstörten Stadt zurückgeblieben und stöberten
wie Aasgeier oder Coyoten in den ausgebrannten Ruinen
herum. Leclerc hatte Mitleid mit den Armen und ließ
Essensrationen an sie austeilen, ohne zu ahnen, daß es
sich um von Toussaint Louverture entsandte Spione und
Saboteure handelte.

Der nun beginnende Feldzug ähnelte einer Treibjagd,
bei der die französische Armee nicht der Treiber, sondern
der Getriebene war. General Leclerc war Herr des Landes,
aber seine Soldaten kontrollierten nichts außerhalb der
Reichweite ihrer Gewehre. Die Zerstreuung des Gegners,
der keinen regulären Widerstand leistete, machte es unmöglich, diesen zu vernichten. Wie bei einer hundertköpfi-
gen Hydra erneuerte sich seine Kraft mit jedem Schlag,
den die Armee gegen ihn führte. Der Feind blieb unsicht-
bar, aber ein Befehl von Toussaint Louverture genügte,
um das ganze Land mit ihm zu überziehen. Der Krieg
bestand nur noch in der ständigen Bewegung der Beine;
dazu das glühendheiße Klima, das mörderischer wirkte
als Gewehrfeuer und Kanonen. Das militärische Ver-
dienst bestand nicht mehr in der Unerschütterlichkeit,
mit der die Regimenter dem Artilleriebeschuß trotzten;
es bestand darin, einen abschüssigen Hang zu erklettern,
einen überschwemmten Bach zu durchwaten, der sich in
einen reißenden Strom verwandelt hatte, bis zur Hüfte
in den Schlamm der Sümpfe einzutauchen, die Stiche
der Kakteen, stachliger Nesseln und giftiger Insekten zu
ertragen, ständig von Regen, Flußwasser oder Schweiß
durchnäßte Kleider zu tragen und nachts auf feuchter
Erde zu schlafen. Leclercs Grenadiere liefen als lebende
Zielscheiben herum, ohne den Feind zu Gesicht zu bekommen und zum Kampf zu stellen.

Die Verluste seiner Armee waren so bedeutend, daß sie den Generalkapitän mit Sorge erfüllten. Er bat das Marineministerium um Nachschub an Waffen und Munition und schrieb seinem Schwager Bonaparte, daß er dringend frische Truppen benötige sowie Ärzte und Medikamente, um den Ausbruch einer Gelbfieberepidemie zu verhindern. Dabei wußte Leclerc, daß die Überfahrt von Saint Domingue nach Europa sechs Wochen dauerte und daß vor Ende der Regenzeit, die die Ausbreitung der Seuche begünstigte, keine Hilfe zu erwarten war.

In dieser verfahrenen Situation besann der Generalkapitän sich auf mich, genauer gesagt auf die konspirativen Berichte, mit denen ich ihn über die Verteidigungsstrategie der Schwarzen informiert und vor unüberlegtem Vorgehen gewarnt hatte. Bekanntlich gilt der Prophet nichts im eigenen Land, und wer zu früh kommt, den bestraft das Leben. Doch die Einsicht kommt nie zu spät. Leclerc schickte Vincent als Unterhändler zu Toussaint Louverture und unterbreitete ihm ein Waffenstillstandsangebot: Als Gegenleistung für die Einstellung der Kämpfe erklärte er sich bereit, die Verfassung von Saint Domingue anzuerkennen und den Gouverneur auf seinem Posten zu belassen zusammen mit den von Toussaint Louverture eingesetzten Kommandeuren. Daneben hatte der Oberst einen Geheimauftrag, Plan B genannt, dessen Details er mir nach Abschluß der Verhandlungen in einem Gespräch unter vier Augen erläuterte: Es ging um Mittel und Wege, den schwarzen Napoleon unschädlich zu machen, und *ich* sollte ihm bei seinem machiavellistischen Komplott behilflich sein.

4 Toussaint Louverture war krankhaft mißtrauisch, und um seine Vorsichtsmaßregeln zu unterlaufen, streute ich das Gerücht, er beabsichtige, Dessalines und Christophe verhaften zu lassen, um sich so Leclercs Wohlwollen zu erkaufen. Auf dicse Weise säte ich Mißtrauen zwischen dem Gouverneur und seinen Untergebenen; jeder ist sich selbst der Nächste im Augenblick der Gefahr, und sie unternahmen nichts, um ihn vor der Intrige zu warnen, deren feinmaschiges Netz sich immer enger um ihn schlang. Nach Unterzeichnung des Waffenstillstands zog Toussaint Louverture sich in sein Landhaus zurück, das ihm eine weiße Gönnerin, Madame Desdunes, vor Jahren geschenkt hatte, um ihre Güter vor der Konfiskation zu bewahren. Von hier aus spann der Gouverneur seine Intrigen und lenkte die Aktionen des Widerstands, während ich seine Absichten an seine Gegner verriet und so, ohne daß er dies merkte, seine befestigte Position untergrub.

Der Kanton Ennéry, in dem sich das Landhaus befand, wurde überschwemmt mit französischen Truppen, die Pferde und Vieh requirierten; die Bevölkerung beklagte sich, und Toussaint Louverture machte sich ihre Beschwerden zu eigen – genau das wollte man. General Leclerc, an den er eine Eingabe richtete, antwortete ihm umgehend, er sei hocherfreut, dem Gouverneur einen Gefallen tun und dem Kanton Ennéry Erleichterung verschaffen zu können. Er wollte von ihm wissen, welche Kantone für die Stationierung französischer Truppen geeignet seien, und ersuchte ihn um Hilfe beim wirtschaftlichen Wiederaufbau der Kolonie.

Toussaint Louverture lief blindlings in die von Leclerc gestellte Falle; die Anerkennung des Generalkapitäns schmeichelte ihm, und die Eigenliebe setzte seinen Argwohn außer Kraft: »Was für ein Mensch ist dieser Leclerc«, rief er, als ich ihm den Antwortbrief vorlas: »Er glaubt, alles besser zu wissen, und bittet doch den alten Toussaint um Rat!«

Zur festgesetzten Stunde fand er sich, wie vereinbart, ohne bewaffnete Eskorte in dem als Treffpunkt vereinbarten Landgut von Madame Desdunes ein, die ihn im Kreise ihrer Töchter auf der von Bougainvilleas umrankten Balustrade ihres Hauses erwartete. Toussaint Louverture glaubte an ein amouröses Rendezvous; vor Jahren hatte Madame Desdunes ihn auf den Knien um die Schonung ihres Besitzes angefleht, und die Erinnerung an ihr tief ausgeschnittenes Dekolleté setzte alle Sicherheitsvorkehrungen außer Kraft. Trotz des buschigen Schnurrbarts, den Madame Desdunes trug, und trotz der zwei geladenen Pistolen unter ihrer Empirebluse beugte sich Toussaint Louverture nieder, um ihre Hand zu küssen, die ihm seltsam behaart vorkam und statt des erhofften Liebesbriefs einen von Napoleon ausgefertigten Haftbefehl umschloß. Als er seinen Irrtum bemerkte, war es zu spät, und die Venusfalle war zugeschnappt. »Sie sind verloren«, sagte Oberst Vincent, der sich unter dem Witwenkostüm verbarg, während als junge Mädchen verkleidete Grenadiere ihre Waffen auf den Gouverneur richteten: »Jeder Widerstand ist zwecklos, das Haus von Truppen umstellt. Geben Sie mir Ihren Degen, General. Ihre Uhr ist abgelaufen, Sie sind nichts mehr in Saint Domingue!«

Toussaint Louverture wurde in Ketten an Bord der Fregatte *Le Héros* gebracht, die noch am gleichen Tag nach Frankreich auslief. Beim Betreten des Schiffes richtete er an dessen Kommandanten, Divisionschef Savary, die folgenden, denkwürdigen Worte, die später in zahlreiche Denkmalsockel gemeißelt wurden: »Ihr habt den Freiheitsbaum der Schwarzen gefällt, aber seine Wurzeln werden erneut ausschlagen, denn sie sind tief und zahlreich!«

Die Dämmerung ist kurz in den Tropen, und während die Fregatte mit dem schwarzen Spartacus an Bord in ein Meer von Blut eintauchte, das die Sonne über den westlichen Horizont ergoß, ahnte keiner von uns, wie schnell sich Toussaint Louvertures Worte bewahrheiten sollten – buchstäblich und nicht nur im übertragenen Sinn. Dabei hatte *ich* die fraglichen Sätze geschrieben – wie alle historischen Aussprüche, durch die der gefallene Held sich einen Ehrenplatz in der Geschichte sicherte.

5 Leclerc befahl, ein Exempel zu statuieren und den Freiheitsbaum der Sklaven, einen Mapou, unter dem schon vor Ankunft der Spanier die Kaziken hofgehalten hatten, mit der Axt zu fällen und in Bretter zu zersägen für den Bau der neuen Gouverneursresidenz, in die er mit seiner Gattin Pauline nach Beendigung der Kampfhandlungen einziehen wollte. Aber das war leichter gesagt als getan: Nach Ansicht der abergläubischen Bevölkerung inkarnierte sich der oberste Voodoogott Damballah, Schöpfer der Welt und Herr des Regenbogens, in der Pythonschlange, die sich durchs Geäst des Mapoubaums ringelte, und die Freiheit der Sklaven wohnte im knorrigen Stamm des Baums, aus dem die Stimme der afrikanischen Götter sprach, jedesmal wenn die aus Mapou-Holz geschnitzte große Trommel erklang.

Wie eine Kirchenglocke gab der aus Eisenholz bestehende Baum einen dumpfen Ton von sich, als die Schneide der Axt ihn traf; Funken stoben, und Schwefeldunst machte die mit Rauch und Pulverdampf gesättigte Luft schwer atembar. General Leclercs Grenadiere, die weder zu Füßen der italienischen Alpen noch der ägyptischen Pyramiden ihre Siegeszuversicht verloren hatten, stützten sich keuchend auf die Schäfte ihrer Beile und blickten zweifelnd in die vom Wind bewegte Baumkrone, auf der eine armdicke Python schaukelte, die, als mache sie sich lustig über das Treiben der Menschen, spöttisch zu lächeln schien.

»Ich werde dafür sorgen, daß dir das Lachen vergeht, falsche Schlange«, rief Leclerc und beauftragte ein Peloton Scharfschützen, das Reptil mit gezielten Schüssen zur Strecke zu bringen, doch die sich windende Schlange wich dem Kugelhagel geschickt aus, nur verdorrte Früchte prasselten aus der Baumkrone herab, die beim Aufschlag auf den Boden wie Kartuschen detonierten und die Scharfschützen Hals über Kopf Reißaus nehmen ließen. Leclerc runzelte die Stirn und befahl einem Pioniertrupp, der beim Abtransport altägyptischer Obelisken einschlägige

Erfahrungen gesammelt hatte, den Baum abzufackeln, aber auch das war leichter gesagt als getan, weil Eisenholz nur bei hohen Temperaturen brennt.

Erst als zwei wagemutige Pioniere den Mapou erkletterten und seine Rinde mit Öl und Pech einrieben, fing der Baumriese Feuer. Bläuliche Flammen züngelten den Stamm empor ins Geäst und breiteten sich in Windeseile nach allen Richtungen aus, während die Python sich auf dem von Feuer und Rauch umhüllten Wipfel in Todesqualen wand. Siedendes Fett troff herab, und der schwarz verkohlte Kadaver landete mit dumpfem Schlag zu Füßen der Grenadiere, die sich mit Heißhunger über den vom Himmel gefallenen Braten hermachten und die zuckende Schlange mit Bajonetten zerstückelten.

Unterdessen blieb das Feuer nicht untätig. Funken stoben, und glühende Zweige fielen herab, gefolgt von brennenden Ästen, die Panik säten unter den um den Baum gelagerten Soldaten, deren Munitionsgurte in Kettenreaktionen explodierten. Ein fürchterliches Knirschen war zu hören, und der Mapou stürzte, der Länge nach gespalten, auf die auseinanderstiebenden Grenadiere, deren Uniformen Feuer fingen, während sie durch brennendes Unterholz zu fliehen versuchten. Mit ungläubigem Staunen sah General Leclerc, der sich vor der Gluthitze auf einen nahe gelegenen Feldherrnhügel gerettet hatte, im konzentrischen Kreis seines Fernrohrs, wie die Elite-Einheit seiner Armee ohne Feindeinwirkung bis zum letzten Mann aufgerieben wurde. Nur Tote und Verwundete blieben auf dem Schlachtfeld zurück, auf dessen verbrannter Erde der zerstückelte Leib der Schlange noch stundenlang konvulsivisch gezuckt haben soll.

Als ich Monate später den Ort Schreckens besuchte, kam ich aus dem Staunen nicht heraus: Der mit Asche gedüngte Boden war von üppiger Vegetation überwuchert, deren Blattwerk die Gebeine der Toten den Blicken entzog, und aus den Brettwurzeln des Mapou waren drei neue Bäume entsprossen, jeder von ihnen mehr als mannshoch, auf deren ausladenden Ästen drei Schlangen schaukelten, die ebenso wie ihre Vorgängerin – Ahnfrau ist das bessere Wort dafür – freundlich zu lächeln schienen. Der kreolische Volksmund taufte die Tiere auf die Namen *Liberté, Égalité* und *Fraternité,* und abergläubische Anwohner brachten ihnen, passend zu den Farben der Trikolore, dreifarbige Täubchen, Zicklein und kleine Kinder zum Opfer – ein Gerücht, dem außer mir niemand Glauben schenkte.

6 Der Rest ist bekannt – nicht in Europa, aber in dem Teil der Welt, wo meine Geschichte spielt, die sich so oder ähnlich zugetragen hat, sofern Geschriebenes Wahrheit für sich beanspruchen darf – die alte Pilatusfrage. Im Widerstreit zwischen Wahrheit und Wirklichkeit entscheide ich mich für keine von beiden und für beide zugleich – die Wörter Fakt und Fiktion sind etymologisch urverwandt.

Toussaint Louverture wurde nach Frankreich deportiert und auf Befehl Napoleons in Fort de Joux inhaftiert, einer zur Festung umgebauten Burg auf den eisigen Höhen des Juragebirges, deren früherer Besitzer, ein Ritter namens *Barbe Bleue,* Dutzende von Frauen ermordet haben soll. Der Sklavenbefreier starb am 17. Germinal des Jahres XII, nach neunmonatiger Haft in einem zwanzig Fuß langen, zehn Fuß breiten, ungeheizten Verlies, das nur mit einem Schemel und einer Pritsche möbliert war. Die Briefe und Gnadengesuche, die der schwarze an den weißen Napoleon richtete, ließ dieser unbeantwortet; statt dessen befahl er, dem Gefangenen seinen Diener und seine Taschenuhr wegzunehmen und ihn einem peinlichen Verhör zu unterziehen, um herauszufinden, wo Toussaint Louverture seinen Goldschatz vergraben habe, mit dessen Erlös Bonaparte den Feldzug in Saint Domingue zum Besseren wenden wollte. »Er heißt Toussaint und darf nur mit Vornamen angesprochen werden«, schrieb der Erste

Konsul am 5. Brumaire des Jahres XI an den Kommandanten von Fort de Joux: »Wenn er sich brüstet, General gewesen zu sein, ruft er damit nur seinen Verrat in Erinnerung, und für seinen lachhaften Stolz hat er nichts als Verachtung verdient.«

Toussaint Louverture wurde ohne Zeremonie im Hof des Forts verscharrt. Nach der Schlacht von Waterloo wurden seine sterblichen Überreste exhumiert und auf Betreiben seines Sohnes Isaac Louverture nach Bordeaux überführt. Ein von Veteranen des Jakobinerklubs finanziertes Grabmonument auf dem dortigen Friedhof wurde aus Geldmangel nie zu Ende gebaut. Statt dessen hat ein deutscher Dichter namens Kleist, der als Kriegsgefangener nach Fort de Joux eingeliefert wurde, in seiner Novelle *Die Verlobung in St. Domingo* dem schwarzen Spartacus ein literarisches Denkmal gesetzt.

7 Warum lasse ich Begebenheiten Revue passieren, die einschlägig interessierte Leser in jedem Geschichtsbuch nachschlagen können? Weil es dort, wo ich lebe, keine einschlägig interessierten Leser und auch keine Geschichtsbücher gibt, die Zeugnis ablegen von dem, was zu Anfang des neunzehnten Jahrhunderts in Saint Domingue geschah. Jedes Schulkind hat von Napoleons verlustreichem Rückzug aus Rußland gehört, aber von seiner Niederlage in Haiti, die 36 000 Soldaten der Grande Armée das Leben kostete, ist höchstens in einer Fußnote die Rede, obwohl der Verlust von Saint Domingue Napoleon zum Verkauf Lousianas an die USA veranlaßt und die Weltlage zu deren Gunsten verändert hat.

Aber auch das ist nur die halbe Wahrheit, denn gemäß dem Prinzip der doppelten Buchführung, das der alte Romberg mir eingetrichtert hatte, gab es neben der offiziellen noch eine geheime Agenda, die mein Ausharren auf der vom Bürgerkrieg verheerten Insel motivierte, wo ich stets aufs neue Leben und Gesundheit riskierte.

Wie viele Militärführer verstand Toussaint Louverture nichts von Wirtschaft und überließ finanzielle Transaktionen seinem Sekretär, auf dessen Schreibtisch alle Fäden zusammenliefen: Ich war Buchhalter und Kassenwart, Gerichtsschreiber und Notar, Vermessungsingenieur und Katasterbeamter in einer Person, und ich hatte die ins Ausland emigrierten Pflanzer zur Rückkehr nach Saint Domingue gelockt mit dem Versprechen der Restitution ihres beschlagnahmten Eigentums, dessen Unantastbarkeit der Gouverneur garantierte. Die Entmachtung von Toussaint Louverture hatte daran nichts geändert, im Gegenteil: Leclerc hatte ihnen die Rückgabe ihrer Plantagen in Aussicht gestellt, und die Witwen ermordeter Kolonialherren gaben sich in meinem Büro die Türklinke in die Hand, um ihre Namen in Grundbücher eintragen zu lassen, die nur unvollständig, mit angesengten Seiten, aus den Revolutionswirren hervorgegangen waren. Diese Dokumente wurden unter meiner Federführung ergänzt und revidiert, ein Vorgang, der den zuständigen Beamten Ermessensspielräume ließ und der Manipulation Tür und Tor öffnete. Im Klartext: Ich konnte den Witwen gefällig sein und ließ mir die Bereitschaft zur beschleunigten Bearbeitung ihrer Anträge durch finanzielle oder sexuelle Gunstbeweise vergelten, getreu meiner Devise, daß ein nichtbrauchendes Haben und ein nichthabendes Brauchen die beste Basis sind für ein gutes Geschäft – Madame Desdunes habe ich schon erwähnt. Da ich ungern ohne Netz arbeite, zog ich einen doppelten Boden in die doppelte Buchführung ein – man verzeihe das schiefe Bild – und fertigte heimlich Abschriften an, wobei ich Häuser und Grundstücke, deren Besitz strittig war, weil ihre Eigentümer nicht mehr ausfindig zu machen waren, kurzerhand auf meinen Namen übertrug: Eine Hand wäscht die andere, und eine Krähe hackt der anderen kein Auge aus.

Während sich General Leclerc, wie Laokoon im Kampf gegen die Schlangen, in einen aussichtslosen Krieg gegen einen übermächtigen Gegner verwickelte, legte ich den

Grundstock für ein Vermögen, das vorläufig nur aus wertlosen Papieren bestand, eines Tages aber, dessen war ich mir sicher, als Goldregen auf meinem Konto landen würde. Mein wertvollster Trumpf war eine Schatzkarte, die ich im Nachlaß von Toussaint Louverture gefunden hatte: Demzufolge war das Gold, dessen Existenz er hartnäckig geleugnet hatte, unter dem Mapoubaum vergraben, von dem schon mehrfach die Rede war: ein perfektes Versteck, das durch Aberglauben und Angst vor Entdeckung geschützt war. Doch bevor ich zur Hebung des Schatzes schritt, mußte ich warten, bis Fortunas Waagschale sich nach der einen oder anderen Seite senkte und über Sieg oder Niederlage entschied.

8 Die Ereignisse überstürzten sich. Toussaint Louvertures Deportation hatte die unterirdisch schwelende Revolte wie ein Blasebalg angefacht. Die vorher verfeindeten Schwarzen und Mulatten schlossen sich zu einer Einheitsfront zusammen, und entlaufene Sklaven, die jeder Autorität mißtrauten, sogar der von Toussaint Louverture, stiegen von den Bergen herab, um für ihre Freiheit zu kämpfen. Leclercs Hauptfeind war nicht der militärische Widerstand, sondern das Gelbfieber, das die aus Frankreich eintreffenden Truppen dahinraffte, noch bevor sie sich hatten akklimatisieren können. Nur Einheimische waren gegen die Seuche immun, die von den Mannschaften auf das Offizierscorps übersprang und selbst vor dem Generalkapitän nicht haltmachte.

Leclerc erkrankte am Gelbfieber. Während Pauline Bonaparte sich in Briefen an ihren Bruder über fehlenden Luxus beklagte – das in Sèvres bestellte Porzellan hatte ein Frühjahrssturm in der Biskaya zerschlagen, und den in Carrara gebrochenen Marmor für den Bau ihrer Residenz hatte ein britisches Geschwader im Golf von Neapel versenkt –, kämpfte ihr Mann mit dem Tod. Das mörderische Klima hatte Leclercs Gesundheit zerrüttet, und mit seinem durch Entbehrungen geschwächten Organismus hatte die Krankheit leichtes Spiel. Nach einem letzten Aufbäumen seines schon zu Lebzeiten von Würmern zerfressenen Leibs starb der Generalkapitän am 18. Brumaire, auf den Tag genau drei Jahre nachdem sich Napoleon an die Macht geputscht hatte, in seiner Residenz Belair mit Blick auf den Atlantischen Ozean, den er wie den Totenfluß Styx nur in einer Richtung überquert hatte.

Obwohl Bonaparte seine Schwester aufforderte, unverzüglich nach Frankreich zurückzukehren, harrte die Witwe an der Seite ihres Gatten aus, dessen in einem Bleisarg aufgebahrten Leichnam die Hitze schwarz färbte. Pauline konnte sich nicht satt sehen an den Hinrichtungen zum Tode verurteilter Rebellen, die von aus Kuba importierten Bluthunden lebendig zerfleischt wurden. Die Frage des Kommandeurs einer Hundestaffel, womit er die Tiere füttern solle, beantwortete Pauline mit dem Befehl: »Geben Sie ihnen Neger zu fressen!« Der Klassenkampf eskalierte zum Rassenkampf, und es wurden keine Gefangenen mehr gemacht. Nicht die Farbe der Fahne oder der Uniform entschied über Leben und Tod, sondern nur noch die Farbe der Haut. General Rochambeau ließ alle Zivilisten, die ihm bei der Einnahme der Bergfestung Crête-à-Pierrot in die Hände fielen, summarisch exekutieren; und Toussaint Louvertures Nachfolger Dessalines nahm Frauen und Kinder als Geiseln und ließ sie in Hörweite der französischen Truppen massakrieren. Nur mit polnischen Grenadieren machte er eine Ausnahme, die, als sie die Schwarzen die *Marseillaise* singen hörten, aus den Rängen der Armee desertierten und sich den Rebellen anschlossen. (Seitdem dürfen Polen ohne Visum nach Haiti einreisen, so wie Haitianer nach Griechenland, dessen Aufstand gegen das Osmanische Reich die schwarze Republik mit Geld und Waffen unterstützte, ähnlich wie den Freiheitskampf der spanischen Kolonien Lateinamerikas. Aber das nur in Klammern.)

9 Ich überspringe die folgenden Ereignisse, weil sich mir die Feder sträubt beim Gedanken an die Agonie des französischen Heers, das, vom Nachschub abgeschnitten, in isolierten Stützpunkten ausharrte, Todeslagern gleich, in denen Kranke und Verwundete ohne Hoffnung dahinsiechten. Wie ein geköpfter Hahn, der flügelschlagend über den Hühnerhof stiebt und Fontänen von Blut verspritzt, beschleunigte die Armee durch sinnlose Gemetzel den eigenen Untergang. Um Zeit zu sparen, ließ Rochambeau Schiffsladungen kriegsgefangener Rebellen in der Baie de la Gonave ertränken, unter ihnen frisch importierte Sklaven aus Senegal, die er verdächtigte, mit den Aufständischen zu sympathisieren. Selbst Pauline wurde der Hinrichtungen müde und schiffte sich mit der Leiche ihres Gatten auf der letzten Fregatte, die die britische Blockade durchbrach, nach Frankreich ein, wo Leclerc mit militärischen Ehren beigesetzt wurde. Nach Ablauf der üblichen Trauerzeit heiratete sie den Grafen Borghese, in dessen römischer Villa sie in göttlicher Nacktheit, auf einem Diwan liegend, dem Bildhauer Canova Modell gesessen hat. Andere sagen, der richtige Name des Bildhauers sei Casanova gewesen, und er habe nicht kalten Marmor, sondern Paulines warmes Fleisch mit seinem Meißel bearbeitet, so lange, bis Pauline ihm Einhalt gebot, weil sie mit seiner Kunst zufrieden war. Doch das ist schon von der Chronologie her unmöglich, weil Giacomo Casanova ein Jahr vor Napoleons Machtergreifung auf Schloß Dux in Böhmen verstarb.

Während Rochambeau auf einem britischen Kriegsschiff die Kapitulationsurkunde unterschrieb und sich mit den Offizieren seines Stabes in Gefangenschaft begab, wartete ich, wenige Kilometer entfernt, auf meine Hinrichtung. Ich war an den mittleren der drei Mapoubäume gefesselt und sah das Weiße im Auge der Schwarzen, die ihre Gewehre auf mich anlegten, während General Dessalines mit hochgerecktem Säbel Befehl zum Feuern gab. Kurz zuvor hatte eine Vorhut seiner Soldaten mich dabei

H. C. Buch, Tanzende Schatten

überrascht, wie ich mit Spitzhacke und Schaufel den am Fuß des Mapoubaums vergrabenen Schatz zu heben versuchte. Ich war zur falschen Zeit am falschen Ort oder umgekehrt, denn Dessalines war seinen Truppen vorausgeeilt, um den Geistern der Vorfahren zu huldigen, die sich in den im Geäst schaukelnden Schlangen inkarnierten, und ihnen für seinen Sieg zu danken: Anders als Toussaint Louverture war Dessalines ein Anhänger des afrikanischen Aberglaubens.

Ich schloß die Augen in Erwartung der tödlichen Ladung Blei, die mir das Hemd zerfetzen, die Brust durchschlagen und die Brettwurzeln des Mapoubaums mit meinem Blut tränken würde, aber statt einer Schußsalve hörte ich Hufgetrappel und sah, als ich die Augen aufschlug, einen reitenden Boten im Schottenrock, der sein Pferd zügelte und einen versiegelten Brief aus der Satteltasche zog, den er mit militärischem Salut Dessalines' Adjutanten übergab. Der General runzelte die Stirn; sein Blick blieb an mir haften, weil der Bote kein Wort Französisch sprach und außer mir niemand Englisch verstand.

»Sie sind ein notorischer Lügner«, brüllte Dessalines und setzte mir die Spitze seines Bajonetts an den Hals, »und wenn Sie den Inhalt des Briefes nicht richtig wiedergeben, schneide ich Ihnen den Lebensfaden durch!« – »Es handelt sich um ein Schreiben des britischen Commodore Bligh«, sagte ich mit zitternder Stimme, nachdem ich den Brief überflogen hatte. Es war mir klar, daß ich um mein Leben redete, und wie die zum Tode verurteilte Scheherazade durfte ich mir kein Stocken und keinen Versprecher erlauben. »Er schlägt Ihnen vor, sich unter den Schutz der britischen Krone zu stellen und England das Handelsprivileg mit Saint Domingue einzuräumen. Als Gegenleistung würde London sich erkenntlich zeigen, denn das britische Empire läßt seine Verbündeten nicht im Stich.«

»Was meinen Sie, Bürger?« Dessalines blickte mich zweifelnd an, und ich bemerkte mit Schrecken die anschwellende Zornesader auf seiner Stirn.

»Die Einwohner von Saint Domingue haben den Sieg aus eigener Kraft erkämpft, er gehört ihnen allein, und der Fuß eines Europäers darf nie wieder dieses freie Land betreten!«

»Schreiben Sie das auf, Bürger! Ihre Lügen haben Stil, und weil Sie Englisch können, ernenne ich Sie zu meinem Sekretär!«

Dessalines gab seinem Pferd die Sporen, Erdbrocken und Steine prasselten mir ins Gesicht, und ich blieb hustend in einer Staubwolke zurück, die meine Haut dunkel färbte.

10 Am 1. Januar 1804 versammelten sich Vertreter aller Stände in Gonaïves, um in Gegenwart des Generalstabs der Armee einen neuen Staat aus der Taufe zu heben, den der Sieger im Befreiungskrieg und selbsternannte Gouverneur auf Lebenszeit, Jean-Jacques Dessalines, auf seinen alten, präkolumbianischen Namen taufte: Ayti – die Felseninsel. Es stimmt nicht, daß ich Dessalines dazu überredete, sich von Frankreich loszusagen, und ebenso unrichtig ist, daß ich ihm die Ermordung aller im Lande verbliebenen Franzosen empfahl. Ich bin ein Geschäftsmann und räume Stolpersteine aus dem Weg, die den Warenaustausch behindern, auf dem der Wohlstand der Nationen beruht, aber ich bin kein Massenmörder. Ich habe lediglich die Unabhängigkeitserklärung verfaßt, im Auftrag meines Chefs, der das in letzter Minute fertiggestellte Dokument, nachdem ich seine Verlesung beendet hatte, in Stücke zerfetzte und mit sich überschlagender Stimme rief: »Wir haben unsere Unabhängigkeit schon erklärt, mit einem Bajonett als Schreibfeder und der Haut eines Weißen als Pergament, seinem Blut als Tinte und seinem Schädel als Tintenfaß!« Dieser Gedanke stammte nicht von mir, sondern von den Schlangen, mit denen Dessalines täglich Zwiesprache hielt und die ihm das Motto einflüsterten, dem er den Sieg verdankte und das er auf die Fahnen seiner Armee sticken ließ: *Couper têtes, brûler* *cayes* – Köpfe abschneiden und Häuser niederbrennen. Auf mein Betreiben wurde es durch die weniger blutrünstige Devise *L'Union fait la force* ersetzt, und ich hatte die Genugtuung, daß mein Entwurf der Staatsflagge von Madame Dessalines gebilligt wurde, deren Votum – außer in Militärangelegenheiten – alle strittigen Fragen entschied.

Im Mittelpunkt des vom Familienwappen Baron Rombergs inspirierten Bilds steht eine Königspalme, gekrönt mit einer Jakobinermütze als Symbol der Hochzeit von Monarchie und Republik, die Dessalines bald darauf vollzog, indem er sich, Napoleons Vorbild folgend, zum Kaiser krönen ließ. Links und rechts der Palme sind Wehrhaftigkeit signalisierende Geschütze aufgefahren, neben zu Pyramiden geschichteten Kanonenkugeln, bei denen es sich auch um Pferdeäpfel handeln könnte, und Wahrzeichen ziviler Berufe wie Trommel, Anker und Axt. Zu Rutenbündeln gruppierte Bajonette vervollständigen das heroische Tableau, das seit 1804 Haitis Staatsflagge schmückt, deren Bildunterschrift *L'Union fait la force* schon damals mehr Wunsch als Wirklichkeit war.

Der Legende zufolge hat Dessalines die Flagge geschaffen, indem er das weiße Feld aus der Trikolore gerissen und die verbliebene blaurote Fahne durch die Luft geschwenkt haben soll, aber das ist schwer möglich, da die Trikolore nach Entfernung des Mittelstreifens aus zwei Lappen besteht, die nur noch als Haltesignale beim Straßenbau zu verwenden sind.

Was die Ermordung der in Haiti verbliebenen Franzosen betrifft, so habe ich einen derartigen Vorschlag, wenn überhaupt, nur im Scherz gemacht. Dessalines musterte mich ungläubig von Kopf bis Fuß, und nach dem heiser hervorgestoßenen Satz »Und was passiert mit Ihnen, Bürger?« brach er in höllisches Gelächter aus. Und er staunte nicht schlecht, als ich mein Familienstammbuch aus der Brusttasche zog, das Baron Romberg mir zur Konfirmation geschenkt hatte, und ihm schwarz auf weiß bewies, daß ich kein Franzose, sondern Deutscher war. »Üb immer Treu und Redlichkeit«, diesen Sinnspruch hatte mein Ziehvater mir mit auf den Weg gegeben, und nach dieser Devise habe ich mein Leben gelebt.

Noch jetzt gellen mir die Todesschreie der Franzosen in den Ohren, zumeist Frauen und Kinder, die wie beim Sklavenaufstand von 1791 mit Macheten zerstückelt oder zwischen Brettern zersägt wurden, doch der Gerechtigkeit zuliebe sei gesagt, daß die Zahl der Schwarzen und Mulatten, die Dessalines' Gewaltregime zum Opfer fielen, weit höher war. Den Übergang vom Befreier zum Unterdrücker vollzog er noch schneller als Toussaint Louverture, und je grausamer er gegen echte und eingebildete Feinde wütete, desto schneller erstarkten die Gegenkräfte, die nur auf eine passende Gelegenheit warteten, um den Tyrannen ins Jenseits zu befördern.

Am 17. Oktober 1806 starb Jean-Jacques Dessalines im Kugelhagel eines von Offizieren seiner Garde gelegten Hinterhalts: Wie bei der Ermordung Julius Caesars stach jeder der Attentäter mit dem Bajonett auf ihn ein, damit keiner allein die Verantwortung trug, während ich meine Hände in Unschuld wusch – nicht wie Brutus, sondern wie Lady Macbeth. Baron Romberg hatte mir beigebracht, wichtige Aufträge nur mündlich zu erteilen, und es gibt kein Dokument, aus dem hervorgeht, daß ich Mitwisser des Mordkomplotts gewesen sein könnte.

11 Nach allem, was ich mit angesehen hatte, war meines Bleibens nicht länger auf der ungastlichen Insel, die alles, was anderswo sich als historische Tragödie drapiert, auf seinen nackten Kern reduziert: Ich wußte zuviel über die blutige Farce, die sich hinter den Haupt- und Staatsaktionen der Politik verbirgt, und es war höchste Zeit, meine Koffer zu packen. Aber das war leichter gesagt als getan. Wie oft habe ich diesen Satz schon hingeschrieben, ohne zu bedenken, welche Herkules-, ja

Sisyphusarbeit sich hinter der abgegriffenen Formulierung verbirgt. Der mythologische Vergleich ist nicht zu weit hergeholt, denn wie Atlas hatte ich mir eine Welt auf die Schultern geladen und suchte nach Mitteln und Wegen, die Last abzuwerfen.

Einen Fingerzeig von oben erhoffend, pilgerte ich zu dem Mapoubaum; der jahrelange Aufenthalt unter Palmen hatte mich mit dem afrikanischen Aberglauben infiziert. Die Pythonschlangen waren nicht zu sehen; entweder hatten sie sich eine andere Bleibe gesucht, oder die Wipfel der Bäume entzogen sie meinem Blick. Von ihrer Abwesenheit profitierend, krempelte ich mir die Ärmel hoch, um den vergrabenen Schatz zu heben. Doch schon nach dem ersten Spatenstich wurden meine Füße bleischwer, und an mir herabblickend, sah ich eine Schlange, die sich um meine Knie wand, um mich am Weglaufen zu hindern, während eine zweite sich um Brust und Bauch wickelte und eine dritte, meinen Nacken umschlingend, mir die Luft zum Atmen nahm. Die drei Pythonschlangen formten ein nicht zu entwirrendes Knäuel namens *Liberté Égalité Fraternité,* aber vielleicht war es auch nur ein einziger Schlangenleib, in dessen Umarmung ich zu ersticken drohte: Das Mysterium der Trinität – aus eins mach drei, aus drei mach eins – war schon im Konfirmationsunterricht ein Buch mit sieben Siegeln für mich. »Arm am Beutel, krank am Herzen, / schlepp' ich meine langen Tage. / Armut ist die größte Plage, / Reichtum ist das höchste Gut!«, wisperte die Schlange *Liberté* mir ins Ohr, und während ich vergeblich nach Luft rang, zischte die Schlange *Égalité:* »Und zu enden meine Schmerzen, / ging ich, einen Schatz zu graben. / ›Meine Seele sollst du haben!‹ / Schrieb ich hin mit eignem Blut.« Die Fortsetzung ist mir entfallen, und von der Schlange *Fraternité* ist mir nur die gespaltene Zunge in Erinnerung, die wie eine giftgrüne Libelle vor meinen trüben Augen auf und nieder tanzte, während sie den Schluß des Orakels von sich gab, der nicht hielt, was sein Anfang versprach: »Grabe

hier nicht mehr vergeben! / Tages Arbeit, abends Gäste!
Saure Wochen, frohe Feste! / Sei dein künftig Zauber-
wort.«

Erst als mir schwarz vor Augen wurde, lockerten die
Pythonschlangen ihren Würgegriff, und belohnt und be-
schämt zugleich, machte ich mich auf den Nachhauseweg.
Damit meine ich nicht die Rückkehr in mein Nachtquar-
tier, sondern die Heimreise nach Europa.

12 Ich schiffte mich auf einem englischen Frachter
ein, der Zucker und Kaffee in die Vereinigten Staaten transportierte. Aufgrund meiner deutschen Staats-
angehörigkeit blieb mir die Kriegsgefangenschaft erspart,
und ich kehrte auf legalem Weg nach Bordeaux zurück.
Den Rat der Schlangen beherzigend, beschloß ich, fortan
kleine Brötchen zu backen und ein unauffälliges Leben
zu führen. Ich betätigte mich als Weinhändler, aber das
Geschäft lief schlecht, weil die Kontinentalblockade den
Schiffsverkehr mit den Hansestädten unterband, wo der
mit Wasser verpanschte Bordeauxwein stets dankbare
Abnehmer fand. Der Not gehorchend, arbeitete ich als
Buchhalter im Kontor meines Vetters Eberhard Bapst,
dessen Pariser Juwelierladen Profit abwarf, solange die
Hofdamen Schmuck und die Helden der Grande Armée
Orden benötigten, die das Kriegsministerium in den Ate-
liers am Quai des Orfèvres herstellen ließ: ein lukratives
Geschäft, weil niemand nachfragte, ob ein Pour le Mérite
aus echtem Gold oder Silber gefertigt war. Der patriotische Zweck heiligte die Mittel, und das Ministerium
drückte ein Auge zu. Trotzdem lebte ich äußerst bescheiden, in einer Mansarde in der Rue de Bailleul, zusammen
mit meiner kreolischen Haushälterin und Lebensgefähr-
tin, die ich aus Saint Domingue mitgebracht hatte, weil
ich es nicht übers Herz brachte, sie auf einer von schwarzen Tyrannen beherrschten Insel zurückzulassen. Aischa
stammte aus Dahomey; Sklavenhändler aus Europa hatten

sie in der Blüte ihrer Jugend auf die Antillen verschleppt, und die Freiheit, die ich ihr schenkte, hat sie mir bis an mein Lebensende mit liebender Hingabe vergolten.

Ich starb 1827, nachdem das zur Monarchie zurückgekehrte Frankreich die Unabhängigkeit Haitis formell anerkannt hatte. Damit war die Stunde gekommen, auf die ich so geduldig hingearbeitet hatte, und ich hatte die Genugtuung, meine schon vor Jahren geltend gemachten Ansprüche endlich anerkannt zu sehen. Die Grundbücher der Kolonie waren nach all den Sklavenrevolten und Feuersbrünsten, Wirbelstürmen und Termiteninvasionen nicht mehr auffindbar, aber die Abschriften, die ich, wasserdicht verpackt, nach Europa mitgebracht hatte, waren bares Geld wert. Als Gegenleistung für die Anerkennung seiner Unabhängigkeit hatte Haiti sich zur Zahlung von 150 Millionen Francs in Gold verpflichtet, und ein Teil der Summe sollte den Erben der Kolonialherren zufließen, die in den Revolutionswirren ihren Besitz und oft genug auch ihr Leben verloren hatten. Nach monatelanger Beratung entschied die von Karl X. eingesetzte Entschädigungskommission, daß meine Ansprüche durch Dokumente belegt und damit Rechtens waren, und ich erhielt 7450 Francs und 33 Centîmes für ein Stadthaus in Saint Marc, das mir nie gehört hatte, weil die Firma Romberg, Bapst & Co. dort lediglich ein Kontor unterhielt, 60733 Francs für eine Baumwollmanufaktur in Cordes-à-Violon, die deren Besitzer, die Gebrüder Mollet, mir zur Tilgung ihrer Schulden überschrieben hatten; und 8000 Francs für ein unbebautes Grundstück in Valdrogue, das ich für nur 4000 erworben hatte. Später kam Wiedergutmachung in Höhe von 13500 Francs für eine Zuckermühle in Montrouis hinzu, aber das war nach meinem Tod, und ich hatte nichts mehr davon. Buchstäblich bis zum letzten Atemzug klammerte ich mich an die Wrackteile der Firma Romberg & Co., die in den Stürmen der Revolution Schiffbruch erlitten hatte, und als ich das Zeitliche segnete, war ich ärmer als zuvor.

Ich hinterließ Aischa unbezahlte Arzt- und Apotheker-rechnungen und einen Wechsel über zweihundert Francs, die ich meinem Bäcker und meinem Metzger schuldete. Die im Keller lagernden Weinflaschen waren leer, und die Versteigerung meines verbliebenen Besitzes erbrachte so wenig, daß Aischa, um nicht mittellos zu sein, eine Stelle als Putzmacherin annehmen mußte. Wie das? Nur die erste Rate der mir zuerkannten Entschädigung wurde ausbezahlt; der Rest fiel an den Staat zurück, weil ich es versäumt hatte, meine Geliebte zur Frau zu nehmen, und, außer einem kinderlos verstorbenen Vetter, keine An-gehörigen besaß. Der in letzter Minute unternommene Versuch, mein Testament zu ändern, schlug fehl. Als der herbeigerufene Notar ins Zimmer trat, lag ich tot auf dem Sterbebett, und zusammen mit der Firma Romberg & Co. wurde der Name Bapst für immer aus dem Handelsregi-ster gelöscht.

HAITI ERZÄHLEN (4)

>»Politik in einem Werk der Phantasie wirkt
wie ein Pistolenschuß mitten in einem Konzert.
Der Lärm zerreißt einem die Ohren, hat aber
keine Kraft.«
Stendhal, Rot und Schwarz

1 Im Frühjahr 1967 herrschte eine Atmosphäre von Unsicherheit und Angst im Präsidentenpalast von Port-
au-Prince. Papa Docs Familienclan war gespalten in zwei
feindliche Lager, angeführt von den Schwiegersöhnen des
Präsidenten auf Lebenszeit, die sich Chancen ausrechneten,
eines nicht mehr allzu fernen Tages dessen Nachfolge anzutreten. Der Kommandeur der Palastgarde, Max Dominique, hatte in zweiter Ehe Marie-Denise Duvalier geheiratet,
die mit allen Mitteln die Chefsekretärin und persönliche
Beraterin ihres Vaters, Madame Saint-Victor, aus ihrer einflußreichen Stellung zu verdrängen versuchte. Francesca Saint-
Victor war die Schwester des Offiziers Luc-Albert Foucard,
Ehemann von Papa Docs ältester Tochter Simone, dem man
politische Ambitionen nachsagte. Am Ostermontag 1967 war
im Spielcasino von Port-au-Prince eine Bombe explodiert,
und Radio Vonvon, der Sender der haitianischen Opposition
aus New York, verbreitete das Gerücht, es gäbe einen Macht-
kampf innerhalb des Duvalier-Familienclans: eine gezielte
Desinformation, um Papa Docs Gefolgsleute gegeneinander aufzuhetzen und die Atmosphäre vollends zu vergiften.
Gestützt auf diese Gerüchte, gelang es Madame Saint-Victor,
den Staatschef davon zu überzeugen, daß sein Schwiegersohn
Max Dominique ein Komplott gegen ihn schmiede; dessen
häufige Inspektionsreisen dienten angeblich der Kontaktaufnahme mit unzufriedenen Offizieren, die auf eine passende
Gelegenheit warteten, um mit vereinten Kräften loszuschlagen und die Regierung zu stürzen. Als Papa Doc erfuhr,

daß der Chef der politischen Polizei, Major Harry Tassy, ein Liebesverhältnis mit seiner Tochter Simone angeknüpft hatte, die über alle Palastintrigen und Staatsgeheimnisse auf dem laufenden war, platzte ihm der Kragen. Und als pünktlich um Mitternacht der Strom ausfiel und der Präsidentenpalast in Dunkelheit getaucht war, bekam er es mit der Angst und dachte, seine letzte Stunde sei gekommen. Papa Doc ging hinter seinem Schreibtisch in Deckung und sah durch die spaltoffene Tür, wie Harry Tassy und andere Offiziere der Präsidentengarde mit Taschenlampen die Korridore des Palasts durchkämmten und, entsicherte Pistolen in Händen, nach ihm suchten. Anstatt den an seinem Schreibtisch angebrachten Alarmknopf zu drücken und so seinen Feinden in die Falle zu gehen, verhielt er sich ruhig und schwor, den Verrätern einen Strich durch die Rechnung zu machen und das Otterngezücht, das er an seinem Busen genährt hatte, mit Stumpf und Stiel auszurotten.

Papa Doc ließ alle verdächtigen Offiziere aus seiner Umgebung entfernen und an ihre Heimatorte zurückversetzen. Um keinen Argwohn zu wecken, hieß er sie einzeln in seinem Büro vorsprechen und bedankte sich für ihre treuen Dienste, indem er jedem von ihnen ein Exemplar seiner Gesammelten Werke überreichte, das er mit einer persönlichen Widmung versah; und er stellte ihnen rasche Beförderung in Aussicht, falls sie sich des in sie gesetzten Vertrauens würdig erwiesen. Papa Doc spielte Katz und Maus mit den Offizieren: Indem er die Hauptverdächtigen unangetastet ließ, wiegte er sie in Sicherheit; gleichzeitig befahl er ihnen, ihre weniger belasteten Kameraden festzunehmen und, mit Handschellen gefesselt, im Präsidentenpalast vorzuführen. Oberst Charles Lemoine erhielt den Befehl, seinen Untergebenen, Hauptmann Donald Manigat, zu verhaften, den Papa Doc kurz zuvor in Ehren entlassen hatte; der Oberst fiel aus allen Wolken, als er beim Betreten des Palasts in eine Arrestzelle gesperrt wurde, während Hauptmann Manigat unbehelligt blieb. Der durch die Festnahme ausgelöste Schock war so groß, daß Oberst Lemoine die Sprache verlor und die viehischsten

Foltern stumm über sich ergehen ließ. Donald Manigat, der sich in Sicherheit glaubte, wurde nach der Rückkehr in seine Heimatstadt Les Cayes erneut festgenommen und zum zweiten Mal in den Präsidentenpalast gebracht, wo man ihn seinem Vorgesetzten gegenüberstellte, den er nicht wiedererkannte, weil Lemoines Gesicht nur noch eine blutige Masse war.

Noch tragischer war das Schicksal des Majors Serge Hilaire, der, nachdem er die Liste der Verdächtigen abgetippt hatte, die Unvorsichtigkeit beging, Hauptmann Laroches Frau über die drohende Verhaftung ihres Gatten zu informieren. Madame Laroche eilte in höchster Erregung in den Palast, wo Papa Doc alles in Abrede stellte und sie beruhigte mit der Versicherung, ihrem Mann werde nichts geschehen. Als Gegenleistung wollte er wissen, wer das unsinnige Gerücht in die Welt gesetzt habe? Madame Laroche gab den Namen des Informanten preis, und Papa Doc zwang Major Hilaire, seinen eigenen Namen auf die Liste der Verräter zu setzen; den Gnadenappell von Luc Hilaire, Bruder des Hauptmanns und Kaplan des Präsidentenpalasts, wies er kategorisch zurück. Am nächsten Morgen bat Pater Hilaire in der chilenischen Botschaft um politisches Asyl – ebenso wie Oberstleutnant Jean Tassy, der Bruder des Majors, und Freunde und Familienangehörige der Verhafteten, die in der brasilianischen Botschaft Zuflucht suchten.

2 Der Prozeß gegen die Verschwörer fand in den Casernes Dessalines statt, schräg gegenüber vom Präsidentenpalast, und wurde mit militärischem Pomp inszeniert. Unter der Anklage der Meuterei gegen ihre Vorgesetzten, des Komplotts gegen die Staatssicherheit und der versuchten Ermordung des Präsidenten der Republik wurden neunzehn Offiziere zu einfachen Soldaten degradiert, schimpflich aus der Armee entlassen und zur gesetzlichen Höchststrafe verurteilt. Auf Befehl von Papa Doc wurden sie auf offenen Lastwagen, barfuß und mit kahlrasierten Schädeln, im Schritttempo durch die Straßen gefahren, wo ein aufgeputschter

Mob sie beschimpfte, bespuckte und mit Unrat bewarf. Am 8. Juni 1967 um 13 Uhr begab sich Papa Doc zusammen mit den Ministern seines Kabinetts, deren Ehefrauen und anderen Würdenträgern des Regimes nach Fort Dimanche, einem aus dem 18. Jahrhundert stammendem Gefängnis, das von seiner Kommandeuse, Madame Max Adolphe, zum Konzentrationslager für Gegner der Duvalier-Diktatur umfunktioniert worden war. Aus Protest gegen die Willkürjustiz blieben die in Port-au-Prince akkreditierten Botschafter der Zeremonie fern, zu der ganze Schulklassen herangekarrt wurden, die an diesem Tag freibekommen hatten; vollzähliges Erscheinen war Pflicht. Nur der päpstliche Nuntius und Doyen des diplomatischen Corps, ein Vertrauter des Staatschefs, hatte sich eingefunden, um den zum Tode Verurteilten den Segen der Kirche zu spenden.

Zur festgesetzten Stunde nahm Papa Doc, in der Uniform eines einfachen Soldaten, die Parade der in Viererreihen angetretenen Offiziere ab und befahl dem Generalstab der Armee, dessen Mitglieder er namentlich aufrief, sich zu einem Peloton zu formieren, um die Verräter zu exekutieren. Hinter dem Hinrichtungskommando war die Präsidentengarde aufmarschiert, hinter dieser die dem Staatschef treu ergebene Miliz und in der letzten Reihe die von Madame Max Adolphe kommandierten Tontons Macoutes, deren Gewehre auf die Rücken ihrer Kameraden zielten für den Fall, daß ein Schütze den Befehl verweigern und seine Waffe gegen den Präsidenten kehren würde.

Papa Doc setzte eine dickwandige Brille auf und las die Namen der zum Tode Verurteilten von einer Liste ab; die Aufgerufenen traten einer nach dem anderen vor und wurden von Milizangehörigen an in den Boden gerammte Pfähle gefesselt, während der Staatschef sie als feige Verräter beschimpfte. Als Donald Manigat an die Reihe kam, rief Papa Doc ihm zu: »Heben Sie den Blick zum Himmel, Hauptmann, denn Sie sehen die Sonne Haitis zum letzten Mal!« – »Präsident«, sagte Manigat, während der Henkersknecht ihm mit einem schwarzen Tuch die Augen verband, »Sie wissen, daß ich kein Verräter bin!« – »Schweigen Sie«, sagte Papa Doc, und der Henkersknecht gab dem Verurteilten eine Ohrfeige. Es herrschte gespannte Stille, während Papa Doc mit hinter dem Rücken verschränkten Armen die Reihe der Todeskandidaten abschritt und unverständliche Worte murmelte, als seien ihm in letzter Minute Bedenken gekommen an der Rechtmäßigkeit seines Tuns. »Vive Duvalier!« schrie Sony Borges, ein in West Point ausgebildeter Offizier, und die zum Tode Verurteilten fielen unisono ein: »Lang lebe Papa Doc!« – »Zu spät«, sagte der Präsident, trat zur Seite und gab mit hochgerecktem Arm den Feuerbefehl.

Nach der Exekution wurden die Erschossenen von den blutüberströmten Pfählen losgebunden. Max Dominique beugte sich über den noch warmen Körper seines Cousins Harry Tassy, den er auf Befehl von Papa Doc eigenhändig hatte erschießen müssen, ebenso wie Jacques Laroche seinen Neffen Joseph Laroche und Jean-Baptiste Hilaire seinen Halbbruder Serge Hilaire. Die Augenlider zuckten noch, und Max Dominique setzte ihm seine Dienstpistole an die Schläfe, um seinem Vetter den Gnadenschuß zu geben. »Was fällt Ihnen ein, Hauptmann Dominique!« schrie Papa Doc, bebend vor Wut. »Wer hat Ihnen befohlen, das zu tun? Stecken Sie sofort die Waffe weg!«

Die Hingerichteten, von denen einige noch wie im Schlaf röchelten, wurden in Abwassergräben geworfen und von Bulldozern mit Erde überhäuft, während Papa Doc, von Leibwächtern abgeschirmt, den Exekutionsplatz verließ.

3 Der Zorn des Präsidenten auf Lebenszeit richtete sich in erster Linie gegen seinen Schwiegersohn, den er für den Anstifter des Offizierskomplotts hielt; sein Name stand auf der Liste der Hochverräter obenan, und nur weil Marie-Denise ihrem Vater mit Selbstmord gedroht hatte für den Fall, daß ihrem Gatten ein Haar gekrümmt werde, hatte Papa Doc die Zahl der zum Tode Verurteilten in letzter Minute von zwanzig auf neunzehn reduziert. Trotzdem nahm er Rache an Max Dominique: Während Marie-Denise mit ihrem Mann ins Exil nach Florida flog, wurde ihr Schwiegervater Alexandre Dominique in Cap Haïtien verhaftet und ohne Anklageerhebung in ein von Moskitos verseuchtes Gefängnis gesteckt, aus dem man ihn erst Monate später todkrank wieder entließ.

Am 22. Juni 1967, seinem Glückstag, feierte Papa Doc im Präsidentenpalast, umgeben von treuen Paladinen seines Regimes, den Triumph der duvalieristischen Revolution. Zum Auftakt der martialischen Zeremonie rief der Staatschef mit heiserer Stimme die neunzehn Hingerichteten zum Appell: »Major Harry Tassy, wo sind Sie? Treten Sie vor Ihren Wohltäter! *Fehlt.* Hauptmann Donald Manigat, vortreten! *Fehlt.* Hauptmann Probus Monestime, vortreten! *Fehlt.* Leutnant Mérizier Geffrard, vortreten! *Fehlt.* Major Sony Borges, vortreten! *Fehlt.* Leutnant Josma Valentin, vortreten! *Fehlt.* Leutnant Venard Casimir, vortreten! *Fehlt.* Adjutant André Desrosiers, vortreten! *Fehlt.* Hauptmann Joseph Laroche, vortreten! *Fehlt.* Oberst Charles Lemoine, vortreten! *Fehlt.* Major Pierre Thomas, vortreten! *Fehlt.* Hauptmann Serge Madiou, vortreten! *Fehlt.* Leutnant Marc Monestime, vortreten! *Fehlt.* Leutnant Franck Monestime, vortreten! *Fehlt.* Leutnant Alix Rémy, vortreten! *Fehlt.* Hauptmann Michel Obas, vortreten! *Fehlt.* Hauptmann Serge Hilaire, vortreten! *Fehlt.* Leutnant Grégoire Monestime, vortreten! *Fehlt.* Adjutant Joseph Alcéna, vortreten! *Fehlt.* Die des Hochverrats Schuldigen wurden auf höchsten Befehl exekutiert!«

Anschließend zählte Papa Doc die Namen derjenigen auf, die sich durch Flucht ins Ausland ihrer Bestrafung entzogen hatten: »Oberstleutnant Jean Tassy, Major Malherbe Eyma, Hauptmann Léon Veillard, die Leutnants Joseph Laforest und Evans Guillaume sowie Pierre Giordani, Abgeordneter von Cap Haitien, haben das Wohlwollen des Präsidenten perfide mißbraucht und sich vor der Verantwortung für ihre Taten gedrückt. Die Deserteure sind es nicht wert, Haitianer zu sein; das oberste Militärgericht erkennt ihnen den Offiziersrang ab und entzieht ihnen die haitianische Staatsbürgerschaft.« Papa Doc machte eine Kunstpause. »Ich schlage unbarmherzig zu«, fuhr er fort, »mit eiserner Faust, wo immer ich es für notwendig halte zum Schutz der duvalieristischen Revolution. Auf diese Weise nehme ich den mir gebührenden Platz ein neben den großen Führern der Menschheit Atatürk Lenin Lumumba Nkrumah Mao Tse-tung ...«

Erst Monate später dämmerte es ihm, daß das Komplott nur in seiner Phantasie existierte und daß er neunzehn Unschuldige in den Tod geschickt hatte. Als Geste der Wiedergutmachung rief Papa Doc seine Tochter aus dem Exil zurück und ernannte Max Dominique zum Botschafter Haitis in Paris, während Madame Saint-Victor, seine langjährige Sekretärin, in Ungnade fiel und fluchtartig das Land verließ. Nach dieser Wendung der Dinge, die an eine Rochade beim Schach erinnert, gestand Papa Doc dem päpstlichen Nuntius, er habe einen Fehler gemacht. »Ich habe neunzehn loyale Offiziere hinrichten lassen«, sagte er nachdenklich. »Aber die Entscheidung war trotzdem nicht falsch, denn mein Volk ist der oberste Souverän, und es hat den Erschossenen keine Träne nachgeweint.«

4 Ich habe diese Episode so ausführlich nacherzählt, weil sie charakteristisch ist für das Regime von Dr. François Duvalier; weniger für das seines Sohnes Baby Doc, der schon mit neunzehn Jahren, wozu eigens die Verfassung geändert werden mußte, sein Amt antrat unter dem Motto: »Mein Vater hat die politische Revolution gemacht, ich mache die wirtschaftliche Revolution: *Vive le Jeanclaudisme à vie* – es lebe der Jeanclaudismus auf Lebenszeit!« Morde und Massaker an echten und eingebildeten Gegnern, unter Papa Doc die Regel, kamen unter Baby Doc nur noch selten vor; rückblickend erscheint dessen fünfzehnjährige Amtszeit, im Vergleich zur Tyrannei seines Vaters, wie ein goldenes Zeitalter. Jean-Claude Duvalier öffnete das Land für ausländisches Kapital, senkte Einfuhrzölle und Steuern und bescherte Haiti einen bescheidenen Wirtschaftsboom, wie ihn der ausgepowerte Karibikstaat nicht wieder erlebt hat.

Papa Doc behielt zynischerweise recht: Daß die Bevölkerung den Opfern seiner Gewaltherrschaft keine Träne nachweinte, war nicht nur durch Armut und Unterentwicklung bedingt und durch den Haß, den die Nomenklatura des Regimes auf sich zog. Der Haß hatte tiefere Ursachen, denn die Mehrzahl der Hingerichteten stammte aus der hellhäutigen Oberschicht, die sich auf Kosten der schwarzen Bevölkerung bereicherte. Das Wort *Mulatte* bezeichnet in Haiti weniger den Farbton der Haut als vielmehr die Position in der gesellschaftlichen Hierarchie: Offiziersränge waren eine Pfründe der Mulattenbourgeoisie, die Papa Doc systematisch verfolgt und entmachtet hatte, und es gibt Grund zu der Annahme, daß er sich dabei von Hitlers Judenpolitik inspirieren ließ – vielleicht auch von den antisemitischen Pogromen Stalins, der im Gespräch mit Lion Feuchtwanger Judas als Prototyp des Verräters bezeichnet hat. »Der aus einer inferioren Mischrasse hervorgegangene Haitianer leidet unter den Defekten seiner angeborenen Sozialpsychologie, und die Pflicht jedes Volkserziehers besteht darin, seine Mentalität zu ändern. Da unser afrikanisches Erbe systematisch unterdrückt worden ist, stellt die Aufwertung dieses rassiologischen Faktors die vordringlichste Aufgabe dar.«

(Dr. François Duvalier: *Elemente einer Doktrin*)

Er habe eine Methode ersonnen, sagte Papa Doc einmal zu seinem Vertrauten Lorimer Denis, zehntausend Menschen über Nacht spurlos verschwinden zu lassen. Das war nichts Neues in Haiti; die physische Dezimierung der Minderheit durch die Mehrheit hatte eine unselige Tradition, und von den Gründungsvätern der Republik bis zur Gegenwart hatten skrupellose Demagogen stets aufs neue die Eliten dem Volkszorn geopfert, um von ihrem eigenen Versagen abzulenken.

Wer war François Duvalier, der sich selbst als »immaterielles Wesen« bezeichnete und das obligatorische Schulgebet durch eine neue Version des *Vater Unser* ersetzen ließ? »Unser Doc, der Du auf Lebenszeit regierst im Präsidentenpalast / Geheiligt werde Dein Name von dieser und allen künftigen Generationen / Dein Wille geschehe in Port-au-

Prince wie auch in den Provinzen / Unser neues Haiti gib uns täglich / Und vergib niemals den Verbrechern, die unser Vaterland verraten / Führe sie in Versuchung / Laß sie ersticken an ihrem eigenen Gift / Und erlöse sie nicht von dem Übel …«

Aus bescheidenen Verhältnissen stammend, hatte er mit einem Stipendium der US-Botschaft in Michigan Medizin studiert und mit knapper Not das Examen geschafft. Papa Doc, wie seine Freunde ihn nannten, beteiligte sich an einer Impfkampagne und sammelte politische Erfahrungen im Kabinett des Sozialreformers Estimé, bevor er, profitierend vom Patt zweier prominenter Kandidaten, zum Staatschef gewählt wurde, der die Macht nie wieder aus der Hand gab. François Duvalier war ein Pseudo-Intellektueller, der in obskuren Zeitschriften wirre Artikel geschrieben und sich im Umkreis des *Bureau d'Ethnologie* als Voodoo- und Folklore-Forscher zu profilieren versucht hatte. In Wahrheit verstand er nicht viel von Voodoo und Ethnologie, aber in der durch Proteste gegen die US-Okkupation aufgeheizten Atmosphäre der dreißiger Jahre hatte er ein Gespür entwickelt für die Frustration der Volksmassen, gepaart mit dem Ressentiment des Underdog, der nur stotternd Französisch sprach und eines Tages Rache nehmen würde für alle Demütigungen, die er erfuhr: »Ich gehöre zur Kategorie der Bastarde und Parias, denen jedermann mit Haß und Verachtung begegnet, weil sie aus der schwärzesten Finsternis unseres Landes stammen; überall, wohin man auch blickt, werden Marktschreier und Schaumschläger denjenigen vorgezogen, die wirklich etwas zu sagen haben, aber deren Hautfarbe dunkel ist; seit Jahrhunderten spuckt man ihnen, den besten Söhnen unserer Nation, ungestraft ins Gesicht …«

(Elemente einer Doktrin, op. cit.)

5 Der faschistoide Charakter dieser Ideologie, die Papa Doc als »totalitären Humanismus« bezeichnet hat, liegt auf der Hand, doch von einer Aufarbeitung der Vergangenheit kann in Haiti bis heute nicht die Rede sein. Dazu fehlen alle

Voraussetzungen: von einer funktionierenden Infrastruktur über eine unabhängige Justiz bis zum politischen Willen, die lange Nacht der Diktatur nachträglich aufzuhellen und den Opfern wenigstens postum Gerechtigkeit widerfahren zu lassen. Dem bei Aristides Amtsantritt gefaßten Beschluß, Fort Dimanche in eine Gedenkstätte zu verwandeln, sind nie Taten gefolgt. Die Ruine der Haftanstalt, in der Tausende von Regimegegnern ums Leben kamen, wird von Anwohnern als Toilette benutzt, und der benachbarte Mangrovensumpf, in dem die Leichen verschwanden, dient heute als Müllhalde. Genaue Angaben gibt es nicht, aber die Gesamtheit der Opfer des Duvalier-Regimes wird auf 50000 geschätzt: soviel wie die Todesziffer von Buchenwald, obwohl Haitis Bevölkerungszahl unter Papa Doc nur vier Millionen betrug.

Wie alle politischen Verbrecher starb der Diktator im Bett; als nach der Flucht seines Sohnes ein wütender Mob das Grab öffnete, fand er den Sarg leer, und das an den Präsidentenpalast grenzende Mausoleum, das Baby Doc für seinen Vater errichten ließ, beherbergt heute ein historisches Museum.

Ein Beispiel für Haitis nonchalanten Umgang mit seiner Vergangenheit ist Aubelin Jolicœur, den Graham Greene in *The Comedians* unter dem Namen Petit Pierre verewigt hat: graue Eminenz und Weißwäscher eines mörderischen Regimes, dem er bis zuletzt die Treue hielt. Früher fing Jolicœur Haiti-Besucher am Flughafen ab, heute hält er hof an der Bar des Grand Hôtel Oloffson und macht sich bei ausländischen Touristen lieb Kind, indem er ihre Namen in seiner wöchentlichen Gesellschaftschronik veröffentlicht.

»Wie die Aale ins Sargassomeer kehren die Deutschen nach Haiti zurück«, schrieb Aubelin Jolicœur einmal über mich; und er bat mich, ein Exemplar meines Romans *Haiti Chérie* Franck Romain zu widmen, einem Paladin von Papa Doc, der Regimegegnern persönlich den Gnadenschuß gegeben hatte. Daß sein Freund Blut an den Händen hatte, störte Aubelin Jolicœur genausowenig wie die Tatsache, daß er selbst in meinen Büchern eine eher unrühmliche Rolle spielt – die Liebe zur Literatur löschte alle Differenzen aus.

Haitis historisches Gedächtnis ist kurz, und die aktuelle Entwicklung hatte einen neuen Staatschef an die Macht gebracht, der den radikalen Bruch mit dem alten Regime in seiner Person verkörperte und doch, gewollt oder ungewollt, in die Fußstapfen seiner diktatorisch regierenden Vorgänger trat. Der Salesianerpater Jean-Bertrand Aristide, ein Waisenkind und Armenpriester aus den Slums, stand als Befreiungstheologe am anderen Ende des politischen Spektrums, dessen extreme Gegenposition Papa Doc verkörpert hatte. Doch das aus Europa importierte Links-Rechts-Schema wird Haiti nicht gerecht, denn ähnlich wie Papa Doc kam auch Aristide aus der schwarzen Unterschicht, und beide beriefen sich mit fast gleichlautenden Worten auf die unterdrückten Massen. Die raunende Beschwörung des »vertikalen Negers«, der sich erst unter der Ägide von Dr. François Duvalier zu voller Größe aufrichtet, war von Aristides Lavalas-Ideologie nicht allzuweit entfernt: »Yon sel nou fèb, ansanm nou fo, ansanm ansanm nou se lavalas!« (Einer allein ist schwach, zusammen sind wir stark, alle zusammen sind wir eine Sturzflut!)

Haitis Despoten gleichen von ihrer Umlaufbahn abgekommenen Satelliten, die beim Eintritt in die Atmosphäre am Nachthimmel verglühen und beim Aufprall auf der Erdoberfläche klaffende Krater hinterlassen, in denen kein Gras mehr wächst. Doch anstatt den kometenhaften Auf- und Abstieg von Jean-Bertrand Aristide nächträglich zu kommentieren, will ich von meinen persönlichen Begegnungen mit ihm berichten, wobei ich von der ersten in die dritte Person überwechsle, um Distanz herzustellen – nicht nur zu den politischen Ereignissen, sondern auch zu mir selbst.

6 Beinahe hätte B. die Inauguration verschlafen. Amtseinführung klang zu routiniert und war ein zu schwaches Wort. Hätte es sich nicht um eine Republik gehandelt, hätte man von Krönungsfeiern sprechen können: Titid war der erste demokratisch gewählte Staatschef seit Menschengedenken, und seine Inthronisation – prosaischer ausgedrückt:

sein Amtsantritt – war eine Revolution und zugleich deren Gegenteil, die Wiederherstellung der alten Ordnung, sofern man darunter ein durch freie Wahlen legitimiertes Regime versteht – Rechtsstaat ist das richtige Wort dafür. B. war um Mitternacht in Port-au-Prince gelandet, und die Stewardeß der Air France hatte sich geweigert, ihm Champagner auszuschenken, mit dem Argument, Haiti gehöre zu Frankreich und sie befänden sich auf einem Inlandsflug. Toussaint Louverture Dessalines Christophe – diese Namen sagen ihr nichts, und B.s Hinweis auf die Ausrufung der Unabhängigkeit am 1. Januar 1804 überhörte sie ebenso geflissentlich wie die Information, daß heute sein Geburtstag sei. Nur Wein, Bier und Mineralwasser gebe es gratis, sagte die Stewardeß, und um Champagner zu trinken, müsse B. von Economy auf Business-Class umbuchen, die erheblich teurer sei – Geburtstag hin oder her!

Die nächste unangenehme Überraschung erwartete ihn bei der Landung in Port-au-Prince, wo der zum Empfang der ausländischen Gäste angetretene Protokollchef ihm mitteilte, daß sein Gepäck nicht angekommen sei: Der Koffer mit dem für Staatsempfänge obligatorischen dunklen Anzug war durch ein Versehen der Air France nach Tahiti unterwegs und würde frühestens in drei Tagen eintreffen. Zum Trost drückte der Protokollchef ihm einen Pappbecher mit Champagner in die Hand, mit dem B. zu dieser nachtschlafenden Zeit nicht mehr gerechnet hatte – der Schampus war lauwarm.

Am nächsten Morgen – nach einer schlaflos verbrachten Nacht, in der er sich, von Moskitos umsummt, auf dem Bettlaken wälzte – fuhr er früh um sechs mit dem am Flughafen gemieteten Auto zur deutschen Botschaft, vor deren verschlossenem Eisentor er laut rufend Einlaß begehrte. Es dauerte lange, bis sich das Guckloch öffnete, das auf französisch *le vasistdas* heißt, aber besser *le veristda* geheißen hätte, und noch länger, bis der Wachmann die Schrotflinte zurückzog, die er auf B. gerichtet hielt, und mit seiner Visitenkarte in der Portiersloge verschwand. Der Botschafter, im rasch übergeworfenen Bademantel, führte ihn über knirschende

Kieswege zu seiner von Schäferhunden bewachten Residenz; die auf Einbrecher trainierten Hunde gähnten gelangweilt und nahmen von B.s Annäherung keine Notiz. Er machte ein paar Züge im Swimmingpool, aus dem ein Gärtner im Wasser treibende Blätter fischte, nahm eine Dusche und probierte den Anzug an, den der Botschafter ihm aus seinem Kleiderfundus lieh. Das Jackett war zu weit, und die Hose schlotterte ihm um den Bauch, aber B. hatte keine Wahl und steuerte, einen Styroporbecher mit Kaffee in der Hand, den Mietwagen den Berg hinab, an dessen Windschutzscheibe er ein Pappschild mit der Aufschrift PRESSE befestigt, das ihm wie ein Sesam-öffne-dich den Weg durch die Polizeisperren bahnte.

Nie zuvor hatte B. die Hauptstadt so sauber gesehen. Der neugewählte Präsident hatte mit einer Radioansprache seine Anhänger mobilisiert, und während B. sich die Bettdecke über die Ohren zog, waren Putzkolonnen ausgerückt und hatten über Nacht ein Wunder vollbracht, von dem die Entwicklungshelfer, die seit Jahren die Stadtreinigung zu reorganisieren versuchten, nicht einmal zu träumen wagten: Port-au-Prince blitzte unter der Tropensonne, frisch gefegt und sauber gewaschen wie am ersten Schöpfungstag: Hauswände, Mauern und sogar Alleebäume waren mit Parolen in den Landesfarben besprüht, und als Blau und Rot ausgingen, behalfen sich die Sprayer mit Grün und Gelb.

Auf dem Champs-de-Mars wurde er von einer Militärpatrouille gestoppt. Ein Offizier wollte seine Papiere sehen, und beim Anblick des Staatswappens auf der Einladungskarte bat er B., ihm zu helfen, den Verkehrsstau aufzulösen, der die Zufahrt zum Präsidentenpalast blockierte – allein traute der Offizier sich das nicht zu, weil er nur gebrochen Französisch sprach. Es handelte sich um Dienstwagen des diplomatischen Corps, Botschafter mit ihren Gattinnen in festlicher Garderobe, Militärattachés in schneidigen Uniformen und Prälaten in feierlichem Ornat, eingekeilt in eine vor Begeisterung tobende Menschenmenge, die mit Fäusten auf die Karosserien der von der Sonne aufgeheizten Limousinen trommelte, und es dauerte eine Ewigkeit, bis B. den in

Schweiß gebadeten Exzellenzen und ihren nervös hupenden Chauffeuren klargemacht hatte, daß die Amtseinführung nicht im Präsidentenpalast, sondern in der nahegelegenen Kathedrale stattfand.

7 Die nach einem Erdbeben wiederaufgebaute Kathedrale, in der bei B.s letztem Besuch die Opfer eines Fährunglücks aufgebahrt lagen, zweihundert vom Meerwasser aufgedunsene Leichen, über denen ein Bischof das Zeichen des Kreuzes schlug, während Kirchendiener mit Weihrauchfässern den Verwesungsgeruch zu vertreiben versuchten: die Kathedrale platzte aus allen Nähten – ein schiefer Vergleich, zugegeben, aber wie sonst sollte er die Menschenmassen beschreiben, die sich durch das Kirchenportal drängten, ein alles mitreißender Menschenstrom, in dem Mütter ihre Kinder, Botschafter ihre Portemonnaies und Botschafterinnen ihre Handtaschen verloren. Das Wort Volk, kreolisch *pèp*, hatte in Haiti einen anderen Klang, eine andere physische Präsenz als anderswo auf der Welt, eine schweißtreibende Masse, die das vom päpstlichen Nuntius angeführte diplomatische Corps an den Rand des Nervenzusammenbruchs trieb, eingekeilt zwischen Soldaten und Polizisten, die von der Menge fast erdrückt wurden, während eine Frau in blauer Baumwolltracht, wie sie die Feldsklaven in der Kolonialzeit trugen, dem kleinen Mann mit Brille, der in diesem Augenblick den Volkswillen verkörperte, *volonté de tous* und *volonté générale* zugleich, eine Schärpe in den Landesfarben um den Bauch schlang, gegen das Protokoll kreuzweise von rechts nach links und von links nach rechts, und sich dadurch als Mambô, als Voodoopriesterin zu erkennen gab. Ein Aufschrei lief durch die Reihen der Kirchenbesucher wie beim wellenförmigen Jubel im Fußballstadion und setzte sich außerhalb der Kathedrale fort bei den Menschen in Stadt und Land, die das Geschehen im Radio oder Fernsehen verfolgten; selbst Angehörige der Diaspora in Miami, Montreal und New York, die nicht mehr viel im Sinn hatten mit dem

Voodookult, konnten sich eines Schmunzelns nicht erwehren, als die Mambô dem katholischen Priester ihren heidnischen Segen gab, doppelt genäht hält besser, Voodoo und Katholizismus sind *marassas,* Zwillinge, die zusammengehören wie zwei Finger einer Hand. Und zum Beweis verschränkt der Maler und Houngan André Pierre Zeige- und Mittelfinger, nein Mittel- und Ringfinger ineinander: Baron Samedi, der Herr der Friedhöfe, ist der Generalstabschef von Jesus Christus und trägt deshalb den Beinamen La Croix, und wir sind alle Protestanten, denn wir protestieren gegen Gott, auch der Papst ist Protestant, sagt André Pierre und bricht in schallendes Gelächter aus, dessen Echo unter dem Wellblechdach seines Tempels widerhallt.

8 Zwei Stunden später stand B. dem Helden des Tages Auge in Auge gegenüber: Zusammen mit Édouard Glissant, Dichter aus Martinique und Professor in Baton Rouge, Louisiana, hatte B. sich einen Weg zum Ausgang der Kirche gebahnt. Unter dem Pflaster der Strand, nein: die Wüste, nein: der Urwald, flüsterte Glissant ihm zu beim Anblick der ekstatisch zuckenden Menschenmenge, und obwohl B. seine Einladungskarte im dichten Gedränge verlor, winkte der Posten am Gittertor des Palasts ihn unkontrolliert durch, eine weiße Haut diente hierzulande als Passepartout, und der Protokollchef führte B. die marmorne Freitreppe hinauf, an deren oberem Ende Titid, eine Schärpe in den Landesfarben um den Bauch, seine Gäste willkommen hieß: verschwitzte Botschafter mit schreckensbleichen Gattinnen, denen beim Bad in der Menge der Schmuck abhanden gekommen war. Nur Jimmy Carter, der im Auftrag der OAS den fairen Ablauf der Wahlen überwacht hatte, strahlte übers ganze Gesicht, während der Protokollchef dem Staatschef B.s Namen zuwisperte und Titid ihm zur Begrüßung die Hand entgegenstreckte: ein schlaffer Händedruck, aber doch ein historischer Moment, den der Hofphotograph des Palasts verewigt hat, ein erhebendes Gefühl, daß von diesem Ort, der dreißig Jahre lang nur durch Morde, Massaker und satanische Messen von sich reden machte – daß von diesem durch Verbrechen geschändeten Ort endlich positive Vibrationen, Signale der Hoffnung ausgingen.

Studenten der staatlichen Hotelfachschule hatten das mit Palmzweigen dekorierte Buffet gedeckt, Hostessen mit Blütenkelchen im Haar kredenzten Rumcocktails und kreolische Spezialitäten, denen die ausländischen Gäste aus Angst vor ansteckenden Krankheiten nicht zusprachen, nur Jimmy Carter biß todesmutig in eine Paprikaschote, und sein Landsmann Jesse Jackson lobte das herbe Aroma des siebzehn Jahre alten Rums. Am nächsten Morgen ließ Titid die Reste des Buffets an die Armen der Hauptstadt verfüttern, Straßenkinder und Obdachlose, Krüppel und Lahme gaben sich im Präsidentenpalast ein Stelldichein, und die Speisung der Unterprivilegierten, ein nie dagewesenes Ereignis in der Geschichte Haitis, wurde im staatlichen Fernsehen übertragen: »Tout moun se moun«, sagte der Priester-Präsident, während er einer Blinden Suppe einflößte, »jeder Mensch ist ein Mensch. Gib mir die Kraft, o Herr«, hauchte er in die Kameras und Mikrophone, »diejenigen zu lieben, die mich hassen. Töte mich, wenn du willst, aber laß mein Volk leben. Hilf mir, damit mein Zorn nicht in Gewalt umschlägt, und gib mir die Kraft, weise und gerecht zu regieren und das Gesetz anzuwenden gegen Übeltäter, die die Gesetze brechen. Laß es nicht zu, daß das Volk, das mich gewählt hat, durch seine Leiden niedergedrückt wird, gib ihm den Mut und die Kraft zur Hoffnung. Haiti sagt nein zur Diktatur, nein zum Terrorismus, nein zur Gewalt. Die Terroristen sind am Ende und schlagen mit blindwütiger Gewalt um sich. Sie sehen das Ende der Korruption und des Drogenhandels, von dessen Erlös sie Waffen kaufen, um Frauen und Kinder zu töten. Aber das haitianische Volk weiß, daß der demokratisch gewählte Präsident sein Freund ist. Kein großer Chef, der ihm angst macht, sondern ein kleiner Freund, bei dem es Rat und Hilfe findet in seiner Not: Titid und die Armen sind Brüder!«

Später am Tag fand sich B., naßgeschwitzt und erschöpft, auf der Ehrentribüne wieder, nur einen Steinwurf entfernt vom Generalstab der Armee, dessen Mitgliedern der Staatschef in diesem Moment ihre Versetzung in den vorzeitigen Ruhestand verkündete. Beim Anblick der von Wut und Haß verdunkelten Gesichter der Offiziere schwante B. nichts Gutes für die Zukunft des demokratisch gewählten Präsidenten, der zwar den Willen des Volkes, aber keine bewaffnete Macht hinter sich hatte.

9 Es war nicht seine erste Begegnung mit Titid. Im November 1987 – damals lebte Haiti noch im Erdmittelalter, aber das Aussterben der Dinosaurier stand kurz bevor – hatte B. ihn zum ersten Mal getroffen. Die Kirche Saint Jean Bosco lag in dem Elendsviertel La Saline, dessen auf 200 000 geschätzte Bewohner jeden Morgen von den Gebrüdern Lanno, belgischen Salesianerpatres, mit frischem Wasser versorgt wurden. Die beiden riskierten ihr Leben, weil die humanitäre Hilfe – und der damit verbundene Schulunterricht – den Militärs ein Dorn im Auge war. Nachts schwärmten Todesschwadronen aus, und tagsüber nahmen sie die Tanklastwagen unter Beschuß, die Wasser aus den Bergen nach La Saline transportierten: Ein LKW-Fahrer und ein Laienprediger hatten ihren Einsatz mit dem Tode bezahlt, aber wie durch ein Wunder – hier stimmte die abgegriffene Redensart – hatte Titid alle Mordanschläge überlebt.

An diesem Morgen war die Kirche voller Menschen, Marktfrauen vom Marché Salomon, den ein Rollkommando der Armee um Mitternacht überfallen und an allen vier Ecken angezündet hatte. Die in der Markthalle schlafenden Händlerinnen fanden keine Zeit, ihre Bündel zusammenzuraffen, sie nahmen schreiend Reißaus und sahen mit schreckhaft geweiteten Augen, wie ihr kümmerlicher Besitz in Flammen aufging: Reis und Bohnen, Süßkartoffeln und Kochbananen – alles war in kürzester Zeit zu Melasse verschmort, und ein Schuhputzjunge, der seinen Werkzeugkasten aus den Flammen zu bergen versuchte, wurde vor den Augen seiner Mutter mit Genickschuß liquidiert. Die von Anwohnern alarmierte Polizei und Feuerwehr nahm nicht die Opfer, sondern die Täter in Schutz, und hatte, statt den Brand zu löschen, mit Benzinkanistern das Feuer angefacht. Jetzt drängten die Marktfrauen, Rat und Hilfe suchend, in die Kirche; sie sahen blaß und übernächtigt aus unter ihrer rußgeschwärzten Haut und schilderten tonlos, ohne die sonst üblichen lebhaften Gesten, das Martyrium der Nacht. Titid hörte schweigend zu. Dann bestieg er die Kanzel und sprach ihnen Mut zu mit schlichten, eindringlichen Sätzen, die nichts Salbungsvolles an sich hatten: Der liebe Gott, *bon dié,* sei auf Seiten der Armen und Schwachen und stehe ihnen bei im Kampf gegen Regierung und Armee, die das Volk folterten und mordeten, anstatt es vor Dieben und Mördern zu schützen. Doch sie müßten sich selbst helfen, anstatt auf Hilfe von außen zu warten: Der Wiederaufbau des Markts solle als Gemeinschaftsarbeit, kreolisch *koumbit* genannt, in Angriff genommen werden. Am Ende der Predigt, die eher wie eine politische Rede klang, überreichte er den Marktfrauen einen Scheck über 750 Dollar, von Gemeindemitgliedern gespendet, um die drückendste Not zu lindern.

Die wartenden Journalisten wurden von Kirchendienern nach Waffen durchsucht, bevor Aristide sie im Hinterzimmer der Sakristei zum Gespräch empfing. Er sah aus wie ein Schüler, der nie erwachsen geworden war, klein und schüchtern, mit randloser Brille, hinter der die Andeutung eines Lächelns aufblitzte, aber was er sagte, war politischer Sprengstoff in einem Land, dessen Amtskirche traditionell auf seiten der Mächtigen stand. Der Erzbischof von Port-au-Prince, der Baby Doc in einer aufwendigen Zeremonie mit seiner First Lady Michèle getraut hatte – die Hochzeit hatte mehr gekostet als das Staatsbudget –, schaute jedesmal weg, wenn den Todesschwadronen ein den Militärs mißliebiger Priester zum Opfer fiel.

»Man hat versucht, mich zu ermorden.«

»Wer ist *man?*«

»Das müssen Sie selbst herausfinden. Fragen Sie die Marktfrauen, wer hinter dem Brandanschlag auf den Marché Salomon steckt, oder die Mitglieder meiner Gemeinde, wer
Molotowcocktails in die Kirche geworfen und während der
Messe in die Menge geschossen hat!«

Titid verglich Haitis soziale Situation mit einem gedeckten
Tisch, an dem die korrupte Oberschicht Platz genommen
hatte und sich den Bauch vollschlug, während die Mehrheit
der Bevölkerung auf dem Boden hockt und von herabfallen-
den Brosamen lebte. »Ich bin gegen Gewalt, aber auch Jesus
hat die Tische umgestoßen, als er die Wechsler aus dem Tempel
vertrieb. Haiti ist das Armenhaus der westlichen Welt, doch
es gibt mehr Millionäre hier als in der Schweiz. Wir müssen
an den Tischbeinen rütteln, damit die Schmarotzer von den
Stühlen fallen!« Er glaube nicht, setzte er hinzu, daß das
soziale Elend sich durch Wahlen beseitigen lasse – erst ein
Jahr später entschloß Titid sich zur Kandidatur, die seinen
Ausschluß aus dem Salesianerorden nach sich zog –, aber
einen gewaltsamen Umsturz wie in Kuba oder Nicaragua
lehne er ab: Haiti müsse seinen eigenen Weg gehen, jenseits
der Machtblöcke des kalten Kriegs: »Jeder für sich allein ist
schwach, aber alle zusammen sind wir eine Sturzflut, der
nichts widersteht«, rief, nein sang Titid und tänzelte durch
die Sakristei, um den anwesenden Journalisten zu demon-
strieren, daß der Marsch durchs Rote Meer ins Gelobte Land
mit kleinen Schritten beginnt.

10 Es war nicht mehr dieselbe Person, der B. drei Jahre
später in der haitianischen Botschaft in Bonn gegenübersaß. Nein, nicht in Bonn, sondern in Bad Godesberg, in
Mehlem genauer gesagt: Mitte der fünfziger Jahre, in einer
kaum noch vorstellbaren Vergangenheit, war B. mit dem Fahr-
rad hierhergekommen, um im Rhein zu schwimmen, unter
Lastkähnen durchzutauchen, sich an der Bordwand hoch-
zustemmen und auf Kohlehalden und Zementsäcken herum-
zuklettern, bis der Kapitän schimpfend aus der Kajüte trat

und ihn von Bord jagte – ein gefährlicher Sport, bei dem man Gefahr lief, von einer Schiffsschraube erfaßt und zerstückelt zu werden. Das war lange her, und jetzt, vierzig Jahre später, saß er in der Kanzlei der Botschaft dem Befreiungstheologen gegenüber, dessen roter Hahn das Symbol der Diktatur, ein schwarzes Perlhuhn, besiegt und die Duvalieristen mit Schimpf und Schande davongejagt hatte, bis ein Offiziersputsch ihn nach nur sechsmonatiger Amtszeit aus dem Präsidentenpalast vertrieb: Nur dem französischen Botschafter, der ihn in seinem gepanzerten Diplomatenwagen zum Flughafen fuhr, hatte Titid es zu verdanken, daß er noch am Leben war. Dabei war seine Wahlkampagne ein Triumph und endete mit einem Erdrutschsieg, der seiner Massenbewegung den Namen gab, *lavalas*, kreolisch für Sturzflut oder Überschwemmung, und die ersten Monate seiner Amtszeit waren durchaus erfolgreich gewesen: Titid ritt wie ein Surfer auf der Woge der Zustimmung, die ihm aus allen Schichten der Gesellschaft entgegenschlug, von Intellektuellen ebenso wie von Slumbewohnern und armen Bauern, sogar Geschäftsleute und Unternehmer erlagen seinem Charisma, während diplomatische Boebachter und Vertreter der internationalen Gemeinschaft positive Berichte an ihre Zentralen schickten. Endlich war Licht am Ende des Tunnels in Sicht, und schon wurden Pläne geschmiedet für den Ausbau der Infrastruktur, auch Haiti sollte profitieren vom Tourismusboom der Dominikanischen Republik, endlich ein Hoffnungsschimmer im schmutzigen Hinterhof der USA – und dann das!

Der Putsch hatte das Unterste zuoberst gekehrt und den Bodensatz der Diktatur, der längst in der Kanalisation versickert war, noch einmal hochgespült, die Dinosaurier des Duvalierismus witterten Morgenluft und paradierten, von waffenstarrenden Gorillas beschützt, durch die Straßen der Hauptstadt, sie mordeten oder ließen morden, beseitigten oder ließen beseitigen, was immer ihnen im Weg stand oder lag, unbehelligt von Armee und Polizei, die selbst mit Hand anlegten bei der Umverteilung des Reichtums von unten nach oben, sofern sich aus diesem abgewirtschafteten Land noch

Profit herauspressen ließ – das verstehe, wer will! Haiti ans Kreuz geschlagen vor den Augen der Weltöffentlichkeit zum wer weiß wievielten Mal, und da saß nun der Hauptakteur dieser historischen Tragödie, ein kleiner Mann mit gold-umrandeter Brille, und rührte in seinem Kaffee, als ob nichts geschehen sei, wie es in Kolportageromanen heißt, ein ge-winnendes Lächeln auf den Lippen wie auf dem Farbphoto an der Wand, einem Bild aus besseren Tagen, als eine Mambô ihm eine Schärpe in den Landesfarben um den Bauch ge-schlungen hatte, aber das war lange her, und die Tischfahne mit dem Staatswappen, eine mit Jakobinermütze gekrönte Palme, ließ traurig den blauroten Wimpel hängen. *Sie zogen aus mit bunten Wimpeln und kehrten heim mit wunden Pimpeln*, hatten sie als Pfadfinder gegrölt, damals, als das Baden im Rhein noch nicht verboten war – und jetzt das: Revolution und Gegenrevolution, Putsch und Verrat hatten keinerlei Spuren hinterlassen auf dem Gesicht des Haupt-akteurs, der an seinem Kaffee nippte und ihm nichts, absolut nichts zu sagen hatte. B. überreichte ihm ein auf französisch übersetztes Buch, in das er eine Widmung schrieb für den Helden des Widerstands, der so gar nichts Heroisches an sich hatte, während er mit einem Kleenextuch seine beschlagenen Brillengläser putzte, es war schwül im Rheintal zwischen Bonn und Bad Godesberg, stickig wie in einer Waschküche, und B. fragte sich, ob Titid einfach nur müde war, mutlos und verzweifelt, weil er nicht mehr an die Möglichkeit der Rückkehr glaubte, allein gelassen von seinen amerikanischen Freunden, die ihn drängten, einen faulen Frieden zu schließen mit seinen Todfeinden, den Militärs, deren Killerkommandos seine Anhänger dezimierten in den Armenvierteln von Port-au-Prince: Oder, fragte B. sich nicht zum ersten Mal, hatten die Putschisten ihn womöglich doch ermordet in jener frag-lichen Nacht und durch eine Raubkopie, einen Zombie oder einen Klon ersetzt, der unter falschem Namen durch die Welt reiste, Pressekonferenzen und Reden hielt, Solidaritätsappelle unterschrieb und Preise entgegennahm, eine an Zwirnsfäden zappelnde Marionette der Weltpolitik, deren Strippen anderswo gezogen wurden in New York Washington Miami Montreal Paris? Oder – letzte Frage – war es die gewöhnliche Banalität der Macht, die ihren Magnetismus verlor, wenn man sie nicht im Fernsehen, sondern aus der Froschperspektive betrachtete?

11 Wie nicht anders zu erwarten, endete die Tragödie als Farce: Zusammen mit seinem Freund Bill Clinton, der seine Marines nach Haiti geschickt hatte, fuhr der Priester-Präsident in einer Art Papamobil mit Cockpit aus kugelsicherem Glas durch die von Jubel erfüllten Straßen von Port-au-Prince: 16. Oktober 1994 – ein Phototermin, bei dem ein Regen von Konfetti auf den kleinen Mann mit Brille und seinen Beschützer niederging, der den Hoffnungsträger um Haupteslänge überragte, beide spielten Saxophon, und das war die einzige Gemeinsamkeit zwischen dem Präsidenten des reichsten und dem Staatschef des ärmsten Landes der westlichen Hemisphäre.

Hubschrauber donnerten über die Dächer, und durch die Straßen der Hauptstadt patrouillierten US-Militärkonvois, die später von Blauhelmsoldaten aus Jordanien Zypern Österreich Barbados Bangladesch abgelöst wurden. Aber als der Priester-Präsident ein Jahr danach Intellektuelle aus aller Herren Länder nach Haiti einlud zum Augenschein vor Ort über die Fortschritte der Demokratie, fiel die Bilanz enttäuschend aus: Ärzte und Lehrer streikten für die Auszahlung ihres seit Monaten überfälligen Gehalts, Offiziere und Soldaten der aufgelösten Armee hielten Mahnwachen ab und forderten die Nachzahlung ihres rückständigen Solds, doch die Staatskasse war leer, die an die Schaffung transparenter Strukturen geknüpften Hilfsgelder blieben aus, Fabriken und Betriebe waren ins Ausland abgewandert oder hatten während des Embargos Bankrott gemacht, die Arbeitslosigkeit stieg ebenso sprunghaft wie die Preise für Benzin und Lebensmittel, der Kurs der Landeswährung fiel auf einen nie dagewesenen Tiefstand, und die salbungsvollen Reden und vollmundigen Versprechen des Priester-Präsidenten machten die hungrigen Mäuler nicht satt. In seiner schimmernden Rüstung taten sich Risse auf, der Lack blätterte ab, und der Kaiser war plötzlich nackt: Nach Geschäftsleuten und Unternehmern sagten sich die Intellektuellen von ihm los, und nur in den zu Hochburgen des Drogenhandels gewordenen Slums verfügte Titid noch über eine gewaltbereite Anhängerschaft, arbeitslose Lumpenproletarier, die er wie seine diktatorisch regierenden Vorgänger bei Bedarf mit Brandreden mobilisierte. Haitis mit Blut geschriebene Geschichte holte ihn ein, und der Priester-Präsident wandelte sich, schneller als von seinen Anhängern befürchtet und von seinen Gegnern erhofft, vom Befreier zum Unterdrücker: ein postkolonialer Despot wie Papa Doc, dessen Thron auf den Schädeln besiegter Feinde stand.

Aber auch das stimmte nicht, denn Papa Doc watete im Blut, während Titid sich auf Mahatma Gandhi und Martin Luther King berief, sein Bekenntnis zur Gewaltlosigkeit war ernst gemeint, doch von Feinden bedrängt, mit dem Rücken zur Wand, äußerte er Verständnis für die Wut des Volks, das Gegnern seiner Politik brennende Autoreifen um den Hals legte. Hinterher wusch der Priester-Präsident seine Hände in Unschuld und wußte von nichts, wie nach der Ermordung seines einstigen Weggefährten Jean Dominique, der beim Verlassen seiner Radiostation von Unbekannten erschossen wurde, nachdem er laut darüber nachgedacht hatte, ob bei Titids Wiederwahl im Jahr 2000 alles mit rechten Dingen zugegangen sei.

Dazu kamen andere Ungereimtheiten: Motorboote und Segelyachten voll Kokain, deren Ladung nach der Beschlagnahme spurlos verschwand; geschmuggelter Reis, der von Gefolgsleuten des Präsidenten zu Schleuderpreisen an die Armen verkauft wurde – die Käufer trugen ihre Namen in Listen ein und galten fortan als eingeschriebene Mitglieder der Regierungspartei; ein Filetgrundstück in der Nähe des Flughafens, das sich wie durch Zauberhand immer weiter ausdehnte auf Kosten der Anwohner, die auf kaltem Weg enteignet wurden. Hier residierte der Priester-Präsident, der nach seinem Ausschluß aus dem Salesianerorden in die Ober-schicht einheiratete, mit Frau und Töchtern unter der Ägide einer als Haushälterin getarnten Mambô, die außer bei seiner Amtseinführung nie in der Öffentlichkeit zu sehen war. Und hier, in Tabarre, empfing er die Teilnehmer des Kongresses über die Fortschritte der Demokratie, unter ihnen prominente Fürsprecher seiner Politik, zu einem informellen Gespräch und forderte sie auf, kein Blatt vor den Mund zu nehmen und freimütig Fragen zu stellen; auch kritische Kommen-tare seien willkommen, denn er sei hier, um von seinen aus-ländischen Besuchern zu lernen. *Vertrauen ist gut, Kontrolle ist besser,* sagte B. und erläuterte dem Staatschef, der nickend Zustimmung signalisierte, daß der Übergang zur Demokratie nicht vom politischen Willen einer Person verkörpert, son-dern in Institutionen verankert sein müsse: Gewaltenteilung, Kontrolle der Regierung durch die Opposition, freie Presse und unabhängige Justiz. Und er wollte wissen, warum die Untersuchung des Mordes an dem Radioreporter Jean Domi-nique keine Ergebnisse zeitigte. *Ti pas, ti pas,* säuselte der Priester-Präsident und führte seinen Gästen grazile Tanz-schritte vor. Und er holte zu einer langatmigen Predigt aus, in der von Johannes dem Täufer die Rede war, der sich in der Wüste von Heuschrecken ernährt, und von Jesus Christus, dem Satan die Reiche der Welt zu Füßen legt, aber trotz angestrengten Nachdenkens gelang es keinem der Anwesen-den, der Rede dunklen Sinn zu entschüsseln, und mit einer Flasche siebzehn Jahre altem Rum unterm Arm, den die Haushälterin ihm zum Abschied überreichte, verließ B. das Anwesen des Priester-Präsidenten und fuhr durch nacht-dunkle Straßen, vorbei an streunenden Hunden und Prosti-tuierten, die ihm obszöne Worte nachriefen, zum Haus seiner Tante in Pétionville zurück.

12 »Alles schon dagewesen«, sagt Rabbi Ben Akiba in Gutzkows Stück *Uriel Acosta.* Die passende Metapher dazu ist das Déjà-vu – nicht die Wiederkehr des Gleichen, da die Geschichte sich nicht einfach wiederholt.

Eher könnte man von der Ungleichheit des Ähnlichen sprechen: ein Gefühl, das mich befiel, als ich die Berichte vom Rücktritt auf Raten und langsamen Sturz des demokratisch gewählten Präsidenten Aristide in den Medien verfolgte: brennende Autoreifen, Uzis schwenkende Rebellen und Polizisten mit Stahlhelmen und kugelsicheren Westen, sich hinter Hausecken duckend, Glasscherben und Blutpfützen auf dem Asphalt, geplünderte Lebensmitteldepots, aus denen Anwohner Zucker- und Mehlsäcke und Ölkanister fortschleppen, während halbnackte Kinder verschütteten Reis vom Boden klauben; schwarzer Rauch quillt aus den Fenstern des Polizeihauptquartiers, und ein mit Handschellen gefesselter Mann windet sich, blutend aus einer Stirnwunde, auf der Ladefläche eines Pick-up-Trucks. Obwohl ich die Bilder aus sicherer Distanz betrachtete, nicht in Haiti, sondern im Mittleren Westen der USA, verstand ich plötzlich, warum meine kürzlich verstorbene Tante Jeanne stets müde abwinkte, wenn ich staubbedeckt und naßgeschwitzt aus dem Auto stieg und, vor Erregung stotternd, von brennenden Barrikaden und gewalttätigen Protesten berichtete, die ich auf der Fahrt von Cap Haitien nach Port-au-Prince gesehen hatte. In ihrem langen Leben hatte sie so viele Aufstände und Umstürze erlebt, daß sie jedes Interesse daran verlor. Selbst politisch motivierte Morde und Massaker brachten sie nicht aus der Fassung, denn zwischen einem Ende mit Schrecken und einem Schrecken ohne Ende bestand aus ihrer Sicht kein Unterschied: Bewaffneter Putsch war die Regel, friedlicher Machtwechsel die Ausnahme in der Geschichte Haitis, die trotzdem nicht so blutig ist, wie sie auf den ersten, von Entsetzen getrübten Blick erscheint. Bei den über Monate sich hinziehenden, gewaltsamen Ausschreitungen in der Hauptstadt und der von Rebellen beherrschten Provinz kamen weniger Menschen ums Leben als an einem einzigen schiitischen Feiertag im Irak. Für die Opfer ist dies ein schwacher Trost, aber vielleicht hilft es, zu verstehen, warum Haiti trotz aller Hiobsbotschaften nicht die Hölle auf Erden ist. Hinzu kommt, daß man erbitterte Gegner, die sich eben noch unversöhnlichen Haß und ewige Feindschaft schworen, kurz darauf plaudernd und scherzend zusammen an der Bar sitzen sieht: kein Wunder in einem Inselstaat, wo jeder mit jedem verwandt oder befreundet ist und die politischen Akteure aus ein paar Dutzend miteinander verschwägerter Familien stammen. Aus dem gleichen Grund stellt man angeblich unumstößliche Prinzipien mit einem Achselzucken zur Disposition nach dem unvergeßlichen Motto von Theodor Heuss: »Was schert mich mein dummes Geschwätz von gestern?« Aristide-Anhänger jubelten bewaffneten Rebellen zu, die sie gestern noch aufs Messer bekämpft hatten, und deren Anführer, Guy Philippe, äußerte Verständnis für seine Todfeinde, die *Chimères* genannten Schlägertrupps des Präsidenten, die aus demselben krummen Holz geschnitzt waren wie er.

13 Beim Surfen im Internet stieß ich auf eine Art Photoroman: Aufnahmen der Unruhen in Haiti, die abzurufen mir nicht gelang. Nur die Bildunterschriften waren lesbar, aber das war mehr als genug, um eine Vorstellung zu vermitteln, die nicht auf Augenschein beruhte, sondern auf aus Erinnerung gespeister Phantasie. Hier Auszüge aus dem als Endlosband fortlaufenden Text: »Menschen hasten durch die Straßen, aber es ist unklar, ob sie jubeln oder in Panik fliehen ... Als das Polizeirevier in Flammen aufgeht, bricht die auf dem Platz versammelte Menge in Freudentaumel aus ... Plünderer schleppen Büromöbel und zusammengerollte Matratzen auf dem Rücken davon ... Trotz des von der Polizei verhängten Demonstrationsverbots gehen die Proteste weiter ... Mit Armiereisen bewaffnete Jugendliche brechen am Hafen abgestellte Container auf ...« Vielleicht kommt die Erzähltechnik des *nouveau roman,* den nur der äußere Ablauf und nicht der wie auch immer definierte »Sinn« des Geschehens interessiert, der Wirklichkeit am nächsten. Oder der folgende Ausspruch eines Passanten in Cap Haitien: »Ich habe keine Arbeit, deshalb habe ich nichts zu essen«, sagte ein etwa dreißigjähriger Mann, der einen zentnerschwe-

ren Reissack geschultert hatte und seinen Namen mit Messidor angab: »Jeder stiehlt etwas, deshalb stehle ich auch. Vor
dem Tod habe ich keine Angst, weil man nur einmal stirbt.«
Messidor, dessen Name aus dem republikanischen Kalender
von 1791 stammt, hat recht, und es ist schwer zu sagen, ob
die kreolische Volksweisheit, die er artikuliert, realistisch oder
surrealistisch ist – Galgenhumor ist das richtige Wort dafür.
Das gilt auch für das folgende Zitat, dessen Urheber allein
schon seines Namens wegen in die Annalen der haitianischen
Geschichte gehört: »Wir haben ihn getötet, deshalb begraben
wir ihn jetzt«, sagte Remissainthe Ravix, ein Anführer der
sogenannten Kannibalenarmee, und hielt eine mit Stricknadeln gespickte Voodoopuppe vor die laufende Kamera.
»Aristide ist in der Hölle, aber der Teufel hat ihn weggejagt,
weil er ihm zu böse war.«

14 »Gonaïves, pronounced: GOH – NAH – EEV«, las
ich in einem Leitartikel der *Chicago Tribune,* und
das war eine andere Art von Déjà-vu, passend zu dem Kreo-
lisch-Sprachführer, den mir ein Sergeant der US-Marines
im Herbst 1994 in die Hand gedrückt hatte: *Surviving in
Haitian Creole,* veröffentlicht vom *Defense Language In-
stitute, Distance Education Division,* im kalifornischen Mon-
terrey. »Die Pronomina *er, sein, ihm, ihn*«, hieß es in einem
redaktionellen Vorspann, »beziehen sich auf das männliche
und/oder weibliche Geschlecht, und im Text erwähnte Mar-
kennamen sind nicht als Werbung für den oder die Hersteller
gemeint.« Politische Korrektheit selbst hier. Die von den
Verfassern benutzte Umschrift machte das Kreolische noch
surrealer, als es ohnehin ist: Ein Granatwerfer hieß *lahns-
greynAHd,* ein Jeep *Djip,* und *oo pAHley ahnglEH* bedeutete:
Sprechen Sie Englisch? Wie es sich für den Dienstgebrauch
gehört, war der Sprachführer im Befehlston abgefaßt. Hier ein
paar Kostproben: *Reytey kOHtey Ooyey aa!* (Halt, stehen-
bleiben!) *lEYvey meh(n) oo Ahnleh!* (Hände hoch!) *Oo sey
yohn pweezohneeEY!* (Sie sind ein Gefangener!)

Das Gefühl des Déjà-vu bezog sich darauf, daß solche oder ähnliche Szenen alle fünf oder zehn Jahre wiederkehrten: Im Februar 1986 beim Sturz von Baby Doc, im Herbst 1991 beim Putsch gegen Aristide und drei Jahre später bei dessen mit US-Hilfe erfolgter Rückkehr, und im Januar 2004, pünktlich zum 200. Jubiläum der Unabhängigkeit, stand wieder der Sturz eines demokratisch gewählten Präsidenten auf dem Programm.

Parallel dazu sprach das Auswärtige Amt Reisewarnungen aus, Berlin, Paris, Ottawa und Washington forderten ihre Staatsangehörigen zum Verlassen des Landes auf und riefen die Botschafter ab, während das Pentagon auf Terrorabwehr spezialisierte Marines nach Haiti schickte, die auf dem Flachdach der US-Mission in Stellung gingen. Während die Diplomaten ihre Koffer packten, richteten sich die Soldaten, hinter Sandsäcken verbarrikadiert, zum Bleiben ein: Eine gegenläufige Bewegung, die ebenso zur Zuspitzung der Krise gehörte wie die Stornierung der Flüge von und nach Port-au-Prince, wo sich verzweifelte Ausreisewillige vor den Schaltern der Fluggesellschaften drängten, bis das Ganze wie das Hornberger Schießen mit der Wiederherstellung des *status quo ante* endete. Nichts hatte sich geändert, nur die Hoffnung auf ein menschenwürdiges Dasein war in noch weitere Ferne gerückt – ganz zu schweigen von Rechtsstaat und Demokratie: Eine gescheiterte Demokratisierung ist schlimmer als gar keine.

15 Die internationale Gemeinschaft, sofern es sie wirklich gibt, versteht Haiti nicht, da fast alles, was aus westeuropäischer oder nordamerikanischer Sicht folgerichtig, ja selbstverständlich erscheint, dort nicht gilt. Ideen wie Konsens und Kompromiß haben keine Tradition in einem Land, wo das Recht des Stärkeren herrscht: Wenn die Regierung der Opposition entgegenkommt (oder umgekehrt), wird dies als Schwäche ausgelegt. Deshalb hatten, trotz des von ihnen ausgeübten Drucks, die aus Paris und Washington

entsandten Vermittler ebenso wenig Erfolg wie die Diplomaten der OAS und der karibischen Staatengemeinschaft
CARICOM. Nicht umsonst ist Haiti die Heimat des Hah-
nenkampfs, und wie bei einer Kneipenschlägerei gehen die
Kampfhähne gemeinsam auf jeden los, der ihren Streit zu
schlichten und den Konflikt zu entschärfen versucht.

Aristides Behauptung, US-Marines hätten ihn gekidnappt
und zum Verlassen des Landes gezwungen, war ein Muster-
beispiel für kreolische Folklore. Die Dolchstoßlegende diente
einem dreifachen Zweck: Sie lenkte ab vom Widerspruch
zwischen Wort und Tat, der Aristides zweite Amtszeit durch-
zog, mobilisierte seine Anhänger in den Slums und delegierte
die Verantwortung für sein politisches Scheitern an die
Außenwelt. Und es war eine Ironie der Geschichte, daß der
gestürzte Präsident vom Regen in die Traufe, aus einem zer-
fallenden Staat in den anderen geriet, die Zentralafrikanische
Republik, und von dort nach Jamaika, wo er die Fäden für
seine Rückkehr spinnt.

In seiner letzten Amtshandlung, während der Belagerungsring um Port-au-Prince sich immer enger schloß, empfing
Jean-Bertrand Aristide eine Abordnung von Karnevalsprin-
zen. Der Präsidentenpalast war taghell angestrahlt, und das
Volk tanzte auf dem Champ-de-Mars, bevor die Schimären
ausschwärmten, um ihr Zerstörungswerk zu beginnen, bei
dem kein Stein auf dem anderen blieb: Sie fackelten Tank-
stellen ab, plünderten Privathäuser, Geschäfte und Büros von
Hilfsorganisationen, schmissen Bilder aus dem Museum auf
die Straße und zündeten sie an, und im allgemeinen Tohu-
wabohu wurden persönliche Rechnungen beglichen, die
nichts zu tun hatten mit Politik. Blutiger Karneval ist keine
bloße Metapher in Haiti, wo der Voodoo-Totengott Baron
Samedi das närrische Treiben dirigiert – nichts ist vitaler als
der Tod! –, bis ein tropischer Regenguß Konfetti und Blut
von den Straßen spült.

Nachwort

Dieses Buch ist ein erneuter Versuch, eine uns fremde Wirklichkeit zu beschreiben, die weder durch quantifizierende Statistik noch durch begriffliches Denken adäquat zu erfassen ist. Ökonomisch gesehen müßte Haiti längst ausgestorben sein: Die Arbeitslosigkeit ist genauso hoch wie die Analphabetenrate – geschätzte 60 Prozent –, und die Mehrheit der Bevölkerung muß mit weniger als einem Dollar pro Tag auskommen. Was das Land am Leben erhält, ist der informelle Austausch von Waren und Dienstleistungen, eine Schattenwirtschaft, die sich, wie der Verkauf einzelner Zigaretten und einzelner Streichhölzer, jedweder Statistik entzieht.

Seit ich 1968 erstmals Haiti besuchte, hat sich nicht nur die materielle Infrastruktur, sondern auch der Seelenzustand seiner Bewohner katastrophal verschlechtert; dabei glaubte ich schon damals, der Tiefpunkt sei erreicht, und es könne nur besser werden. In der Folgezeit sind alle heroischen und unheroischen Ausbruchsversuche gescheitert, die Politik der kleinen Schritte ebenso wie der Große Sprung nach vorn: Die von der Weltbank verordnete Roßkur zur Sanierung der bankrotten Staatsfinanzen hatte ebensowenig Erfolg wie die von Entwicklungshelfern empfohlene Hilfe zur Selbsthilfe oder der verzweifelte Versuch, sich am eigenen Schopf aus dem Sumpf zu ziehen. Statt dessen öffnete sich ein schwarzes Loch, das den Inselstaat mitsamt seinen Bewohnern zu verschlingen droht. Die der Abwärtsbewegung entsprechende Struktur ist die Spirale, ein in der haitianischen Literatur erprobtes Erzählmodell, und deshalb ist der vorliegende Romanessay spiralförmig angelegt. Die Schraube dreht sich ins eigene Fleisch, und jede ihrer Drehungen entspricht dem Jahresring eines Baums, an dem sich die Veränderung des globalen Klimas ablesen läßt.

Die in der ersten Person erzählten Kapitel spielen in Frankreich und Saint Domingue vor und nach der Französischen

Revolution – von der Selbstbefreiung der Sklaven bis zur einseitig erklärten Unabhängigkeit der früheren Kolonie. Einzelheiten sind frei erfunden, aber die Geschichte des Handelshauses Romberg, Bapst & Co. ist historisch verbürgt: Auskunft über die Schicksale der Firmengründer und deren Machenschaften gibt die einschlägige Untersuchung von Françoise Thésée: *Négociants bordelais et colons de Saint-Domingue, Liaisons d'habitations, la Maison Henry ROMBERG, BAPST et Cie., 1783–1793*, Société Française d'histoire d'Outre Mer, Paris 1972.

Die in der dritten Person erzählten Kapitel spielen zweihundert Jahre später und schildern meine Erlebnisse und Erfahrungen in Haiti vor und nach der Landung der US-Marines, die den durch einen Militärputsch verjagten Staatschef Aristide ins Amt zurückbrachten. Um die Gefühle Betroffener nicht zu verletzen, habe ich die Ereignisse vom Herbst 1994 literarisch verfremdet und wirkliche durch erfundene Namen ersetzt: Übereinstimmungen mit real existierenden Personen waren und sind vom Autor nicht beabsichtigt.

Ich danke meinen in Haiti ausharrenden Verwandten: Madame Lucienne Donner, geborene Buch, und ihren Töchtern Sandra, Carla und Frederica, die meine Einquartierung in ihrem Haus genauso geduldig ertrugen wie Wasser- und Stromausfälle, Polizeisirenen und Helikopterlärm. Mein besonderer Dank gilt meinen haitianischen Freunden Laënnec Hurbon und Franketienne, deren Tür stets für mich offenstand, und dem Meister des blumigen Stils, Aubelin Jolicœur, der meine indiskreten Fragen mit augenzwinkernder Ironie beantwortet hat. Ohne die Gastfreundschaft und praktische Hilfe vieler Menschen in Haiti, zu denen auch das wechselnde Personal der deutschen Botschaft gehörte, hätte dieses Buch nicht geschrieben werden können.

H. C. B. St. Louis, März 2004

HANS CHRISTOPH BUCH

Erzähler, Essayist und Reporter, wurde 1944 in Wetzlar geboren und lebt, wenn er nicht gerade unterwegs ist, in Berlin.

Veröffentlichungen (Auswahl):

Unerhörte Begebenheiten. Sechs Geschichten.
  Frankfurt am Main.: Suhrkamp 1966
*Ut pictura poesis. Die Beschreibungsliteratur und ihre Kritiker
  von Lessing bis Lukács.* München: Hanser 1972.
Kritische Wälder. Essays, Kritiken, Glossen. Reinbek
  bei Hamburg: Rowohlt 1972.
Die Hochzeit von Port-au-Prince. Roman.
  Frankfurt am Main: Suhrkamp 1984.
Haiti Cherie. Roman. Frankfurt am Main: Suhrkamp 1990.
*Die Nähe und die Ferne. Bausteine zu einer Poetik
  des kolonialen Blicks.* Frankfurt am Main: Suhrkamp 1991.
Rede des toten Kolumbus am Tag des Jüngsten Gerichts.
  Roman. Frankfurt am Main: Suhrkamp 1992.
*Die neue Weltunordnung. Bosnien, Burundi, Haiti, Kuba,
  Liberia, Ruanda, Tschetschenien.* Berichte und Reportagen.
  Frankfurt am Main: Suhrkamp 1996.
Traum am frühen Morgen. Erzählungen. Berlin: Volk
  und Welt 1996.
In Kafkas Schloß. Eine Münchhausiade. Berlin: Volk
  und Welt 1998.
Kain und Abel in Afrika. Roman. Berlin: Volk und Welt 2001.
*Blut im Schuh. Schlächter und Voyeure an den Fronten
  des Weltbürgerkriegs.* Die Andere Bibliothek 204.
  Frankfurt am Main: Eichborn 2001.
*Wie Karl May Adolf Hitler traf und andere wahre
  Geschichten.* Frankfurt am Main: Eichborn 2003.

Hans Christoph Buchs **Tanzende Schatten oder Der Zombie bin ich** ist im Juli 2004 als zweihundertundfünfunddreißigster Band der *Anderen Bibliothek* im Eichborn Verlag, Frankfurt am Main, erschienen ist. Das Lektorat lag in den Händen von Rainer Wieland.

✧〰

Dieses Buch wurde in der Korpus Garamond Antiqua von Wilfried Schmidberger in Nördlingen gesetzt und bei der Fuldaer Verlagsagentur auf 100 g/m² holz- und säurefreies mattgeglättetes Bücherpapier der Papierfabrik Schleipen gedruckt. Den Einband besorgte die Buchbinderei G. Lachenmaier, Reutlingen.

Ausstattung & Typographie franz.greno@libero.it

✧〰

1. bis 7. Tausend, Juli 2004. Von diesem Band der *Anderen Bibliothek* gibt es eine handgebundene Lederausgabe mit den Nummern 1 bis 999; die folgenden Exemplare der limitierten Erstausgabe werden ab 1001 numeriert. Dieses Buch trägt die Nummer:

✳   2925